라캉 미술관의
유령들

라캉 미술관의 유령들

그림으로 읽는 욕망의 윤리학

백상현 지음

책세상

à Jisuk

차례

프롤로그 루브르에서 유령을 만나다 • 009

1부
르네상스, 이미지 사냥의 시대

이미지를 길들이는 주술로서의 회화 • 031

마녀사냥, 초과하는 이미지에 대한 심판 • 035

수학적으로 거세된 이미지들 • 042

응시의 저주 • 066

카라바조, 유령적 사건의 회화 • 089

고야, 르네상스의 종말과 유령이미지 • 106

이미지의 에티카 • 117

2부
자본주의, 성도착적 이미지의 시대

광기의 상품화 • 123

매스미디어, 외부 없는 세계의 스크린 • 152

거세된 이미지의 유토피아 • 175

3부
현대 미술은 어떻게 유령이 되었나?

20세기 이후, 미술과 진리의 새로운 관계 • 189

스기모토 히로시, 이미지의 거식증 • 203

앤디 워홀, 20세기의 풍경화가 • 218

게르하르트 리히터, 빗금 쳐진 이미지 • 234

소피 칼, 승화 게임 • 247

빌 비올라, 시간의 영매 • 272

에필로그 '유령 되기' 필드 매뉴얼 • 296

찾아보기 • 314

루브르에서 유령을 만나다

유령을 만난 곳은 루브르였다. 몇 해 전 논문 발표를 위해 파리를 방문했을 때 겪은 일이다. 논문 발표는 오후 5시 즈음에 끝났는데, 3년을 고시생처럼 준비했던 논문을 단숨에 마무리 짓고 나자 인생의 반환점을 돈 듯한 기분이 들었다. 나는 허탈감 속에서 파리 시내를 혼자 걸으며 아득한 상념 속으로 빠져들었다. 서울로 돌아가는 비행기는 밤 11시 출발이어서 어중간한 시간이 남아 있었다. 그날의 감상적이던 기분을 추스르지 못했던 것은 아마도 그렇게 5시간 남짓 주어진 삶의 잉여분에 기인한 것인지도 모르겠다.

누구의 삶에든 일종의 간극과 같은 순간이 존재한다. 환승을 위해 머물게 된 낯선 공항의 반나절만큼의 풍경이 그런 것이 아닐까. 에드워드 호퍼Edward Hopper의 그림 속에나 등장할 법한, 누구의 것도 아닌 익명의 풍경, 익명의 시간 같은 것 말이다. 주인 없는 세상의 풍경은 그걸 바라보는 존재 역시 주인 없는 주체, 텅 빈 존재로 만들어버린다. 그런 상태라면 걷기만 해도 생각은 마냥 달아나버릴 것만 같았다. 행선지 없는 발걸음에 초겨울 저녁의 추위가 따라붙었다. 그때문득 떠오른 생각이 루브르 박물관에 가보자는 것이었다. 마침 그날은 금요일이었고, 밤 10시까지 전시를 관람할 수 있었다.

표를 끊어 박물관 입구로 들어섰을 때쯤에는 하늘이 제법 어두워져 있었다. 루브르 박물관의 조명 시설은 2차 세계대전 직후 정비한 후로는 더 이상 손을 보지 않아서 밤늦은 시간에는 구석에 걸린 그림들을 제대로 감상하기가 거의 불가능하다. 물론 〈모나리자〉 같은 작품에는 별도의 조명 시설이 갖춰져 있지만, 그 이외의 수많은 그림들은 여전히 19세기 초 프랑스혁명 직후의 어둠, 박물관을 엄습했던 바로 그 불안한 어둠 속에 잠겨 있었다.

전시장을 둘러싼 어둠 속에는 스산함마저 감돌고 있었다. 묘지에 서 있는 듯한 기분이 드는 그 스산함은 아마도 그곳에 전시된 유물들이 이미 죽은 문명, 이제는 사라진 문명의 흔적들이라는 생각에서 비롯된 것일지도 모른다. 그러나 그 스산함이란 공포를 불러일으키기보다는 향수에 더 가까운 무언가를 느끼게 했다. 그것은 인류 문명의 낯익은 장소로부터 오는, 우리에게 익숙한 아름다움의 역사가 주는 친숙함의 정서 같은 것이었다. 게다가 학부 시절부터 리포트를 쓰기 위해서 문턱이 닳도록 드나들던 곳이었으니 내게는 그곳이 어떤 의미에서는 고향과 같은, 스산함마저도 아늑할 뿐인 그런 장소였다. 그것이 프랑스 고전주의와 낭만주의 작품들이 전시된 홀에 들어서기 전까지의 나의 감정, 적어도 제리코 Théodore Géricault가 그린 〈메두사호의 뗏목〉(1818~1819) 앞에 이르기 전까지의 감정이었다. 아니 좀 더 정확하게 말하자면, 제리코의 그림을 잠시 감상하고 그 앞을 떠나려고 고개를 막 돌린 순간까지의 감정이었다.

잘 알려진 것처럼 〈메두사호의 뗏목〉은 프랑스 낭만주의 회화를 대표하는 작품이지만, 제리코의 그림에서는 이성보다 감정을 더 중시하는 낭만주의적 경향과 함께 혼돈과 맞서려는 이성주의자의 노력 또한 엿보였다. 하지만 제리코에게 그 노력은 헛된 것이었다. 그의 그림 속에는 여전히 그 자신의 광기의 흔적이 남아 있기 때문이다. 이성으로 통제하려는 노력에도 불구하고 제리코의 머릿속을 떠돌던 정신병적 무질서가 그림의 표면을 뚫고 스멀스멀 기어 나오고 있는 것 같았다. 그것은 제리코의 정교한 회화적 테크닉으로도 끝끝내 방어하지 못한 무질서였다.

제리코의 그림에서 시선을 돌리고 발걸음을 옮기려던 찰나 등골이 오싹해졌던 것은 아마도 그 때문이었을 것이다. 어쩌면 그러한 생각이 내 머릿속에서만 일어난 '이론적 유희'에 불과했던 건지도 모르지만, 일단 그림 저편으로부터 느껴지는 불안감에 공명했다고 믿게 된 그 순간 박물관 전체가 낯설고 두려운 장소처럼 느껴지기 시작했던 것은 분명하다. 1시간 정도의 여유가 있었지만 서둘러 그곳을 나온 것은, 고백하자면 어린아이가 귀신을 무서워하는 마음과 아주 비슷했다. 루브르 박물관 앞에서 택시를 잡아탄 나는 곧장 공항으로 향했다. 한국으로 돌아오는 비행기 안에서는 내내 잠에 빠져 있었던 것 같다. 그렇게 이미 30대 후반의 남자였던 나는 11살짜리 어린애나 느낄 법한 두려움을 남몰래 간직할 수밖에 없었다.

유령은 그날 그렇게 내 머릿속에 들어온 이후 잠시도 나를 떠나지 않았다. 여기서 유령이라 부르는 것은 내가 루브르 박물관에서 느꼈던 바로 그 오싹함의 실체이기도 하고, 제리코를 비롯한 예술가들 모두가 느끼는, 문명 바깥으로부터 오는 혼돈의 기운 같은 것이라고도 할 수 있다. 그러나 그때의 '감정'에 대한 책을 써야겠다는 생각은 1년 이상의 시간이 흐른 다음에야 찾아왔다. 라캉Jacques Lacan을 좀 더 자세히 읽고 나서야 나는 그날의 두려움이 결국은 '응시'에 대한 두려움이었다는 사실을 깨달았고, 제리코가 느끼는 불안의 감정이 그날 내가 그의 그림 앞에서 느꼈던 감정과 동일한 것임을 확신했다. 그리고 오직 그림을 그리는 행위를 통해서만 내면의 불안을 잠재울 수 있었던 예술가로서의 제리코의 숙명을 마음 깊이 이해할 수 있었다.

유령이미지란
무엇인가?

'유령phantom'이란 이 세상에 없어야 하는 (비)존재가 이승에 출현하여 놀라움과 공포를 불러일으키는 현상을 말한다. phantom은 판타즘phantasm(환영)을 뜻하는 고대 그리스어 판타스마φάντασμα에서 파생된 단어인데, 우리말과 의미의 차이가 거의 없다. 우리말에서도 유령은 "죽은 자의 혼령이 생전의 모습으로 나타나는 것"을 의미한다. 여기서 죽은 자라고 말하고는 있지만, 유령이란 결국 우리의 정상적 현실, 즉 질서로부터 받아들여질 수 없는 불길함의 대상이라고 해야 할 것이다. 유령은 우리 삶이 좌초할 때, '제대로' 흘러가지 못할 때 비로소 출현하는 것이기 때문이다. 또한 그것이 환영적 외관을 갖는 이유는 이승의 확고한 사실성과 대립하는 불확실성의 모습으로 출현하기 때문이다. 유령은 일관성 있는 형식으로는 출현할 수 없는 자격 미달의 이미지, '현실'의 명확한 이미지에 대립하고 그 명확함을 갉아먹으며 출현하는 퇴행적 이미지의 형태를 갖는다.

이와 같은 상식적인 정의를 좀 더 철학적인 방식으로 해석하면 다음과 같다. 유령이란 존재들의 '있음'의 질서 속에서는 출현할 수 없었던 무언가가 그와 같은 존재 질서의 일관된 흐름이 멈추는 지점에서 출현하게 되는 현상이다. 라캉은 세계에 출현하는 모든 것들을 환영으로 간주했다. 어찌 보면 불교적이라고도 할 수 있는 세계관인데, 모든 것이 허상이며 오직 그뿐이라고 간주하는 것은 일견 허무주의적이기조차 하다.

어쨌든 세계는 자신의 확고한 리얼리티를 주장하는 한에서만 그 자신의 실존을 보장받을 수 있기 때문에 이와 같은 환영적 속성을 은폐하려 할 뿐이다. 상식적으로 생각해보아도, 세계-현실이 그 자신이 가진 환영적 정체를 드러낸다면 인간은 '땅 위에 두 발을 디디고 살아가는' 정상적인 삶의 확고함으로부터 보호받을 수 없을 것이다. 라캉은 바로 이와 같은 삶의 가짜 리얼리티, 세계를 구성하는 모든 현상들의 정상성의 효과들을 '스크린'이라는 말로 표현했다. 그것은 인간의 눈앞에 펼쳐진 거대한 영화 스크린과 같다. 스크린의 가장 주요한 기능은 그 너머에 존재하는 실재를 가리고 은폐하는 것이다. 라캉이 여기서 '실재'라고 말하는 것은 인간의 심리가 결코 볼 수 없으며 또한 보고 싶어 하지 않는 것으로서, 텅 빈 공허이다. 세계의 완전함의 신화가 해체되는 지점, 균열의 텅 빈 진리라고도 불릴 수 있는 이것은 허무 그 자체, 또는 가장 엄밀한 의미에서의 죽음이다. 세계의 스크린은 바로 그 검은 구멍을 가리는 장막이다.

그런데 유령이미지란 이 같은 보호 장막이 오작동을 일으키는 순간 출현한다. 혹은 오작동 자체가 바로 유령이미지라고 할 수 있는데, 그것이 출현하는 순간 우리는 세계의 리얼리티의 확실성을 의심하지 않을 수 없게 된다.

《장화홍련전》에서 사또를 찾아온 장화와 홍련의 혼령을 생각해보라. 그들은 정상적으로만 보였던 고을의 모습이 단지 환영에 불과하다는 사실을 사또에게 알려주는 불길한 전령이다. 겉으로 보이는 마을의 평온함은 장화와 홍련 자매의 살해라는 끔찍한 비밀을 은폐하는 한에서만 유지되는 환영이었던 것이다.

유령과의 이 같은 만남 속에서 주체는 언제나 선택의 기로에 놓이게 된다. 가장 흔한 선택은 진실을 알리러 온 유령을 망상으로 간주하고 현실의 기만적 리얼리티 속으로 도망치는 것이다. 그러나 만일 그가 유령의 이야기에 귀를 기울이기 시작한다면—라캉식으로 말해서 진리에 대한 욕망을 고집하게 된다면—그때부터 세계는 그에게 그 전과는 완전히 다른 모습으로 보이게 될 것이다.

베드로의
유령

세계의 모든 이미지가 자신들의 확고한 리얼리티를 주장하며 세계의 완결성이라는 허구적 신화를 유지하는 데 전력을 기울인다면, 유령이미지는 그 모든 것이 허망할 뿐이며, 초월적인 것으로 숭배되었던 세상사의 진리들은 한갓 신기루에 불과하다는 사실을 드러내며 출현한다. 유령을 만난 사람의 얼굴을 상상해보라. 그들에게 세상은 더 이상 믿을 만한 장소가 아니다. 그들이 믿던 세상은 이제 그들의 코앞에서 와르르 무너져 내린다.

신약에는 베드로가 물 위를 걷는 예수를 보고 "유령이다" 하고 소리치는 장면이 나온다. 베드로는 어째서 물 위를 걷는 예수에게 '신의 기적'이라고 말하는 대신 '유령'이라는 불경한 표현을 쓸 수밖에 없었던 것일까?

베드로는 구약의 질서 속에서 세계의 리얼리티를 사고하는 존재였다. 그러니까 예수는 그와 같은 현실적인 세계 질서 속에서는 오직 유령과 같은 모습으로 출현할 수밖에 없었다. 예수가 말하고 행하는 모든 일들은 구약성서의 세계관, 바리새인들의 세계관, 또는 당시 팔레스타인을 지배하던 세계관 속에서는 유령이미지 이상일 수 없었다.

그것은 그전까지의 세계관을 완전히 포기하는 관점에서만, 다시 말해서 현실을 구성하는 모든 리얼리티의 토대를 완전히 붕괴시키는 조건하에서만 비로소 기적으로 비춰질 수 있는 사건이었다. 그것이 바로 베드로가 유령이라는 단어를 쓸 수밖에 없었던 이유이다. 예수의 행색(거지꼴)과 언행(알아듣지 못할 사랑 타령)은 베드로 자신의 존재를 지탱하던 토대의 질서와는 너무도 다른 것이었기 때문이다. 그럼에도 베드로는 유령의 매혹에 자신의 존재를 내맡겼고, 예수(유령)는 주어진 모든 담론—베드로에게는 구약의 담론—을 완전히 해체하는 공포의 순간까지 그를 이끌어갔던 것이다. 그곳에서 베드로(주체)는 진리의 텅 빈 장소—모든 것이 다시 시작되어야 하는 신약의 출발점—에 도달하게 된다.

그런데 여기에서 유령이미지의 목적에 관한 한 가지 의문이 남게 된다. 《장화홍련전》에서 유령이 나타난 목적은 억울한 죽음의 실체를 밝히기 위함이었고, 유령처럼 출현한 예수가 목적으로 한 것은 구원에 대한 신의 진리를 알리는 것이었다. 그러나 이 책에서 말하고자 하는 '유물론적' 유령이미지는 그와 같은 실체적 진리를 추구하지 않는다. 그럼에도 그것이 '진리'에로 우리 존재를 인도하는 역할을 한다고 주장된다면, 여기서 말하는 진리란 도대체 무엇을 의미하는 것일까?

유령적 진리란
무엇인가?

포스트모더니즘이 세계를 휩쓸던 20세기 중반 이후 '진리'는 오래된 신학적 사유의 오류들을 떠올리게 하는 반동적 사유의 대표 개념이 되었다. 동일성을 가정해야만 성립하는 진리 개념은 개인의 다양성과 차이로서의 가치를 획일화하는 폭력으로 간주되었기 때문이다. 진리가 휘두르는 폭력에 맞서 새롭게 등장한 '상대주의의 시대'에는 '무엇이든 특별한 것은 좋다'라는 모토 속에서 각자의 개성 추구가 유일한 윤리로서 주장되었다. 그런데 그렇게 유일무이한 '진리'가 사라지고 나자 이상한 일들이 벌어지기 시작했다. '무엇이 가장 진리에 가까운 정의인가'를 묻고 주장하고 논쟁하는 일을 포기하자 아고라(광장)는 텅 비게 되었고, 어느새 등장한 자본주의의 상품화 논리가 인간 존재의 모든 영역을 지배하게 된 것이다. 겉으로는 모든 차이를 존중하는 다원주의의 이념을 표방하는 듯 보이지만 그 본질에 있어서는 오직 상품화할 수 있는 것, 자본주의적 질서 내에서 합법적으로 유통시킬 수 있는 것만을 '존재하는' 것으로 인정하려는 현상이 전 세계를 장악하기 시작했다. 이것이 바로 보편으로서의 진리에 대한 사유를 포기하자마자 벌어진 일이다. 형이상학적 총체화의 사유를 화폐 단위적 총체화의 규범이 대체한 것이다.

인간의 자연스러운 심리적 경향이 자아의 방어라는 사실을 염두에 둔다면 총체화에 대한 인간의 집착은 그리 이상한 현상이 아니다. 인간 심리의 가장 지배적 기능인 '쾌락원칙'의 지배 아래에서 인간은 자신의 의지와는 상관없이 자아의 방어기제에 이끌리고 이러한 방어적 심성은 모든 종류의 총체화, 안정화, 유한화에 굴복하는 경향이 있기 때문이다. 자본주의의 상품화 권력은 이러한 인간의 나약함에 호소하면서 겉으로 보기에는 전혀 이데올로기적이지 않은 무구한 얼굴로 세계를 견고한 유한성의 감옥으로 만들어갔다. 이것이 유한성인 이유는 모든 것을 상품화하는 자본주의의 패러다임이 세계의 불확실한 측면들, 즉 가격으로 가치를 판단할 수 없는 존재의 무한한 가능성에 대해서는 철저히 배제하며 세계를 폐쇄된 공간으로 만들었기 때문이다.

상품 자본주의의 전 세계적 지배 속에서 '진리'라는 개념과 분리된 인문학이 저항의 힘을 상실하게 된 것은 어찌 보면 당연한 귀결처럼 보인다. 하지만 라캉의 진리 개념을 염두에 둔다면 사정은 전혀 다르다고, 혹은 다를 수 있다고 말할 수 있다. 라캉은 강연을 시작한 1950년대부터 사망하던 1981년까지 줄곧 '진리'에 대한 언급을 멈추지 않았다. 물론 그가 말한 '진리'는 신학적 진리 또는 임상정신의학이 의존하는 실증과학적 진리 개념은 아니다. 라캉은 진리를 '공백'이라는 개념과 연결시키는 일종의 전회轉回를 시도했는데, 이것은 그가 "진리란 지식 체계에 뚫린 구멍이다"라는 말로서 표현하려 했던 완전히 새로운 진리관이었다.

라캉에게 진리란 과거의 철학이 생각하던 초월적 실체, 그러니까 인간이 진리에 대한 탐사 과정에서 발견하게 된 궁극적 실체로서 '이미 그곳에 있으며, 그곳에서 우리를 기다리던 최종적 의미'로서의 그 무엇이 아니었다. 오히려 진리란 인간이 세계를 사유하고 정립하는 '지식 체계', 또는 그러한 사유를 가능하게 하는 틀과 토대의 역할을 해주는 '지식 체계' 내부에 필연적으로 존재하는 '균열'과 같은 것이다. 이는 곧 모든 지식은 완전할 수 없고, 모든 새로운 지식과 그로부터 비롯되는 새로운 세계는 기존 지식 체계의 균열점으로부터 탄생해야 한다는 것을 의미했다.

만약 진리에 대한 라캉의 새로운 규정을 받아들인다면, 주체의 역할은 그 어느 때보다 강조될 수밖에 없다. 이때 주체는 더 이상 신의 소유물처럼 보이는 진리에 도달하고 그것을 양도받는 역할에 자신을 한정하는 타율적 존재가 아니다. 오히려 주체는 세계의 진리라고 알려진 지식의 환영들의 회유를 마지막까지 물리치고 도달하는 지식의 마지막 경계선, 문명의 이편과 저편을 가르는 연안沿岸, 텅 빈 공백의 장소인 그곳에서 자신만의 새로운 지식, 새로운 보편성을 창조해야 하는 '자율성의 주체'로 다시 태어나게 된다.

따라서 라캉의 진리 개념은 도래하는 시간성을 갖는다. 그것은 언제나 미래의 관점에서만 현재의 완결성을 보장받는 미래완료적 시제 속에서 실현되는 진리이다. 이와 같은 진리 개념을 추구할 때, 우리는 우리 삶이 이미 알려진 지식 체계에 의해 반복되는 것을 거부해야 한다. 진실한 삶을 살기 위해서는 오히려 알려지지 않은, 유령과 같은 타자의 출현에 자신을 개방해야 한다.

라캉의 진리 개념이 유령적인 것은 바로 이 때문이다. 그것은 우리 세계의 완결된 총체성의 환상으로부터 우리를 갑작스레 일탈하도록 유혹하는 형상 속에서 출현한다. 그리고 공백으로서의 진리가 보편적인 현상인 이유는 공백이라는 개념 자체의 속성과 관련된다. 알랭 바디우Alain Badiou가《존재와 사건》에서 강조했듯, 공백은 단 하나이

며 유일하게 보편적인 것이다. 여럿의 공백은 있을 수 없다. 그럼에
도 공백은 다른 모든 존재 가능한 집합들 속에 보편적으로 포함되는
부분집합이다(공집합의 공리). 삶의 형상이 아무리 제각각이라 해도
사람들 모두에게 의심의 여지가 없이 동일하게 포함되어 있는 것은
그들 자신의 순수한 가능성으로서의 공백, 즉 공집합이라는 사실이
다. 그러한 의미에서 공백으로서의 진리는 보편적 진리의 위상을 갖
게 되고, 우리는 모든 인간 존재와 사회들의 '다양성'을 논하기에 앞
서서 그들이 가진 보편적 부분집합으로서의 공백, '무한한 가능성'으
로서의 공백을 존중하는 윤리를 정립해야 한다. 이것이 라캉이 말하
는 공백의 진리 보편성이다.

　라캉이 평생을 세공하고 주장했던 진리 개념은 그의 사후 바디우
에 의해 더욱 세련된 방식으로 정립되었다. 그리고 우리가 이 책을
통해 시도할 미술-인문학적 탐사의 모험 속에서 윤리적 축이 되어줄
진리 개념이 바로 이것이다.

예술작품의
유 령

　　　　엄밀한 의미에서 유령의 출현은 장소와 범주
를 가리지 않는다. 앞에서 강조했던 것처럼 그것은 우리 삶이 진실해
지려는 순간에 등장하며, 삶의 진리는 삶이 존재하는 모든 곳에서 실

현될 가능성을 갖기 때문이다. 그럼에도 유독 예술의 범주 안에서 유령의 출현을 파악해보고자 하는 것은 그것이 가진 독특한 존재 방식 때문이다.

기존의 질서를 파괴하고 새로운 것을 만들어내는 창조는 예술의 존재 방식이다. 인간의 행위 가운데 질서로부터의 일탈이 아름다움으로 간주될 수 있는 것은 예술이 유일하다. 마네의 〈올랭피아〉(1863)가 화단으로부터 받았던 모욕과 조롱의 원인을 생각해보라. 그의 그림은 당시 미술의 규범이었던 신고전주의의 모든 원칙을 위협하는 유령이었다. 피카소는 어떤가? 〈아비뇽의 처녀들〉(1907)은 400년 넘게 서구 미술이 추구해온 원근법적 질서를 완전히 뒤흔들어놓은 끝에 20세기 미술의 문을 활짝 열어젖혔다. 그리하여 예술사란 언제나 불안의 정서와 함께 새롭게 등장한 예술(유령)과 기존의 예술이 미美의 자리를 놓고 싸우는 투쟁의 장이지 않았는가?

그런 의미에서 예술가들이란 유령을 소환하는 무당들이라 불러도 좋을 것이다. 그들은 현실의 질서를 구성하는 규범적 아름다움의 형상을 비틀어 낯설면서도 기이한 유령이미지를 창조하고, 그것을 새로운 아름다움의 기준으로 삼고자 투쟁한다. 예술가들이 화폭 위로 불러낸 유령들은 전혀 새로운 아름다움의 매혹이 존재할 수 있다는 사실을 감상자에게 일깨우며 기존의 세계 질서 속에 안주하고자 하는 보수적 욕망을 포기하도록 만든다.

예술가들의 예술 행위는 그렇게 인간-세계-존재의 한계를 넘어서고자 하는 진보적 욕망의 궤적을 가장 매혹적으로 드러낸다. 그리

고 그러한 매혹에 사로잡힌 주체는 자신이 다시는 보수적 욕망이 이
끄는 안락함 속으로 돌아갈 수 없는 존재, 유령 그 자체가 되어 있음
을 발견한다. "유령 놀이를 하다가 유령이 될 수 있다"는 초현실주의
자 로제 카유아 Roger Caillois의 경고는 바로 이런 상황을 말하고 있는
것이다. 예술이라는 유령 놀이가 예술가 자신을 유령으로 만들고, 마
침내 감상자마저도 유령으로 변화시키는 사태를 말이다.

유령적 관객이란
누구인가?

          유령 놀이에 매혹된 사람이 유령이 될 수도
있는 위험을 가장 우아한 방식으로 보여준 사람은 마르셀 뒤샹이었
다. 〈샘〉(1917)이라고 이름 붙여진 그의 작품은 이를 감상하는 관객
이 단지 예술의 수동적 관람자여서는 안 된다는 사실을, 관객 역시
작품의 유령이 주장하는 아름다움에 관한 진리에 응답하고 그러한
진리의 또 다른 실행자로서 행동해야 한다는 사실을 우리에게 알려
주었다.

   뒤샹은 〈샘〉을 통해 우리가 우리 앞에 주어진 사물들로부터 이미
주어진 정보와 지식의 권력을 걷어낼 수만 있다면 모든 것은 예술이
되며, 또한 모든 사람은 예술가가 될 수 있다는 것을 알려주었다. 만
일 남성용 소변기라고 하는 일상의 흔한 사물로부터 그것에 부여된

기존의 의미를 제거할 수만 있다면 그 순간부터 소변기는 새로운 창조의 미래로 개방된 사물, 유령처럼 낯선 사물, 유령이 이끄는 불안한 진리의 장소에 근접한 사물의 역할을 할 수 있음을 보여준 것이다. 뒤샹은 이러한 실천을 아주 간단한 제스처를 통해 보여줌으로서 예술작품의 천재성이라는 신화가 감추고 있었던 기술적 차원의 기만을 폐기시켰다. 이제부터는 뒤샹이 할 수 있다면 우리도 할 수 있다고 하는 실천의 일반화가 실현된다. 예술작품은 작가의 천재성이라고 하는, 가장 환영적인 신화에 의해 보호되는 초월적 사물이 아니라 우리에게 창조 과정에 참여할 것을 요청하는 유령이 된다.

작품은 우리에게 이렇게 말한다. 당신(감상자)들이 지금 보고 있는 이것(작품)은 당신들의 세계가 붕괴하는 지점, 혹은 초과하는 어떤 지점의 '이미지'라고. 이것은 당신들의 사유가 이미 주어진 아름다움에 관한 지식을 반복하는 행위를 정지시킬 때에만 보이는 또 다른 아름다움이며, 혹은 그러한 정지를 가능하게 하는 악마적 매혹이라고. 따라서 감상자인 우리는 유혹하는 유령이미지로서의 작품 앞에서 일종의 기로에 선다. 우리를 잠시 매혹시켰던 이것, 정체를 알 수 없는 불안한 이미지로서의 이것을 예술작품으로 받아들일 것인지, 아니면 단지 미술사에서 흔하디흔한 일탈적 해프닝, 치기 어린 반항의 장난으로 무시할 것인지를 선택해야 하는 것이다.

그러나 아름다움이란 하나의 이데올로기이다. 그것은 습관이며, 우리 무의식 깊은 곳에 새겨진 타자의 문신이다. 우리가 추함과 아름다움을 구별할 수 있는 것은 이렇듯 스스로의 영혼에 새겨진 문신에 근거해서이다. 마치 어린 시절에 형성된 미각이 평생의 미각을 좌우하듯. 감상자는 바로 그러한 타자의 미적 욕망을 그대로 반복할 테지만, 어떤 작품들은, 유령처럼 기분 나쁜 어떤 사물들은 바로 이러한 관객의 소외된 욕망에 의문을 제기하는 형식으로 출현한다. 이들이 바로 유령으로서의 작품이며 이런 작품들은 결코 공짜로 쾌락을 주지 않는다. 준다 해도 그것은 절정의 순간에 쾌락을 환멸로 되돌리며 감상자를 배반한다. 이처럼 진정한 관객이란 바로 낯선 사물로서의 작품에 자신을 개방하는 결단을 실행하는 자이다. 관객은 유령적 작품과의 만남 속에서 그 역시 유령이 되며, 유령적 주체가 되는 것이다. 이때 주체는 어떻게 하나의 예술작품이 예술 자체의 역사에 저항하는지를 체험하고 이러한 체험을 자신의 삶 속에서 반복하는 결단을 실천하게 된다.

거세된
이미지의 세계

그러나 세계는 유령이미지의 출현을 전적으로 거부하는 속성이 있다. 우리를 살게 하고 우리에게 지상의 양식을 제공하는 이 세계는 그 자신의 안정성을 위협하는 그 어떤 초과도, 그 어떤 위반도 인정하지 않으려 한다. 프로이트와 라캉은 이러한 세계를 쾌락원칙과 현실원칙의 세계라는 개념으로 설명했다. 이 세계는 극단적 변화를 원치 않으며, 우리 자신의 죽음충동이 너무 많은 쾌락으로(향유에로) 접근하지 못하도록 금지하고 거세하는 합법적 한계 내부의 세계, 안정된 한 줌의 쾌락만을 허용하는 세계이다.

모두가 '멘토'를 찾고 그들을 따르려는 오늘날의 한국 사회가 바로 그런 세계라 할 수 있다. 한국 사회에서 말하는 멘토는 결국 성공한 지식의 담지자로, 사회를 지탱하고 있는 강력한 담론의 소유자들이다. 그들을 찾고 그들에게 답을 구하는 것은 결국 이미 주어지고 정립된 세계관을 받아들여 삶의 기준으로 삼으려고 하는 소외된 욕망일 뿐이다. 그러한 욕망은 결코 세계의 모습을 바꿀 수 없기에 보수적이다. 멘토를 찾아 그들의 의견에서 답을 구하면서 우리는 자신도 모르게 사회적 권력을 일상 속에서 반복하기 때문이다. 이것이 바로 라캉이 말하는 주체의 소외이다. 이러한 사회에서 유령이미지는 철저하게 배제되고 거세된다. 그 대신 법과 질서에 의해 공증된 이미지들, 거세된 이미지들이 세계를 지배한다. 이들은 한결같이 알아볼 수 있는 형상을 하고 있으며, 따라서 각각의 이미지가 안정된 의미를 담지하고 있다. 모든 질문에 즉각적인 답이 마련된 세계. '네이버 지식인'에게 물어보면 모든 것이 명확해지는 세계. 거세된 이미지의 세계인 이곳은 질문보다 답이 선행하는 세계이며, 질문의 한계가 미리 정해진 유한성의 세계이다.

물론 세계의 이러한 모습은 인간 존재에게 삶의 가능성을 보장해주는 최소한의 조건이라고 할 수 있을 것이다. 하지만 세계의 폐쇄성은 인간 존재의 가능성을 유한한 것으로 제한하는 부정적 권력으로 작용한다. 바로 그러한 의미에서 정신분석의 '거세' 개념은 일반적인 상황 속에서 또 다른 의미를 획득할 수 있게 된다. 즉, 거세된 이미지들의 세계는 결국 우리 자신의 무한한 가능성을 거세하는 세계라는 것이다. 또한 그 세계는 우리의 응시가 세계의 한계 너머를 보려는 욕망을 차단하는 스크린이다. 스크린에 둘러싸인 우리의 시각은 마치 우물 안에서 바라본 세계가 우주의 전부라고 생각하는 개구리처럼 자신의 존재를 작고 보잘것없는 것으로 만든다.

이미지들의
투쟁

우리는 이제 이미지들의 차원에 두 가지 범주가 존재할 수 있다는 사실을 가정할 수 있게 되었다. 유령이미지와 거세된 이미지. 그러나 이러한 구분은 단지 공리적이며 인위적인 구분으로, 이미지와 존재 사이에서 벌어지는 주체의 해방을 위한 투쟁을 설명하는 하나의 방식일 뿐이다. 그럼에도 이와 같은 구분은 미술사의 흐름 속에서 인류가 자신의 존재를 구속하거나 해방하는 사건들을 설명하는 데 효과적이다.

라캉의 정의에 따르면 화가는 스크린, 즉 보호막을 만들기 위해 그림을 그린다. 화가가 화면 위에 아름다운 풍경과 인물들을 솜씨 좋게 그려내는 이유는 캔버스 너머, 또는 우리가 볼 수 있고 그럼으로써 우리의 시각을 보호하는 거세된 이미지들의 스크린 너머에 존재하는 공허, 검은 태양과 같은 그것을 보지 않으려는 보수적 욕망 때문이다. 거세된 이미지들은 화가들의 보수적 욕망, 현상 유지의 욕망에 화답하며 화가의 화폭과 미술사를 아름답게 장식했다.

그러나 또 다른 화가들은 이와 같은 거세된 이미지들의 아름다움에 진저리를 내기도 했다. 그들은 거세된 이미지들로 둘러싸인 우리 세계의 안정된 쾌락, 아름다움의 기쁨이 기만적이라는 사실을 알아챈 이들이다. 신고전주의 미술에 대항한 들라크루아의 낭만주의가 그러했고, 유령이미지의 극단적 형상을 추구하면서 보편적 아름다움의 정반대편에 위치하는 죽음충동에 접근하는 모습을 보여준 뭉크의 잔혹한 그림들 역시 그러했다. 미술의 역사는 이렇게 거세된 이미지와 거세로부터 달아나려는 유령이미지들의 투쟁의 장이었던 것이다.

유령이미지의
초대

이제부터 여러분은 욕망의 이미지들이 투쟁을 벌이고 있는 시각예술의 장으로 초대될 것이다. 그곳에서 여러분은 이미지에 대한 인류 문명의 방어와 길들이기 그리고 이에 저항하는 유령이미지의 투쟁을 확인할 수 있을 것이다.

이미지가 문명 속으로 받아들여지는 방식과 거부되는 방식을 다루는 이 책의 모든 논증은 물론 미술이라는 실천이 가진 의미를 다루고 있다. 그러나 무엇보다 이 책을 통해 필자가 말하고 싶은 것은 미술이라는 실천이 단순한 눈요깃거리를 뛰어넘는 능력을 가졌다는 것이다. 바로 그것을 논증하기 위해서 우리는 이미지와 욕망이라고 하는 라캉 정신분석의 개념들을 연결하여 미술과 시각성의 역사를 다루어보려는 것이다. 쉽게 말해, 미술이라는 실천은 우리 자신의 한계를 넘어서려는 욕망과 함께 비로소 완성되는 것이고, 반면에 거세된 이미지는 우리의 한계를 구성하는 장막과 같은 역할을 한다는 것이다. 따라서 미술이라는 실천은 이러한 장막을 뚫고 출현하는 유령이미지들에 관련된 실천이어야 한다. 그것이 단지 예술가들에게만 국한된 이야기가 아닌 것은 두말할 나위도 없다. 예술작품의 감상자로서 우리 또한 예술작품이 시도했던 새로운 창조의 가능성을 일상 속에서 일상적인 방식으로 시도할 수 있어야 하기 때문이다. 이 책은 바로 그러한 시도의 양상들을 분석하고, 이해하고, 논증하는 과정으로 구성되어 있다.

　그리고 마지막으로, 이 모든 논증과 논의가 '초대의 형식'이라는 점을 밝히고 싶다. 그것은 유령이미지의 초대이다. 우리가 만일 유령이미지가 주는 환영과 공포의 외관을 돌파하여 이미지의 중핵에, 텅 빈 그곳에 도달할 용기와 의지를 가질 수만 있다면, 유령이미지는 언제나 바로 그곳에서 우리 자신을 위해 마련된 진리와 함께 우리를 기다리고 있을 것이다.

1부

르네상스,
이미지 사냥의 시대

이미지를 길들이는
주술로서의 회화

> 그러므로 서양의 앎은 우상숭배의 세속화가 아닌가? 초
> 월이 야기하는 비상한 단절―우상숭배―에서, 하늘의 궁
> 륭 아래 있는 대지의 평안은 동일자의 왕국을 예시한다.
> (…) 그것은 합리적인 것을 포괄하는 이성의 탄생이며,
> 다양한 것을 모으는 이해의 탄생이다. 인간 신체의 부피
> 를 하나의 점으로 모아, 이제 더 이상 그림자를 드리울 수
> 없게 하는 축소의 대가로 사유가 탄생하는 것이다. 그것
> 은 눈이 더 이상 안와眼窩 속에 제자리를 갖는 것이 아니
> 라, 자신이 이해하는 공간에 자리를 잡는 개념의 통일이
> 되는 것과 같은 사태다.
>
> _에마뉘엘 레비나스, 《신, 죽음 그리고 시간》

> 이미지의 거세란 바로 이와 같이 이미지가 그림자를 드리
> 울 수 없도록 하는 것이 아닐까.
>
> _저자 노트

    선사시대의 동굴벽화에서 현대의 광고 이미
지에 이르기까지, 인간이 만들어낸 이미지에는 한결같은 공통점이
있는데, 바로 인간에 의해 길들여진다는 점이다. 이미지를 길들인다
는 것은 무당이 굿을 하는 행위와 유사하다. 주술사들, 무당들, 심령
술사들은 인간에게 위협적으로 느껴지는 자연의 이미지를 길들여 통

제해왔고, 화가들 역시 날것으로서의 이미지가 뿜어내는 혼돈의 기운을 길들여 아름다움의 한계 내부로 그들을 가두려 한다. 눈앞에 펼쳐진 이미지들의 혼돈으로부터 우리 자신을 보호하는 것, 이것이 바로 선사시대의 벽화에서 짐작할 수 있는 그림의 기원이다.

위태롭고 나약한 존재였던 선사 인류를 상상해보라. 동굴 속에 몸을 숨기고 바깥세상의 어둠을 주시하던 그들의 눈에는 어떤 이미지들이 펼쳐지고 있었을까? 질서에 통합되지 않은 이미지들, 그 펼쳐짐의 연속이 아직 일관성 속에서 파악되지 않은, 미지의 불안을 야기하는 그런 이미지들이 아니었을까? 선사 인류의 기억 속을 떠도는 차가운 겨울 황야의 이미지와 뜨거운 여름 수풀의 이미지는 어떤 관계 속에서 파악되지 못한 채 방황하는 변덕스런 이미지들이었을 테고, 이들을 일관성 속에서 관계 맺게 하고, 이들 사이에 질서를 부여하는 것(계절의 개념)이 바로 이미지를 길들인다는 것의 의미이다. 이미지를 길들인다는 것은, 이미지들이 서로 떨어져 있게 하지 않고, 그들 사이에 하나의 총체적인 체계를 설정하는 것이다.

알타미라의 동굴벽화는 바로 그러한 목적으로 그려진 것이 분명하다. 짐승들의 이미지에 '인간이 관찰한' 특징을 부여하고 그들 사이를 체계적으로 구분하려는 화가의 노력은, 야생의 세계로 접근하기 위한 목적이 아니라 오히려 그들의 세계를 떠도는 날것으로서의 이미지가 불러오는 혼돈을 인간적인 방식으로 분절하려는 것이었다. 화가는 이러한 과정을 통해 '실재'의 혼돈으로부터 인간의 영혼을 지키는 기능을 그림에 부여하게 되었고, 인간은 혼돈 그 자체인 자연의 이미지로부터 멀어지는 대신 안정된 의미의 체계가 지켜주는 세계의 질서 내부로 물러서게 되었다(언어에 의한 사물의 살해).

알타미라 동굴벽화, 기원전 3만 년~기원전 2만 5000년경.

예나 지금이나 화가들은 날것의 이미지가 지닌 난폭한 면을 재단하여 '미적인 쾌락'을 만들어내는 사람들이다. 그들은 또한 이미지의 유령 같은 속성을 길들이는 퇴마사들이다. 화가는 그림을 그리는 행위 속에서 이미지에 대한 거세를 실행했고, 그렇게 '거세된 이미지'가 바로 '그림' 또는 '시각예술'에 대해 내릴 수 있는 가장 일반적인 정의일 것이다. 그리고 '이미지의 거세'는 단지 '회화'의 탄생만을 의미하는 것이 아니라 문명 자체, 즉 '사유'의 탄생을 의미한다. 인류 앞에 입을 벌린 혼돈의 중심에서 '텅 빈 공허' 또는 '공백'의 자리를 발견하고 그곳에 '의미 있는 이미지들'을 채워 넣으려는 욕망과 함께 문명은 탄생한 것이다.

인류 문명의 탄생과 전개의 과정 속에서 기능하고 있었던 이 같은 방어적 욕망은 앞으로 살펴볼 중세의 마녀사냥과 그 이후 근대적 사고의 문을 열며 등장한 르네상스시대의 혁명적 변화 속에서도 결코 약화되지 않는다. 이미지들이 가진 모호함이 자칫 유령과 같은 역능

을 발휘하기에 앞서, 문명은 언제나 안정된 우주의 풍경화를 그려내
야만 했던 것이다.

마녀사냥,
초과하는 이미지에 대한 심판

중세시대에 끊임없이 되풀이되어 나타나는 주제 중 하나
는 존재 일반의 미美이다. 그 시대는 암흑과 모순이 지배
하던 시대라고도 할 수 있지만 당시의 철학자와 신학자
들은 이 세계에 대해서 빛과 낙관주의로 가득 찬 이미지
를 가지고 있었다. 창세기에서 가르친 대로 "이렇게 만드
신 모든 것을 하느님이 보시니 참 좋았다. (…) 이리하여
하늘과 땅과 그 가운데 있는 모든 것이 다 이루어졌다."
(…) 우주에 대해 이런 범미적汎美的 시각을 낳게 한 것
은 교부들이 확장시키고 증폭시킨 성서였다.

_움베르토 에코, 《중세의 미와 예술》

근대 유럽인들의 시각에서 중세는 길고도 지
루한 시기였음이 분명하다. 도시와 수도원의 폐쇄된 공간 안에서 생
활한 중세인들은 외부 세계의 무질서에 압도당한 채 신의 '상상적'
무한성에 의존해 살았던 것처럼 보였기 때문이다.

중세인들은 자신들의 세계가 좁고 협소한 것을 한탄하는 동시에
신이 창조한 우주의 무한성에 경탄했다. 마치 동굴에 거주하던 선사
인류가 동굴 밖 세계의 어둠에 범신론적인 관념화를 시도했던 것처
럼, 중세인들은 세계의 혼돈과 무질서에 신의 의지라고 하는 상당히

효과적인 관념화를 시도했던 것이다. 그 관념화가 효과적이었던 이유는 선사 인류의 범신론적 이미지보다 중세의 그것이 체계적이었기 때문이다. 무엇보다 유일신 체계에 의한 총체화된 질서가 세계 이미지의 혼돈, 즉 유령이미지의 출몰을 단일한 구도 속에서 통제할 수 있도록 해주었다. 바로 그런 의미에서, 중세에 유행한 '마녀사냥'의 일화들은 당시 세계를 위협했던 유령이미지들에 대한 대대적인 질서화를 의미하는 것으로 보아야 한다.

마녀사냥은 상식적으로 알려진 것보다 더 오랜 기원을 갖는다. 고대 그리스시대에도 미래를 예측하거나 악마와 결탁하여 사람들을 해코지하는 주술사에 대한 심판의 기록이 남아 있다. 그러나 마녀사냥이 그 규모와 방식에 있어서 조직적인 모습을 갖추게 된 것은 가톨릭교회의 칙령으로 이단에 대한 대대적인 억압이 시작된 12세기 이후부터였다. 이 시기부터 마지막 마녀사냥이 기록된 18세기까지 기독교 권력은 세계의 정상성이라고 규정된 질서의 관점에서 오류로 파악되는 현상에 대한 억압의 장치로 마녀 이미지의 틀을 사용했다. 마녀사냥이 가장 대규모로 행해진 것은 16세기였다고 알려져 있는데, 그 한 세기 동안에만 5만에서 10만 명에 달하는 사람들이 마녀로 몰려 화형을 당했다고 한다.

일견 중세 사회의 광적인 일면으로 치부할 수 있는 마녀사냥은 그러나 인류 역사에 있어 전혀 새로울 것도 특이할 것도 없는 현상이었다. 마녀사냥은 인간 이성이 일탈하는 이미지에 대해서 행했던 다양한 '길들이기'의 한 가지 유형에 불과했기 때문이다. 인간은 질서화

1509년 아우크스부르크에서 발행된 《평신도를 위한 안내서》 속 마녀 고문 장면을 그린 삽화.

된 이미지들의 안정적인 순환 속에서 살아가기를 욕망하기 때문에, 이러한 이미지들 중에서 초과하는 것이 있을 경우 적대감을 드러낼 수밖에 없다. 따라서 마녀 이미지는 한 사회의 구조 내에서 발생할 수 있는 '초과하는 이미지'의 종교적 유형이었을 뿐이며, '이단'이라는 적극적인 대립항으로서보다는, 일종의 '모호함' 또는 '은밀함'과 같은 불확실성에 지배되는 이미지였다.

만약 한 사회 내에서 그 사회의 안정화를 지탱하는 질서로는 파악되지 않는 이질적인 이미지들이 증가하게 되면, 그 사회는 해당 이미지에 대한 억압을 실행한다. 그런데 그 억압이 실패로 끝나면 결국 세계 이미지는 균열을 일으키며 흔들리게 되고, 세계는 정체성의 혼란을 겪으며 붕괴될 수밖에 없다. 서구 중세가 두려워한 것도 이 같은 세계 이미지의 몰락이었다. 따라서 중세는 균열 없는 기독교 세계의 이미지를 완성하기 위해 마녀의 이미지, 즉 초과하는 이미지에 대한 심판을 필요로 했던 것이다.

그러나 체계에 있어 가장 큰 위협은 언제나 그 내부에서 출현하기 마련이다. 중세 기독교 세계에서도 가장 은밀한 내부로부터 체계를 위협하는 유령이미지가 출현했는데, 그것은 마녀의 이미지도 혹은 이단의 이미지도 아닌 신 자신의 이미지—이해할 수 없는, 인간 이성의 한계를 초월하는 공포스러운—였다. 인간이 그 자신이 속한 세계의 무질서를 견뎌내기 위해 신의 질서를 불러내고, 그러한 질서 속에 자신의 이미지를 귀속시키려 했을 때, 그 모든 소망과는 반대되는 신의 이미지, 유령과 구별할 수 없게 된 신의 이미지가 출현했던 것이다. 우리는 이와 같은 신의 이미지를 아브라함에게 그의 아들 이삭을 제물로 바치라고 명하는 신의 음성을 통해 만나게 된다.

아브라함의 신은 인간이 이해할 수 없는 존재, 즉 가장 본래적 의미에서의 '초월자'로서 그 모습을 드러낸다. 아브라함에게 떨어진 신의 명령은 이성의 질서를 초과하며 인간을 갑작스런 공포 속으로 밀어 넣는데, 이때 신은 악마와 구별할 수 없는 형상, 즉 유령 그 자체와 다를 바 없다.

18세기의 독일 철학자 칸트는 바로 그러한 신의 초과하는 속성, 인간 세계의 내재적 질서를 위협하는 비이성을 아브라함의 하느님

안드레아 델 사르토Andrea Del Sarto,
〈이삭의 제물〉, 1529년경.

에게서 발견하고 경악했다. 칸트는 아들 이삭을 죽여 제물로 바치라고 명하는 하느님의 명령에 망설이는 아브라함을 언급하면서 불가지적인 신의 의지로부터 이성적이며 논리적인 인간적 질서의 한계 내부로 자신의 철학을 후퇴시킨다.*

그런 의미에서 칸트는 동시대 계몽주의자들의 이성중심주의의 보호막 속으로 은둔했던 것인데, 그러나 이 모든 일은 중세가 끝나고도 아주 많은 시간이 지난 후의 일이다. 따라서 중세인들은 세계의 혼돈을 길들이기 위해 사용하고 있던 기독교적 질서의 이러한 양면성 속에서 경이와 경악을 오가는 불안정한 상태를 감당해야 했다.

이처럼 중세시대를 뒤덮고 있던 이미지들은 한편으로는 기독교의 안정된 질서에 길들여지는 듯 보였으나, 그 중심부에서는 오히려 '비

• 이마누엘 칸트, 《도덕 형이상학Die Metaphysik der Sitten》, 1797년.

1부 르네상스, 이미지 사냥의 시대

조반니 로렌초 베르니니, 〈성 테레사의 법열〉, 1652년.

성 테레사 수녀가 종교적 열반, 즉 환각 상태에서 천사의 화살에 찔리는 장면을 묘사한 이 작품에서 인간 - 주체는 종교적 환각에 노출되어 있으며, 완벽한 수동성 속에서 우주의 무한하고 무질서한 이미지에 흡수당하고 있다. 중세인들은 신의 응시에 그 어떤 인간적 질서의 보호막도 없이 온전히 자신을 내맡겼다.

일관성'의 씨앗을 품고 있었다. 이러한 비일관성은 하나의 '신비주의'적인 세계관(상상적 무한)을 형성하는 동시에, 세계의 이미지들이 완전하게 길들여지지 않는다는 불안감을 조성했다. 서구인들은 이러한 불안으로부터 벗어나기 위해 다양한 시도를 했고, 우리는 르네상스라고 하는 새로운 세계관의 발명 속에서 그러한 시도의 완성을 확인하게 된다.

수학적으로
거세된 이미지들

> 과학은 사물들을 조작하며, 사물들에 거하기를 포기한다.
> 과학에는 과학에 내재하는 모델이 주어지며, 모델을 이루
> 는 지수와 함수에는 그것의 정의가 허용하는 만큼의 변형
> 이 가해진다. 그러면서 과학과 현실 세계와의 거리는 점
> 점 멀어질 뿐이다.
>
> _모리스 메를로 퐁티,《눈과 마음》

르네상스 원근법과
수학적 유한성의 세계

브루넬레스키는 서구 유럽에서 이미지의 역
사가 중세의 질서로부터 빠져나오는 데 결정적인 역할을 했던 인물
이다. 서구 역사에서 이미지들은 브루넬레스키 이후 비로소 '유한성
의 이미지'들로 구성된 근대적 질서 속으로 진입하게 되었다.

브루넬레스키의 업적은 무엇보다 건축에 관한 연구와 발명 속에
서 두드러진다. 그는 건축물을 외부 세계로부터 단절된 폐쇄된 공간
으로 사고하던 중세적 관점에서 벗어나, 건축물 자체를 우주적 질서

루이지 팜팔로니Luigi Pampaloni,
〈필리포 브루넬레스키〉, 1830년.

의 '연장선' 속에서 파악하고자 했다. 쉽게 말해 건축물의 벽과 지붕을 내부를 감싸는 보호막이 아니라 외부 세계와 내부 공간이 만날 수 있게 하는 좌표로 간주했던 것이다. 나아가서 그는 모든 사물이 전체 우주 공간 속에서 수학적 좌표들을 통해 연결될 수 있다고 생각했다.

브루넬레스키의 건축물은 컴퓨터 3D 그래픽으로 그려지는 건축물의 입체도면으로 쉽게 상상해볼 수 있다. 컴퓨터를 통해서 3차원의 건축 도면을 만들 수 있다는 것은 그것이 가상적인 공간을 좌표로 분할하고 계산할 수 있기 때문인데, 500여 년 전 브루넬레스키는 이미 질서 정연하게 좌표화된 방식의 우주를 상상하고 있었던 것이다. 이와 같은 방식으로 전체 우주 공간을 '상상'하는 것—우주의 모든 공간이 숫자로 환원될 수 있다는 생각과 우주의 모든 시간 역시 숫자로 객관화될 수 있다는 생각—은 수학적인 인류가 등장했다는 것을 의미하는 것이기도 하다. 그러한 방식으로 객관적 시간과 공간의 좌표들을 가정

이탈리아 티볼리의 로카 파아 성, 1461년.　　피렌체 대성당, 1436년.

하나의 덩어리처럼 보이는 폐쇄적인 형태를 통해 중세적 세계관을 엿볼 수 있는 로마네스크 양식의 성(왼쪽)과 질서 정연한 반복을 중요시하고, 내부와 외부의 공간을 연결해 사고하는 관점이 두드러지는 브루넬레스키의 대성당(오른쪽).

하는 생각들은 과학의 영역에서 뉴턴에 의해 완결된 사고방식이다. 그리고 이러한 수학적 세계관은 르네상스시대 미술이 이미지를 거세하기 위해 전개한 고전주의적 관점에 결정적인 영향을 미치게 된다. 브루넬레스키의 동료이자 그로부터 많은 영향을 받았던 화가 마사초는 원근법이라는 테크닉을 회화에 처음으로 적용시킨 장본인이다. 그는 브루넬레스키의 수학적 세계관을 회화 이미지의 영역에 그대로 적용시켜 최초의 원근법적 이미지를 그려냈다.

　마사초의 〈성전세〉는 지금 우리 눈에는 평범해 보일 수 있는 작품이다. 그러나 '원근법'이라는 획기적인 기법을 통해 그려진 이 그림 앞에서 당시 사람들은 경탄을 금치 못했다. 이 그림의 특별함을 이해하기 위해서는 마사초의 선배 격인 조토의 작품과 이 작품을 비교해 보는 것만으로 충분하다.

　두 화가의 작품 사이에서 관찰되는 결정적인 차이는 '공간의 일관

마사초, 〈성전세〉, 1426년 ~1427년.

조토 디본도네, 〈속인의 경배〉, 1300년.

1부 르네상스, 이미지 사냥의 시대

성'이다. 조토 역시 2차원의 평면 위에 3차원적 공간 효과를 만들어 내려고 노력했지만 그의 그림에는 통일성이 결여된 파편적 공간이 나열되어 있을 뿐이다. 조토의 그림 속 이미지들은 하나의 소실점으로 수렴되지 못하고 있으며, 따라서 통일성의 기준 아래 지배되지 않고 있다. 반면 마사초는 이러한 비일관적 공간화의 문제를 해결하기 위해 아주 간단한 해결책을 제시했는데, 이미지들을 '하나의 소실점'을 향해 '규칙적으로 사라지도록' 만드는 방법이 그것이다. 그리고 이것이 바로 원근법의 핵심적인 테크닉이다(덧붙이자면 유령이미지는 결코 규칙적으로 사라지지 않는다. 유령들은 그들의 갑작스런 출현과 마찬가지로 그 사라짐 역시 예상할 수 없었던 비일관성 속에서 문득 소멸해버리곤 한다).

원근법이 가진 이 같은 공간의 질서화 기능은 당시 화가들이 화면 위를 떠도는 이미지들의 불규칙함을 길들이는 새로운 방식으로 채택되었다. 이미지들은 그들의 출현만큼이나 사라짐에 있어서 역시 수학적 일관성의 지배를 받게 되었던 것이다. 이를 위해 예술가들은 그림을 그릴 때 상당히 기계적이면서도 정교한 장치들을 사용하게 된다. 화가들은 눈(시선)의 위치를 그림의 소실점과 동일한 지점에 고정시킨 채 세계의 이미지들을 격자 틀을 통해서 측정하고, 이것을 다시 원근법적 측량술에 의거해 화면 속에 배치한 뒤, 이를 중심으로 멀어지는 이미지들이 일관되게 사라지는 형상을 그려냈다.

당시의 화가들은 과학자나 측량술사와 다름없는 모습으로 세계 사물들의 이미지를 재단하고 다듬고 다시 펼치는 수고를 마다하지 않왔던 것인데, 이러한 노력이 의미하는 바는 무엇이었을까? 그것은 세계의 혼돈된 이미지들의 출몰 너머에 존재한다고 생각되는 질서를 재현해내려는 욕망 때문은 아니었을까? 중세의 우주를 가득 채우고 있던 음울한 유령이미지들을 과학(수학)의 힘으로 길들이려는 이성의 반격이었다고 할 수 있지 않을까?

르네상스는 이처럼 원근법이라는 수치 계량적 세계관으로 무장한 예술가들이 유령이미지들에 대해 행했던 대대적인 이미지 사냥의 시기라고 할 수 있다. 유럽인들은 이렇게 길들여지는 이미지들의 한가운데서 자신을 포함한 세계와 우주가 무

알브레히트 뒤러의 저서
《화가들을 위한 매뉴얼》(1525)의 삽화.

한한 듯 보이지만 그럼에도 측정 가능한 공간이라는 생각 속으로 깊이 빠져들고 있었다.

같은 시기 인간은 지구가 태양의 주변을 돌고 있다는 사실과 우주 공간이 생각보다 복잡하고 광대하다는 것을 알게 되었지만, 그럼에도 이러한 광대함은 양적인 광대함일 뿐 질적인 것은 아니라는 생각에 이르게 된다. 세계와 우주는 일종의 '정수의 집합'과 같은 것으

1부 르네상스, 이미지 사냥의 시대

로 간주되었던 것이다. 그것은 아무리 세어도 다 셀 수 없을 만큼 무한히 큰 것이지만, 그것이 셈해지는 연산의 질서는 일정하다. 그것은 가산적이고, 그렇기 때문에 이성의 능력을 벗어나는 법이 없다.

$$\text{세계} = \{-n \cdots -4, -3, -2, -1, 0, 1, 2, 3, 4 \cdots +n\}$$

정수의 집합은 무한하지만 '가무한'적이다. 이것이 양적으로 늘어나거나 줄어드는 양상은 언제나 예측 가능하다. 즉 1을 더하거나 1을 빼면 된다. 우주를 이렇게 가무한적인 방식으로 이해하는 관점은 르네상스의 고전주의적 유한성의 사유를 보여준다.

세계의 모든 이미지를 일정한 질서-틀 속에 가두려는 르네상스시대의 노력은 이후 알브레히트 뒤러가 그의 《인체 비례론》(1528)에서 추함의 질서를 밝혀내고자 했던 시도 속에서 그 정점에 도달했다. 뒤러는 일반적으로 아름다움의 질서만을 다루었던 화가의 시선을 추한 이미지의 영역으로까지 확장시켜 아름다움의 대립항이 가질 수 있는 질서, 즉 추함의 비율을 연구하고자 했는데, 이는 르네상스 문명이 아름다움의 질서뿐만 아니라 그로부터 일탈하는 이미지들 역시 포획하여 고정시킬 수 있는 단일한 총체성을 추구했다는 것을 보여주는 한 단면이다. 만일 아름다움을 양의 정수의 집합이라고 간주한다면, 분명 음의 정수의 집합도 가능해야 한다는 사고방식이 그것이다. 모든 이미지는 '계산 가능한 것'이 되어야 했고, 나아가서 계산 가능하다는 생각은 곧 '예측 가능하다'는 말과 같은 의미로 해석되기 시작했다.

세계와 우주가 제아무리 크고 광대하다고 해도, 그 표면적인 이미지가 제아무리 다양해 보인다고 해도, 그것들이 연산 가능하다면 그것은 또한 예측 가능한 것이다. 이러한 예측 가능성이란 근대 과학이 추구했던 목표이기도 하다. 세계 내 모든 물리적 현상을 예측하는 강력한 과학 이론의 '발견'은 근대 과학의 역사 속에서 줄곧 추구되어 온 이상이었고, 근대 미술은 바로 그러한 예측 가능성을 이미지의 영역에서 실현시키고 있었던 것이다. 그런 의미에서 뉴턴의 만유인력의 법칙은 원근법의 발명과 동일한 위상을 갖는 것이라 할 수 있다. 예술 영역에서 일어난 변화가 과학 영역에서 완결된 셈이다.

이러한 예측 가능성의 세계를 인문학은 고전주의라 부르는데, 이는 고대 그리스의 이상을 추구하는 것을 의미한다. 고대 그리스의 이상이란 코스모스의 질서를 추구하는 것이었다. 현실의 세계를 구성하는 다양한 이미지들이 표면적으로는 혼돈스러운 모습(카오스)이라 해도, 그것들 너머에 궁극적이며 정적인 영원한 질서(코스모스)의 이데아가 존재할 것이라는 사고방식이 그것인데, 이러한 사고 속에서 우주는 궁극적으로는 유한하다. 왜냐하면 그것의 양적인 무한성에도 불구하고 인간 이성에게 알려질 수 있는 질서, 즉 유한한 질서 속에서의 무한 반복이기 때문이다. 고전주의에 대한 가장 명확한 설명을 하고 있는 루카치György Lukács의 《소설의 이론》 중 한 대목을 읽어보자.

별이 빛나는 창공을 보고, 갈 수가 있고 또 가야만 하는 길의 지도를 읽을 수 있던 시대(그리스 고전주의 시대)는 얼마나 행복했던가. 그리고 별빛이 그 길을 훤히 밝혀주던 시대는 얼마나 행복했던가. 이런 시대에 있어서 모든 것은 새로우면서도 친숙하며, 또 모험으로 가득 차 있으면서도 결국은 자신의 소유로 되는 것이다. 그리고 세계는 무한히 광대하지만 마치 자기 집에 있는 것처럼 아늑한데, 왜냐하면 영혼 속에서 타오르는 불꽃은 별들이 발하는 빛과 본질적으로 동일하기 때문이다. 다시 말해서 세계와 자아, 천공의 불빛과 내면의 불꽃은 서로 뚜렷이 구분되지만, 서로에 대해 결코 낯설어지는 법이 없다.•

고전주의는 바로 이러한 관념 속에 있다. 광대한 우주의 모든 것은 낯설지만 동시에 우리 이성에게 친숙한 것이 될 가능성을 가져야만 한다. 우주의 질서인 "천공의 불빛"은 이성의 질서인 "내면의 불꽃"과 결코 낯설어지는 법이 없다. 이러한 유한한 우주에 대한 추구가 이미지의 영역에서 본격적으로 시작된 시기가 바로 르네상스시대이다.

이 모든 고전주의의 노력들, 세계의 혼돈된 이미지를 길들이려는 노력들은 궁극적으로 무엇을 위한 것이었을까? 한편으로 그것은 인간 심리에 확실한 보상과 이득을 가져다주었던 것이 사실이다. 인간은 그렇게 그려진 아름다운 세계의 재현된 모습을 감상하면서 자신들의 '실재' 삶을 엄습하는 혼돈과 무질서에 대한 나름의 심리적 방

• 죄르지 루카치,《소설의 이론》, 김경식 옮김, 문예출판사. 2007년.

어를 실행할 수 있었기 때문이다. 그러나 이러한 방어적 동기보다 르네상스인들을 더욱 강하게 사로잡았던 것은 원근법이라는 이미지 사냥법을 통해서 이미지가 감추고 있는 궁극적인 '진리'에로 도달하게 되었다는 확신이었다. 혹은, 진리에 가장 근접한 이미지를 포획했다는 만족감이 그것이다. 이것은 르네상스인들을 사로잡고 있던 진리에 대한 욕망이 원근법적 이미지의 질서 속에서 보상받고 있었다는 것을 의미한다. 아래 도식은 이미지에 대한 르네상스인들의 관점인 고전주의적 사고를 도식화한 것이다.

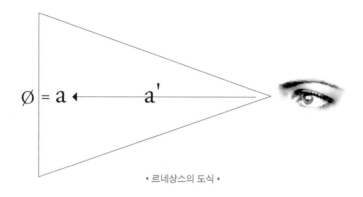

• 르네상스의 도식 •

눈이 위치한 오른쪽에서 삼각형 모양으로 뻗어나가는 인간의 시선은 원근법적이다. 원근법적이라는 것은 수학적으로 질서 잡혀 있다는 것을 의미한다. 이때 인간의 눈에 들어오는 이미지들을 a, a', a", (…)라고 표기하면, 이들 중에서 Ø(부재), 즉 공백에 가장 가깝게 접근한 이미지 a가 가장 진리에 가까운 이미지로 간주된다. 왜냐하면 공백을 의미하는 ∅은 원래 그곳에 있어야만 하는 것, 그러나 우리 시선의 불완전함 때문에 지금 당장은 그곳에 자신을 드러내지 않는다고 가정되는 결여된 진리의 표지이기 때문이다. 따라서 ∅은 혼돈스러운 이미지들의 출몰이 가정하는 진리의 부재 그 자체라 할 수 있다. 르네상스시대의 화가들은 이러한 진리의 부재를 메우기 위해서 다양한 이미지들을 불러왔는데, 이렇게 불려온 이미지들 중에서 가장 적절한 것을 진리의 '이미지'로 간주했다. 왜냐하면 부재를 채워주는 이미지는 충만함을 약속하는 이미지이고, 충만함이야말로 인간 문명이 이미지를 재단하는 궁극적인 목적이기 때문이다.

이것이 바로 완전한 의미, 또는 완전한 이미지로서의 진리에 대한 르네상스인들의 사고방식이었다. 그들은 지금 당장 세계의 풍경 속에서는 보이지 않는 것이지만 분명 그러한 풍경-이미지(a') 너머에 존재하는 진리, 그러나 지금은 보이지 않는 진리의 빈자리(∅)를 채워줄 수 있는, 진리에 대한 가장 정확한 복사본(a)으로서의 이미지를 그려낼 수 있다고 생각했다. 따라서 이미지들(a', a'', a''', …)은 수학적 원근법에 의해 길들여졌고(a' → a), 이렇게 길들여진 이미지들은 다시 상징화의 효과 속에서 그 의미들이 길들여지게 된다. 화면 속에 등장하는 이미지의 그 어떠한 요소들도 원근법을 무시하거나 또는 그림의 주제에 반하는 등의 위반은 허용되지 않는다. 모든 이미지는 안정된 공간과 안정된 의미 전달을 위해 다듬어지고 통제되어야 한다. 이미지들을 통제하는 강력한 전제군주제가 실시되었던 것인데, 당연하게도 이러한 고전주의적 세계관에서는 외부라는 개념이 존재할 수 없다. 우주는 폐쇄되어 완결된 공간이며, 일관된 이미지나 보편적 의미로 포착할 수 없는 이질적 요소란 허용되지 않는 유한한 공간이 된다.

르네상스인들의 이미지 통제에 대한 열망이 얼마나 극단적이었는지를 보여주는 대표적인 작품이 파올로 우첼로의 〈산로마노 전투〉이다. 1432년 피렌체와 시에나가 벌였던 산로마노 전투의 한 장면을 그린 이 역사화의 하단을 잠시 눈여겨보자. 땅에 떨어진 병기들과 병사들의 시체가 이상할 정도로 부자연스럽게 규칙적인 모양새로 소실점을 향하고 있다. 3차원의 공간 효과를 강조하기 위해서 이미지를 인위적으로 나열하고 있는 이 그림에는 이미지들이 본래 가지고 있는 자유로운 느낌, 즉 혼돈의 속성을 박탈하고 그들을 하나의 일관

파올로 우첼로, 〈산로마노 전투〉, 1450년경.

1부 르네상스, 이미지 사냥의 시대

된 공간 속에 편입시키려 한 화가의 과도한 열정이 드러나 있다. 지금으로서는 부자연스럽게만 보이는 이러한 시도가 당시 화가들에게는 세계의 모습을 가장 정확하게 재현할 수 있는 진리의 열쇠로 여겨졌음이 분명하다.

르네상스의 이 같은 질서 재현의 열정은 이후 미켈란젤로에 의해 비로소 완성의 단계에 도달한다. 〈천지창조〉에서 미켈란젤로는 공간의 질서화를 완성하고, 그 속에서 이미지들을 안정적인 방식으로 배열하는 과정을 통해 르네상스인들이 그토록 원했던 통제된 이미지의 효과, 즉 $a' \rightarrow a$의 효과를 완벽에 가까운 솜씨로 완성해냈다.

시스티나 예배당의 천장화는 성서에 나오는 천지창조의 서사를 3차원의 수리적 공간 효과 속에서 질서 정연하게 재현하고 있다. 미켈란젤로는 이 천장화를 통해 신의 섭리라고 하는 모호하기 그지없는 기독교적 진리의 이미지를 이성적 합리성의 틀 속에서 재해석함으로써, 신의 진리에 도달하고자 하는 인간의 열망을 표현했다. 신의 섭리는 원죄를 지닌 인간으로서는 그 깊이를 헤아리기 어려운 것이지만(진리의 부재=∅) 이미지들을 길들임으로써($a' \rightarrow a$) 상실된 진리의 형상에 접근할 수 있다는($a = ∅$) 것이다. 물론 이 모든 신념의 토대에는 세계의 기원으로서의 의미 또는 진리가 실체로서 실존한다는 (신학적) 믿음이 확고히 자리 잡고 있었다.

그런데 여기에 한 가지 흥미로운 점이 있다. 화가들이란 이미지의 혼돈 너머에 실존한다고 가정되는 질서에 집착하다가도 때로는 그 질서화된 이미지의 전개에 스스로 염증을 느끼기도 한다는 것이

미켈란젤로, 〈천지창조〉, 1512년.

1부 르네상스, 이미지 사냥의 시대

다. 그것을 그저 화가들의 변덕이라 치부할 수도 있겠지만, 이 책의 논의 안에서 이를 해석해보자면 다음과 같은 설명도 가능할 것이다. 즉, 화가들은 질서 속에서 통제되는 이미지들이 결국 세계의 한계 내부에 머물고 있는 지극히 인간적인 이미지라고 느낄 수 있다는 것이다. 그렇기 때문에 인간이 초월적이며 무한한 진리에 관하여 생각할 때 이들 인간적 이미지들은 진리와는 어울리지 않는 유한한 모습으로 보일 수 있다. 그래서 화가들은 때로 일탈하는 이미지 혹은 유령과 같은 이미지들이 오히려 진리에 더 근접한 이미지라고 하는 위험한 생각에 빠져들게 된다. 특히 르네상스시대의 짧은 전성기가 끝나고 도래한 매너리즘기의 화가들에게서 그러한 경향이 두드러졌는데, 한때 르네상스시대의 이미지 사냥과 질서화에 앞장섰던 미켈란젤로조차 나이가 들어가면서 기존의 질서 속에 편입되기 힘든 유령적 이미지를 선호하는 경향을 보였다.

매너리즘,
불안의 이미지

말년의 미켈란젤로는 점점 더 종교적 열정에 휩싸였다. 그는 젊은 시절 그렸던 그림들이 결코 신의 진리에 접근할 수 없는 지극히 세속적인(유한한) 작품들이라고 생각하기 시작했는데, 신의 섭리와 진리에 이르는 이미지가 수학적인 틀 속에서, 즉 합

미켈란젤로, 〈피에타〉, 1499년.　　　　　미켈란젤로, 〈피에타〉, 1555년.

리성의 틀 속에서는 계산될 수 없다는 생각 때문이었다. 이러한 생각은 그의 후기 작품들에서 선명하게 드러난다. 그가 젊은 시절 제작했던 〈피에타〉(왼쪽)와, 말년에 다시 제작한 또 다른 판본의 〈피에타〉(오른쪽)를 보자.

　왼쪽 작품에서 오른쪽 작품으로의 변화에서 보이는 것은, 수학적 조화의 이미지에서 뒤틀리는 이미지로의 전환이다. 이 두 작품 속에서 미켈란젤로는 예수의 죽음이라는 기독교적 '진리의 사건'을 표현하는 두 가지의 전형을 제시하고 있다. 하나는 인간적인 이성의 질서 속에서 파악될 수 있는 진리, 즉 고전주의적 사고 속에서 표현되는 진리이며, 다른 하나는 혼돈과 무질서의 외관을 하고 출현하는 진리, 즉 인간의 이성으로는 가늠할 길 없는 형상, 이성의 질서가 붕괴되는 균열의 지점에서 출현하는 것으로서의 진리이다.

후대 유럽의 미술사가들로부터 경멸적인 의미로 평가 절하되면서 명명되었던 매너리즘은 달리 보면 이렇게 진리에 대한 보다 새로운 접근을 위해서 탄생한 표현 양식이었다. 매너리즘적인 표현 양식을 택했던 화가들은 유럽을 장악하기 시작했던 르네상스 고전기의 이성적 양식이 진리를 표현하기에는 부족하다고 생각했던 사람들이기 때문이다. 이들은 미술이 표현하고자 하는 다양한 진리가 이성이라는 유한한 틀을 통해서 드러날 수 있는 것이 결코 아니라고 생각했고, 바로 그러한 사고 속에서 출현한 매너리즘의 이미지들은 실제로 유령이미지의 형식에 근접하는 모습을 보여주었다.

매너리즘기를 대표하는 이탈리아 화가 폰토르모 Jacopo da Pon-tormo의 작품을 보자. 이전 화가들의 작품에서는 볼 수 없던 '몽롱함' 혹은 모호함 같은 '불확실성'의 정서가 눈길을 끈다. 고전기 르네상스시대의 작품에서 볼 수 있었던 확고한 공간감과 무게감, 조화의 효과들이 이 시

야코포 다 폰토르모, 〈십자가에서 내려지는 예수〉, 1528년.

기 작품에서는 가볍고 부유하는 느낌의 분위기로 대체되어 있다. 유령과 같은 이미지들이 등장하고 있는 것이다. 질서 속에 구축된 이미지로부터 불안이 강조된 일그러지고(미켈란젤로), 때로는 증발해버릴 듯한(폰토르모) 이미지로의 전환은 결국 진리를 욕망하는 예술가들의 방식이 변화하고 있었다는 사실을 명확히 보여준다. 그들은 안정된 질서의 '고정된' 이미지를 욕망하는 단계에서 파편적이며 '진동하는' 불안의 이미지를 욕망하는 단계로 이행해가고 있었다.

죽음충동

　　　　　정신분석은 이와 같은 변화를 '죽음충동'이라는 개념으로 설명한다. 죽음충동이란 '쾌락원칙'의 반대편에 위치하는 개념이다. 만일 쾌락원칙이 앞서 언급했던 '부재하는 진리의 공백'에 의미 또는 의미 있는 이미지(a)를 던져 넣으면서 그곳을 일시적으로 메꾸는 행위를 통해 보장되는 심리적 안정 상태라고 한다면, 죽음충동은 그러한 안정화를 보장하는 이미지, 충만성을 약속하는 이미지의 매개 없이 곧장 공백 자체로 육박해 들어가려는 충동이다.

　쾌락원칙이 부재하는 진리, 또는 부재 그 자체인 진리와 주체의 대면을 연기하고 우회시키면서 삶의 환멸로부터 주체를 보호하는 방어적 기능을 한다면, 죽음충동은 주체를 삶의 본모습인 불완전성, 파편성, 균열의 상태에로 밀어 넣는 불길한 중력이라 할 수 있다. 그러나 우리 삶을 각각 현상 유지하거나 극적으로 변화시키는 본질적인 기능을 하는 쾌락원칙과 죽음충동은 사실 동일한 위치에서 얼마만큼 공백에 깊숙이 접근해 들어갔느냐의 정도에 따라서 분리되는 현상이라고도 할 수 있다. 이것은 인간이 가진 욕망의 두 가지 모습 즉, 방어적 욕망과 파괴적 욕망의 개념에 일치하는 것이기도 하다.

만일 인간의 사유가 그 어떤 이미지에도 만족하지 못한 나머지 위험할 정도로 공백에 가까이 접근해 들어갔다면 그것은 죽음충동에 이끌린 것이다. 반면 사유가 그러한 위험 앞에서 안정적인 의미나 이미지의 도움으로 공백으로 향하던 발걸음을 돌리고, 삶이 지속되는 안전한 공간으로 되돌아올 수 있었다면, 그와 같은 욕망은 쾌락원칙에 충실한 것이 된다.

쾌락원칙은 우리의 욕망이 삶의 공허 또는 공백이라고도 할 수 있는 파괴적인 실재에 너무 가까이 접근하는 것을 막아주는 역할을 한다. 그렇게 해서 (보수적) 욕망은 주체가 공백에 가까이 접근하기에 한발 앞서 미끼를 던지고, 삶을 다시 익숙한 장소로 되돌아오게 하는 역할을 한다(미술에서는 그러한 미끼가 곧 통제된 일관성의 이미지들, 즉 거세된 이미지들이라고 할 수 있을 것이다). 그러나 죽음충동은 모든 가상적인 것, 실재가 아닌 것을 넘어서려는 욕망이며, 그 모든 욕망의 근원인 결여 또는 공백 그 자체와 대면하고 때로는 대결하려는 파괴적인 양상을 보인다.

쾌락원칙의 욕망과 죽음충동의 욕망이 이러한 양상을 보이며, 거세된 이미지와 유령이미지가 이들 각각의 고유한 외관이라고 한다면 매너리즘은 두 가지 욕망 중 어느 쪽에 위치해 있을까? 질서를 거부하고 형상을 일그러뜨린 데서 죽음충동의 욕망에 가깝다고 할 수 있지 않을까?

그러나 매너리즘의 일그러진 이미지들은 온전하게 파괴를 행하는 죽음충동의 욕망을 보여주지는 않는다. 매너리즘이 궁극적인 진리의 실체를 부정하려는 이미지의 우상 파괴 행위는 결코 아니라는 말이다. 미켈란젤로나 폰토르모 같은 작가들은 일그러진 이미지가 궁극적으로 도달할 수 있는 최종적인 장소로 보편적인 진리, 즉 신의 섭리라고 하는 진리를 가정하고 있었다. 따라서 이미지들이 비록 이성의 조화로운 질서를 초과하는 형상 속에서 그려졌다 해도, 그러한 일그러짐이 곧 신의 진리의 일그러짐을 의미하는 것은 아니라는 것이다. 이러한 생각을 앞서 언급했던 르네상스 도식의 변형된 형태로 제시하면 아래와 같은 도식이 된다.

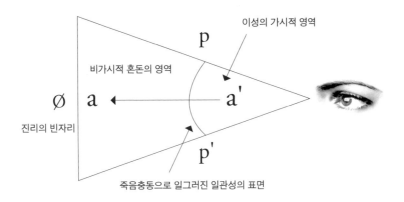

• 매너리즘의 도식 •

'매너리즘의 도식'은 르네상스 고전기의 도식과는 다르게, 공백 (ø)의 위치가 훨씬 뒤로 물러나 있다. 진리의 장소가 우리 이성의 질서로부터 멀리 떨어진 것으로 간주되기 때문이다. 따라서 눈앞에 가시화된 세계, 즉 이성의 능력으로 파악할 수 있는 가시적인 세계의 삼각형(a'가 있는 공간) 뒤로 더 큰 공간이, 이성 능력이 도달할 수 없는 공간(비가시적 혼돈의 영역)이 확장되어 있다. 이성의 능력이 축소되고, 이성의 시선으로는 볼 수 없는 혼돈의 영역이 증가하고 있다는 것이다(이곳은 이성적 세계에 대해 일종의 외부를 형성한다). 그래서 만일 화가가 진리의 빈자리에 이미지를 채워 넣으려고 한다면 화면畵面 (p-p')의 평면 자체를 비일관적인 혼돈의 공간 속으로 휘어져 들어가게 하는 방식을 취할 수밖에 없다. 고전주의의 도식과는 다르게 진리의 빈자리가 너무 먼 곳에 위치하고 있으므로 이성의 일관성을 상징하는 최초 삼각형의 평면(스크린, p-p')이 진리의 방향으로 휘어져야 한다는 것인데, 이것은 a가 더욱 ø에 가깝게 다가가기 위해서 이성의 일관된 질서를 포기한다는 것을 의미한다. 이것이 매너리즘의 화면이 일그러진(휘어진) 평면이 될 수밖에 없었던 이유이다. 원근법의 안정적인 조화는 포기되고 진리가 존재한다고 가정되는 미지의 지점으로, 즉 죽음충동의 영역으로 접근해 들어가기 위해 이성의 일관성의 표면은 휘어짐을 감수하는 것이다.

이 같은 현상은 화가의 욕망 속에서 죽음충동이 작동하고 있었다는 사실을 보여주는 분명한 증거이다. 진리를 추구하는 예술가의 정신 속에서 죽음충동이라고 하는 파괴적 욕망은 아주 중요한 역할을 하고 있었던 것이다. 하지만 매너리즘과 관련하여 죽음충동을 이야기할 때에 분명히 짚고 넘어가야 하는 것은, 매너리즘기의 화가들 역시 결국은 쾌락원칙의 힘에 굴복하고 말았다는 것이다. 그들은 죽음충동의 이미지들이 이끄는 마지막 단계, 환멸이 가득한 단계에는 결코 도달할 수 없었다. 매너리즘기의 그림에 등장하는 죽음충동과 유사한 이미지들은 그들 자신의 일그러짐에도 불구하고 최종적인 순간에 a라고 하는 환영적 이미지에 의해 응고되어 정지되기 때문이다. 매너리즘기의 그림들은 순수한 혼돈의 중핵에 자리한 공백을 그대로 그려내는 그림이 아니라, 이성으로 포착할 수 없다고 가정되는 진리의 환영적 실체를 일그러진 이미지, 즉 비이성적 이미지를 통해 드러내고자 하는 시도였던 것이다.

따라서 진리를 추구하는 인간 사유의 욕망에 의해 출현한 빈자리(공백)는 결국 환영적 이미지라는 가상의 실체로 다시 채워지고, 가려지게 된 것이다. 비록 이러한 이미지가 불안정해 보일지라도, 매너리즘기에는 바로 그러한 불안정함이 오히려 이미지와 진리의 친화성을 강조할 수 있다고 주장되었다(미켈란젤로). 그리고 그와 같은 오해 속에서 세계의 공허는 또다시 가려지게 되고, 진리의 진정한 형식인 공백은 은폐되었던 것이다.

이 모든 고찰 속에서 우리는 매너리즘이 유령이미지를 다스리고 거세하는 또 하나의 아주 독특한 이미지 길들임의 실천이었다는 사실을 알게 된다. 르네상스의 고전주의가 수학적 엄밀성을 통해 이미지를 거세했다면 매너리즘기의 화가들은 일그러진 이미지의 신비주의를 통해 공백을 은폐했던 것이다.

매너리즘은 고전주의만큼이나 진리에 대해 오해하고 있었던 것이다. 왜냐하면 죽음충동이라는 개념을 통해서 암시했던 것처럼, 눈앞에 출현한 사물의 궁극적인 (비)존재는 공백이기 때문이다. 진정으로 있는 그대로의 것으로서의 사물의 본질은 공백, 즉 '텅 비어 있음'이다. 매너리즘은 그 공백을 사유하게 하는 대신 그곳에 신비로운 이미지를 채워 넣음으로써 주체의 응시가 완전한 공허의 진리에 도달하는 것을 아슬아슬하게 비켜가고 있다. 결론적으로 말해서, 매너리즘 역시 공백의 진리가 지닌 허무를 견뎌내지 못한 예술이라고 할 수 있다.

라캉과 바디우는 진정한 사유는 공백에까지 이를 수 있는 사유라고 말했다. 세계의 외관, 현상계를 가득 채운 판타즘의 이미지들을 모두 물리치고 도달하게 되는 경계선, 세계의 가상과 세계의 실재가 만나는 연안지대, 즉 공백을 마주하는 그곳에 이를 수 있는 사유만이 진리의 사유라는 것이다. 매너리즘은 이성의 질서라고 하는 안정된 판타즘을 초월하는 용기를 통해 진리를 상상했음에도 공백 그 자체를 마주하지는 못했던 것이다. 이렇게 공백 그 자체와 마주하는 예술은 후에 해체주의 예술이라 불리게 될 터인데, 그러나 이는 아주 오랜 세월과 다사다난한 시행착오를 거친 후에야 비로소 등장할 터였다. 프로이트가 등장하기 전까지 그리고 초현실주의자들이 등장하기 전까지, 유럽 문명은 공백 자체의 실존을 받아들이지 않았다.

　지금까지 르네상스시대와 매너리즘기의 미술 경향들이 어떻게 이미지를 길들여왔는지 살펴보았다. 이를 통해서 우리는 '길들인다는 것'이 의미하는 바를 '질서'나 '일관성'의 개념을 통해서 파악할 수 있었다. 길들인다는 것은 이미지를 하나의 틀 속에 가두는 것이다. 유령이미지의 달아나는 속성, 달아남을 통해서 주체를 공백으로 유인하는 속성을 정지시키고, 그 자리에 고정점을 부여하는 것이 길들인다는 행위의 의미였던 것이다. 다음 장에서는 '응시'라는 라캉 정신분석의 개념을 통해 공포와 관련한 유령이미지의 정서를 다루어보고자 한다. 유령이미지가 공포를 불러일으키는 이유를 살펴봄으로써 우리는 인간의 시선이 그들을 길들이려는 욕망을 이해할 수 있을 것이다.

응시의 저주

> 그림의 기능은—말 그대로 화가가 자기 그림을 보여주는 상대에 대해—응시와 관계가 있습니다. (…) 화가는 자신의 그림 앞에 서게 될 사람에게 적어도 그림의 한 부분에선 "보고 싶니? 그럼 이걸 보렴!"이라고 요약될 수 있는 무언가를 제공합니다. 화가는 눈에 양식거리를 주면서도 그림을 보는 이에게 마치 무기를 버리듯이 응시를 포기하도록 권유합니다. 바로 여기에 회화가 발휘하는 아폴론적apollinien 진정 효과l'effet pacifiant가 있습니다.
>
> _자크 라캉,《세미나 11》

앞선 장에서 화가로서의 인간 주체가 어떻게 세계를 바라보고, 그러한 바라봄을 통해서 어떻게 세계 속에 숨겨져 있다고 가정되는 궁극적인 진리 또는 질서를 그려냈는지를 살펴보았다. 그리고 이를 통해 우리는 화가들이 정확히 보지 못한다는 사실을 확인할 수 있었다. 화가들은 언제나 오해 속에 있었는데, 그러한 오해는 의도적인 것으로 보이기조차 한다. 인간이란 보고 싶은 것만을 보면서 자신의 심리적 안정을 추구하는 존재이기 때문이다. 달리 말해서 화가들은 방어하고 있었던 것이고, 그러한 방어의 대상은 우리 세계의 바닥의 가늠할 길이 없는 공허와 그로부터 뿜어져 나오는 유령이미지들에 다름 아니다. 화가들은 '시관적 장champ scopique'● 의 이미지 영역에서 그러한 유령들이 출현하는 것을 막아내기 위해 나름의 역할을 하고 있었으며, 이러한 수고 덕분에 그림의 감상자들, 문명의 수혜자들은 허무의 검은 구멍으로 발을 헛디디는 심리적 추락을 모면할 수 있었는지도 모른다.

바로 그런 이유 때문에라도 우리는 화가들이 진리에 대해서 취하는 기만적인 제스처를 탓할 수만은 없다. 진리를 가정하는 모든 실천의 영역에 존재하는 주체들 — 정치인들, 과학자들, 그리고 사랑에 빠진 사람들조차 — 은 화가들만큼이나 기만적인 제스처를 반복할 수밖에 없는 숙명을 짊어지고 있기 때문이고, 이것이 문명의 창조는 아닐지라도 보수와 유지에는 필수적 과정이라는 사실을 부정할 수 없다.

따라서 화가들의 모순된 행동의 원인에 대해서는 좀 더 주의 깊은 분석을 시도할 필요가 있고, 이는 공백이라고 이름 붙여진 세계의 허무에 관한 좀 더 깊이 있는 이해를 필요로 한다. 그리고 바로 그러한 공백의 개념과 관련하여 라캉은 우리에게 아주 흥미로운 설명을 덧붙여주고 있는데, 그것은 응시라고 하는 개념과 관련이 있다. 라캉은

● '시관적 장'은 라캉이 《세미나 11》에서 봄과 보여짐의 충동 관계를 설명하기 위해 사용했던 용어를 번역한 것이다. 이것은 시관 충동pulsion scopique이 영향력을 행사하는 시각-심리적 영역을 가리킨다. 라캉에 따르면 눈은 단지 시각적 인지 기능을 수행하는 것이 아니라 보고자 하는 욕망과 이에 대한 상대항으로서 보이고자 하는 욕망 사이에서 충동의 기능을 수행한다.

공백으로부터 응시가 쏘아져 나온다고 하는 이론을 통해 화가들이 이미지를 길들이려는 이유와, 문명이 신화를 만들어내는 이유를 설명했다.

타자의
욕망으로서의
응시

포유류 가운데서도 특히 영장류는 신체적, 정신적으로 미성숙한 상태로 태어난다. 따라서 영장류의 새끼는 전적으로 부모에게 의존할 수밖에 없고, 젖먹이 상태에서 부모와의 교감은 생존에 필수적인 요소가 된다. 부모와 더 많이 교감하는 젖먹이가 더 오래 젖을 물게 될 가능성이 높기 때문이다.

눈은 이러한 교감에서 가장 중요한 역할을 하는 신체 기관이다. 포유류에게 눈이란 보는 행위 이전에 자신의 생사여탈권을 가진 부모와의 교감을 위해 사용된다. 젖먹이 동물의 눈이 다른 종보다 유독 커다란 것은 이 때문이다. 그런데 이들 포유류 중에서도 인간의 눈은 한층 세련된 기능을 지니고 있다. 라캉의 정신분석 이론에서는 이것을 응시라고 부른다.

응시란 단지 어미와 눈을 마주치는 행위를 넘어서서 어미가 원하는 것, 그러나 지금 당장은 결여된 어떤 것을 찾아내어 그것을 만족

시켜주려는 욕망의 눈빛이다. 또
는 젖먹이의 응시가 원하는 것에
화답하려는 어미의 눈을 매개로
한 욕망이다. 그런데 응시의 현상
에서 무엇보다 중요한 역할을 하
는 것은 어머니 또는 정신분석에
서는 대타자라고 부르는 존재의

서로 마주 보고 있는 고릴라 모자.

응시이다. 부모의 응시는 젖먹이가 태어나기도 전에 이미 아이를 지
배하며, 부모가 원하는 방식대로 아이의 미래를 욕망하고 이제 형성
될 아이의 자아에 권력을 행사할 것이기 때문이다. 이처럼 대타자의
응시는 아이의 응시 이전에, 그리고 이후에도 이미 확고한 모습으로
존재한다.

　이것은 아이의 탄생을 기다리는 부모와 가족의 눈을 상상해본다면
쉽게 이해할 수 있다. 부모의 응시의 지배 아래에서 태어난 아이는 자
신에게 향해진 부모의 응시를 항구적으로 느끼고 의식하며 그것이
약화되거나 또는 너무 강화될 경우 그 거리를 조율해나간다. 예를 들
어 부모가 다른 중요한 관심사로 응시의 끈을 늦추게 될 경우 아이는
부모의 관심을 끌기 위한 특이한 행동을 보일 것이다. 임신한 부모,
즉 자신의 동생이 될 새로운 젖먹이를 임신한 부모 앞에서 갑자기 퇴
행적인 행동을 보이는 아이들이 바로 그러한 사례에 속한다. 어머니
가 새로운 임신으로 아이에 대한 관심, 즉 응시의 정도를 미세하게
나마 줄이고 분산시킬 경우 아이는 이에 즉각적으로 반응한다. 아이

의 이 같은 이상 행동 앞에서 부모는 눈으로, 즉 응시로 말할 것이다. "무엇을 원하니Che-vuoi?"

이와 반대로 아이가 자신에게 집착하는 부모의 과도한 응시에 노출되는 경우도 있다. 가장 흔한 예로는 홀어머니 밑에서 태어나고 자란 아이의 경우가 있을 텐데, 이들은 어머니의 욕망이 자신에게 과도하게 집중되는 것을 응시를 통해 느끼곤 한다. 이때 아이는 자주 어머니의 응시를 모른 체하는 반응을 보인다. 어머니의 끈질기며 항구적인 응시가 아이에게 일종의 위협 또는 스트레스로 작용하기 때문이다.

하지만 아이는 부모의 응시에 근거해서만 자신의 존재 위치를 설정할 수 있기 때문에 응시로부터 벗어나거나 그로부터 완전히 고개를 돌릴 수는 없다. 인간은 자신의 실존적 위치를 결정하게 될 욕망을 부모의 응시-욕망으로부터 배우고, 그렇게 함으로써 스스로의 존재 좌표를 설정하기 때문이다. 이로써 아이가 원하게 되는 것은 결국 부모가 욕망하는 그것이 된다. 인간은 그렇게 전 생애를 통해 타자가 욕망하는 대상을 좇게 되는 것이다. 그리고 욕망의 이 같은 상호 관계가 라캉이 시관적 장이라고 부르는 영역, 즉 우리가 이미지를 본다고 생각하는 바로 그 영역에서 구조화되어 나타나는 것이 바로 응시이다.

종교적
메타포로서의
응시

주체와 욕망의 응시가 맺는 관계는 수많은 예술가들이 어린 예수와 성모의 이미지를 재현하는 과정에서 다루었던 가장 주요한 모티프이기도 하다.

서구 예술가들은 성모자상을 통해 성모 마리아의 응시를 인간을 내려다보는 대타자의 가장 자애로운 욕망의 응시-일반으로 상징화하려 했다. 젖먹이일 때 경험한 타자의 응시는 성인이 된 이후에도 작용하는 일반적 욕망의 현상이 되었던 것이다. 우리가 초월자의 응시와 같은 것을 반복적으로 느끼게 되는 것은 우리의 시각적 장의 구조가 이처럼 유아기의 대타자의 응시에 의해 결정지어지기 때문이다. 이에 대해서는 정신분석에서의 초자아 개념을 언급해볼 수도 있다.

초자아는 자아가 도덕적 행동들을 통제하기 위해 의존하는 도덕자아, 즉 '자아를 통제하는 자아'인데, 이것은 인간이 법적·사회적 처벌의 실질적 위협이 전혀 존재하지 않는 상황에서도 어째서 비윤리적인 행동에 대한 죄책감을 느끼는지 설명해준다. 초자아는 우리 마음속에 존재하는 '양심'으로, 마치 타자인 양 자아를 억압하고 때로는 자아와 충돌을 일으킨다. 초자아의 심리적 구조가 시각 장에서 출현할 때에는 응시의 형식을 갖게 되는데, 그것은 절대자 또는 신의 편재하는 응시의 실존으로 형상화될 수 있는 경험이다. 초자아의 응

레오나르도 다빈치, 〈성모자상〉, 1490년.

시에 대한 경험은 우리의 일상적 시선이 정지하는 지점에서 시작되
는데, 달리 설명하면 우리 앞에 펼쳐진 일상의 이미지들이 어떠한 심
리적 이유로 우리 존재가 속한 현실로부터 물러나게 되는 순간 응시
가 출현한다는 것이다. 예를 들면 고독의 순간이 바로 그런 순간이
다. 고독과 함께 세계의 외관에 무심해질 때, 또는 그와 같은 외관 너
머의 보다 깊이 있는 것을 보려고 할 때, 우리는 초월적 존재의 응시

에 노출되는 경험을 하게 된다.

이와 같은 심리적 현상을 적극적으로 이용하는 것이 바로 수도사들의 고행이다. 어떠한 종교에서든 신과 직접적인 관계를 맺으려는 시도 속에 있는 모든 실천들은 고독 속에서 자신을 신의 응시에 노출시키려는 노력을 멈추지 않는다. 왜냐하면 고독이라는 상태는 우리가 세상을 바라보는 세속적인 시선을 거두어들이는 기회를 제공하며, 우리에게 아무것도 보지 않으면서 동시에 가장 중요한 것을 보도록 하는 텅 빈 시선을 가능하게 해주는 심리적 상태이기 때문이다. 인간은 고독 속에서 사물의 현상적 측면이 아닌 그 이면, 즉 사물의 본질을 보는 시선에 접근하고, 이러한 시선은 그에 대한 상대항으로 존재하는 응시를 불러낸다.

물론 정신분석의 관점에서는 이러한 종교적 체험이 대타자의 응시라는 심리적 구조를 고독 속에서 반복하는 행위와 다르지 않다. 엄밀한 의미에서 그것은 종교와 무관한 심리적 구조의 체험이라는 것이다. 그럼에도 불구하고 응시의 체험은 종교의 영역에서 가장 적극적으로 추구되며, 신의 존재를 증명하고 그것에 접근하는 중요한 방법으로 간주된다(편재하는 신의 응시는 모든 종교에 보편적인 메타포가 아닌가?). 여기서 신의 눈은 모든 것을 보는 동시에 어디에나 존재하는 것, 즉 피할 수 없는 절대적 응시로서 가정될 뿐만 아니라 확실한 현실감 속에서 체험된다. 그러나 이러한 현실감은 젖먹이 시절 부모와 맺은 응시의 관계로부터 파생되는 구조의 효과에 기대어 있을 뿐이다.

응시가
사라진다면?

　　이처럼 인간의 시각-심리적 구조에서 결정적인 역할을 한다고 가정되는 응시에 대한 체험이 결여되면 어떤 일이 벌어질까? 부모가 아이와 눈을 마주치려 하지 않거나 그와 유사한 회피의 행동을 보인다면 아이에게는 어떤 일이 일어나게 될까? 혹은 선천성 맹인으로 태어났거나 혹은 정상적 시각을 가졌다 해도 맹인의 부모 밑에서 자라게 된 아이들은 또 어떨까?

　임상정신분석은 다양한 사례들을 통해 이와 같은 문제에 답하고 있다. 예를 들어 부모가 아이의 응시를 적극적으로 회피하는 경우, 부모는 아이에 대하여 욕망하지 않는 심리적 상태를 보이는 것으로 간주된다. 이 경우 부모는 우울증 상태이거나 또는 어린아이의 응시를 증오하는 상태라고 봐야 할 것이다. 그러한 증오는 욕망의 역전된 형태로서, 아이의 응시를 통해서 자신이 보고 싶어 하지 않는 눈을 발견했을 때 생기는 것이다. 정신분석가 모리스 빌라르Maurice Villard는 응시의 기능 장애를 설명하기 위해 얀 케펠렉Yann Queffélec의 소설《야만의 결혼식Les noces barbares》(1985)을 예로 들고 있다.

　소설 속에서 묘사된 프랑스 여성 니콜 블랑샤르는 자신을 사랑한다고 믿었던 미군 병사 윌과 그의 동료들에 의해 무참히 강간당한 뒤 임신을 한다. 아이를 출산한 니콜은 자신의 아이를 돌보려 하지 않는데, 아이의 눈이 자신을 강간한 남자, 즉 아이 아버지의 '눈'을 떠올리게 만들었기 때문이다. 그녀는 결코 아이와 눈을 마주치려고도 사랑을 주려고도 하지 않았다. 그녀는 아이의 눈을 욕망하는 대신 증오했던 것이다. 이 같은 '응시의 결여' 속에서 자라난 아이는 결국 심각한 심리적 장애 속에서 방황하게 된다.

빌라르는 응시의 기능이 결여된 어린 시절이 아이의 심리적 구조에 치명적인 장애를 남기게 되는 상황을 이 소설을 통해 설명하고 있다. 자폐증이나 정신병 등의 원인이 '응시의 부재'에서 비롯될 수 있다는 것이다. 응시는 어린아이가 대타자, 즉 부모의 욕망을 체험하는 중요한 시각적 체험이며, 아이에게 욕망하는 법과 욕망을 통해 사유를 전개하는 법을 알려준다. 만일 그러한 응시의 체험이 결여된다면 아이의 심리적 구조는 욕망이라고 하는 인간 사유의 보편적 구조 내부로 진입하지 못하게 된다.

여기서 중요한 것은 그와 같은 응시의 체험이 심리적이며 상상적인 체험일 뿐 생물학적 기관인 실재의 눈이 개입되어야만 하는 '시각적이며 물리적인 경험'은 아니라는 사실이다. 아이는 어머니의 현존과 그녀의 관심을 느끼는 것만으로도 응시를 체험할 수 있기 때문에 굳이 어머니의 눈과 직접 마주할 필요는 없다. 따라서 선천성 맹인으로 태어난 아이들 역시 부모의 말과 행동과 보살핌 속에서 응시의 심리적 체험을 할 수 있다. 같은 맥락에서 맹인인 부모에게서 태어나 자란 정상적 시각을 가진 아이들 역시 아무것도 볼 수 없는 부모의 눈으로부터 욕망과 사랑의 응시를 충분히 느낄 수 있다.

응시의
공포

　　지금까지 살펴본 응시의 개념과 현상은 부모와 젖먹이의 눈 맞춤이 서로의 욕망을 소통하게 만들고, 궁극적으로는 부모의 욕망하는 법을 아이가 배울 수 있도록, 즉 반복할 수 있도록 한다는 관점에서 설명되었다. 응시의 관계는 성인이 된 주체의 시각적인 현실 속에서도 반복하여 출현하게 되며, 초자아의 양심이나 또는 신앙과 관련된 심리가 이러한 응시를 신의 응시와 동일한 것으로 간주하도록 만든다는 사실 또한 살펴보았다. 그러나 이 모든 설명은 사실상 진정한 응시의 개념이 아니다. 오히려 이러한 설명은 응시라는 현상을 인간 주체가 해석하여 길들이는 방식에 불과하다. 다빈치의 그림에서 표현되었던 자애로운 어머니, 또는 선한 신의 응시는 인간적이며 문명적인 관점에서 파악된 응시일 뿐이다. 사실 응시란 공포스럽고 독살스러운 것이다. 라캉은 응시의 개념을 설명하면서 다양한 문화권에서 응시의 출현이 질시하는 invidia 눈의 형상으로 표현되는 현상을 언급했다.《세미나 11》) 누군가를 뚫어지게 응시하는 눈의 이미지는 자애로움보다는 질투와 시기의 감정으로 표현되는 경우가 더 많았다. 응시를 자애로운 신의 응시로 해석하는 것은 응시 자체가 불러일으키는 공포로부터 스스로를 지키려 했던 문명의 방어이다.

　　그렇다면 응시의 사납고 독살스러운 기운은 어디에서 비롯된 것일까? 인간 시각의 최초 경험을 결정하며 이후의 시관적 장의 구조를 결정짓는 응시의 체험은 어째서 공포스러운 것이 되어야만 했을까? 그에 대한 해답을 찾으려면 욕망의 본질에 관한 질문으로부터 시작해야 할 것이다.

응시란 본질적으로 욕망하는 눈이며, 욕망이란 원래 결핍을 전제로 한다. 그것은 주체가 '자신의 불완전함을 호소'하는 또 다른 방법이라 할 수 있다. 완전한 자는 아무것도 욕망하지 않기 때문이다. 그런데 이러한 타자의 욕망 앞에 노출된 사람은 타자의 응시가 원하는 것을 결코 충족시켜줄 수 없다. 왜냐하면 응시란 언제나 지금 눈앞에 제시된 바로 그것이 아닌 더 많은 것을, 더 깊은 것을, 주어진 그것 너머의 다른 것을 탐욕스럽게 욕망하기 때문이다.

응시의 욕망이 우리가 속한 세계의 질서를 언제나 넘어선다는 사실로부터 응시의 공포는 시작된다. 우리의 정체성을 유지시켜주는 세계-질서를 파괴하지 않는 한, 즉 우리 자신을 스스로 파괴하지 않는 한, 응시를 만족시킬 수 없다는 사실을 깨닫고 경악하게 되는 것이다. 이것이 바로 칸트가 아브라함의 하느님에게서 느꼈던 공포의 정체이다. 인간 이성으로는 만족시킬 수 없는 신의 응시가 신의 자애로운 시선 뒤에 도사리고 있다는 것이다.

따라서 응시의 정체는 결여의 공백으로부터 쏟아져 나오는 욕망하는 시선이라 할 수 있다. 그것은 우리 세계의 질서 내부로부터 발생하는 균열의 지점, 지식의 체계에 난 구멍인 바로 그곳으로부터 쏟아져 나온다. 그것은 결국 세계의 표면을 감싸며 보호하는 질서화된 이미지들이 찢어지며 붕괴되는 지점의 공허로부터 떠오르는 공포의 시선이다.

문명은 이러한 응시의 공포에 대항하여 다양한 방식의 방어를 시도할 수밖에 없다. 예를 들어 아이는 다양한 의미들로 직조된 그물을 던져 응시를 붙잡으려 한다. 어머니의 응시 속에서 아이는 그것이 의미하는 바를 해석하여 만족시키려 하는 것이다. 이와 같은 해석의 과정에서 발생하는 것이 도덕적 초자아의 응시이며 신의 자애로운 응시이다. 그것은 보편성의 중력 속에서 합리적인 사고, 즉 해석의 의미-순환이 응시가 요구하는 바의 의미를 결정하는 과정이다. 그러나 이것은 응시의 '인간적' 차원에 불과하다. 진정한 응시는 오직 파괴적일 뿐인 욕망과 충동에서 기인하는 만큼 결코 아이가 해석하는 차원에 고정되거나 멈춰 서지 않는다. 응시는 언제나 그보다 더 멀리 가고, 더 깊이 내려간다. 응시는 언제나 아이의 해석에 의해 붙잡히는 바로 그곳으로부터 빠져나가며 그로 인한 불안이 응시의 공포를 발생시킨다.

우리는 해석과 의미 부여의 그물로 촘촘히 짜인 이미지들의 안전망 속에서 보호받고 있지만, 그와 같은 안전망이 우연한 사고 속에서 흔들리고 해체되는 순간, 예를 들어 극단적인 스트레스 속에서 자기통제의 끈을 놓쳐버리게 되는 순간, 자신을 모든 곳에서 응시하고 있는 어떤 사악한 눈의 존재를 느끼고 공포의 혼란 상태에 빠지게 되는 것이다.

이러한 사실로부터 다음과 같은 응시에 관한 예비적 도식을 가정할 수 있게 된다. 이 도식에서 공백의 존재는 응시를 파생시킨다. 이

것은 곧 우리 앞에 입을 벌린 세계의 공허가 시관적 장에서 응시라는
상상적 출현을 파생시킴을 보여준다.

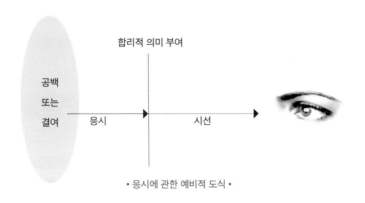

• 응시에 관한 예비적 도식 •

도식에서 보이는 것처럼 응시는 결여와 부재의 공간, 즉 공백으로
부터 쏘아져 나온다. 그런데 이와 같은 응시는 일반적인 상황에서라
면 우리의 눈에 직접적으로 도달하지 않고 한 차례 해석을 거쳐서 도
달한다. 즉 합리적인 의미 부여의 과정을 거치게 되는 것이다. 이때
응시는 표독스러운 것이 아닌 자애로운 신의 응시와 같은 것으로 순
화된다. 그런데 만일 합리적인 의미 부여의 기능이 장애를 일으킬 경
우, 즉 우리의 시각 경험이 발을 헛디디는 경우 응시는 불현듯 출현하
여 공포의 감정을 야기할 것이다. 라캉은 이와 같은 응시의 현상을 정
확히 설명하기 위해《세미나 11》에서 아래의 도식을 제시하고 있다.
　라캉의 도식은 위의 예비적 도식과 동일한 것으로, 삼각형이라는
점이 다를 뿐이다. 라캉이 삼각형의 도식을 사용한 이유는, 앞서 언

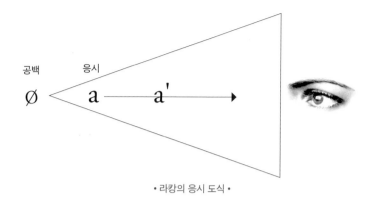

공백　　　응시

Ø　　a ——→ a'　——→

• 라캉의 응시 도식 •

급했던 원근법의 고전주의 도식이 상징하는 것, 즉 이미지를 거세하
며 질서화하는 기능을 거꾸로 역전시켜 보여주고자 했기 때문이다.
도식을 통해서 확인할 수 있듯 주체는 공백으로부터 쏘아져 나오는
응시에 의해 포획되고 화석화된다.

　동굴에 살았던 선사 인류를 상상해본다면 응시에 사로잡힌 상태
가 어떤 것인지 쉽게 이해할 수 있을 것이다. 어둠 속에서 바람에 흔
들리는 나뭇가지들의 꿈틀거림, 야행성 짐승들의 발아래 부스러지
는 낙엽 소리, 맹수들의 울음소리와 때를 같이하여 몰아치는 폭풍우
의 굉음이 들려오는 세계의 어둠은 인류에게 하나의 거대한 공백이
었고 어떠한 질서도, 섭리도 부재하는 혼돈의 어둠이었다. 바로 그러
한 공백으로부터 응시가 떠오른다. 유아기에 체험했던 대타자의 응
시가 동굴 밖 세계의 어둠 속에서 동일한 방식으로 떠오르며 인간을
공포로 몰아 넣는다.

　이러한 악마적 응시에 대하여 인간이 할 수 있었던 최초의 그리고

최선의 방어는 '애니미즘적 사유'였다. 그것은 범신론적 신화의 그물을 어둠 속에 던져 넣고 그로부터 뿜어져 나오는 공포의 응시를 포획하여 길들이려는 시도였다. 그로부터 선한 신에 대한 관념이 생겨났고, 그렇게 발생한 신화의 관념 속에서 세계의 어둠 속 모든 사물들은 빛의 세계로 나와 영혼을, 즉 '기의^{signifié}'를 갖게 되었던 것이다. 나무와 수풀과 강과 하늘은 신과 정령들의 질서 속으로 편입되었고 새로운 질서 속에서 응시는 자애로운 시선으로 변화했다. 그렇게 해서 이미지들은 안정된 세계-스크린을 형성했다. 세계의 모든 사물들은 나름의 의미가 부여된 이미지들의 연쇄로 하나의 거대한 그물망처럼 짜이게 되는데, 이러한 현상을 라캉은 아래의 완결된 '응시 도식'으로 설명하고 있다.

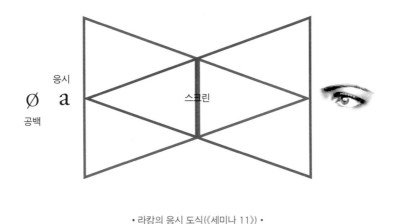

• 라캉의 응시 도식(《세미나 11》) •

붉은 삼각형은 공백의 응시가 주체를 향한 것이고, 푸른 삼각형은 주체가 응시를 향해 던지는 시각의 그물, 방어의 그물이다.

1부 르네상스, 이미지 사냥의 시대

공백에서 시작되는 응시의 (붉은) 삼각형이 쏘아보는 방식으로 주체를 옴짝달싹 못하게 만들고 있다면, 주체는 이에 대한 일종의 방어로서 (푸른) 삼각형의 시선, 또는 기하 광학적 원근법의 (고전주의적) 시선을 응시 쪽으로 보낸다. 이 (푸른) 삼각형이 바로 앞서 르네상스의 고전주의 도식을 통해 언급했던 질서화하는 시각의 삼각형이다. 인간의 고유한 '시각성'이란 바로 이런 것이다. 인간의 시각은 혼돈된 세계의 이미지들을 각 시대마다 나름의 방식으로 정렬하여 스크린의 장막을 펼쳐놓음으로써 공백으로부터 쏘아져 나오는 응시를 방어한다. 특히 르네상스시대의 원근법적 사유는 기하학이라는 수학적 질서 속에 인간의 시각을 정렬함으로써 우리가 세계를 바라보는 가장 완고하고 정교한 판타즘의 스크린을 완성한 것으로 평가된다.

응시에 대한 화가들의 대응을 좀 더 구체적으로 이해하려면 무당들이 행하는 굿판을 떠올려보는 것이 도움이 된다. 굿은 세계의 심연(공백)으로부터 뿜어져 나오는 초월적인 힘들을 인간화하는 행위이기 때문이다. 세계의 심연 속에서 발산되는 초월자의 응시와 그 의미를 알 수 없는 욕망을 달래기 위해 인간이 마련할 수 있는 제물들(이미지들)을 준비하는 것이 바로 굿이라는 행위의 본질이다. 여기서 이미지는 아주 중요한 기능을 하는데, 무당굿에서 볼 수 있는 화려한 이미지들의 향연은 귀신(대타자)에게 볼거리를 제공함으로써 그의 응시의 욕망을 누그러뜨리는 효과를 노리고 있다. 모호한 귀신의 욕망을 대화 가능한 인간의 목소리로 환원시키는 무당의 행위는 결국 화가들이 그림을 그리는 행위와 동일한 목적을 가지고 있는 셈이다.

라캉은 화가들에 대해서 "응시를 내려놓는 제1 행위"(《세미나 11》)를 수행하는 사람들이라고 말했다. 여기서 응시를 내려놓게 한다는 것은 곧 "외부로부터 오는 지고의 힘을 떨궈내고 쫓아버리고 무효화시키는" 것을 의미한다. 화가들은 마치 "전투 장면처럼" 보이는 투쟁 속에서 이미지의 전개를 통해 공백을 가리고, 공백이 쏘아 보내는 응시의 재앙을 막아낸다. 무당굿의 행위와 화가들의 그림 그리는 행위 사이의 의미심장한 유사성은 바로 여기에 있다.

진리를 욕망하는 눈, 주체의 응시

이제까지의 응시에 대한 설명은 그것을 주체가 마주한 대상의 심연 속에서 주체를 향해 쏘아져 나오는 것으로 파악하는 관점에서 이루어졌다. 그러나 라캉은 언제나 주체와 대상을 '거울 관계'를 통해 서로 전치시킬 수 있는 구조 속에서 파악한다. 주체는 곧 그 대상과 자리바꿈을 할 수 있으며 그 이유는 주체의 욕망이 곧 타자의 욕망이기에 그렇다. 일견 복잡해 보이는 관점이지만 다음과 같은 사실 속에서 쉽사리 이해할 수 있다.

주체의 욕망은 주체의 정체성을 보여주는데, 문제는 주체의 고유한 욕망이란 존재할 수 없다는 데 있다. 주체의 욕망은 언제나 타자의 욕망을 흉내 내기 때문이다. 어린아이가 커서 변호사나 판사가 되겠다는 것은, 아이의 부모(대타자)가 이미 법조인에 대한 욕망을 아이에게 보여주었기 때문이다. 어린아이는 부모(대타자)의 욕망을 반복하고, 부모는 그들의 부모의 욕망을 반복하고, 그들의 부모는 결국 사회라고 하는 대타자의 욕망을 반복한다. 이렇듯 욕망이란 언제나 타자의 것이다.

동일한 관점에서 타자의 응시는 곧 주체의 응시로 전환될 수 있다. 응시란 욕망이 시관적 장에서 표현된 것이기 때문이다. 응시한다는 것은 시선을 통해 욕망한다는 것이고, 그래서 어둠 속 심연의 타자가 우리를 응시하고 있다고 느끼는 것은, 우리 역시 그와 같은 응시를 욕망하고 있다고 해석될 수 있다. 그렇다면 우리 쪽에서의 응시하는 행위gaze는 우리 눈이 보는 행위see와 어떻게 다를까? 라캉은 '눈과 응시의 분열'이라는 제목의 강연에서 이를 다음과 같이 설명했다. 주체가 '사물의 본질을 보려고' 하는 순간 주체는 사물을 '응시'하게 된다고. 그런데 본질을 보려고 하는 주체의 욕망 속에서 주체가 실제로 보게 되는 것은 사물의 본질이 아니라는 사실을 유념해야 한다(사물의 궁극적 본질은 텅 빈 허무인데, 인간의 눈은 그러한 허무를 견뎌낼 수 없다). 주체가 실제로 볼 수 있는 것은 사물의 외관의 불완전성을 임시로 고정시켜주는 환영적 질서일 뿐이다. 그렇게 외관으로 주어지는 환영적 질서를 보는 것이 바로 인간의 눈이며 '눈의 봄seeing'이다. '눈의 봄'은 주체의 응시가 더 이상 나아가지 못하고 좌초하는 지점,

그것의 불가능성의 지점에서 작동하는 대체물이다.

그래서 고전주의적 도식에서는 원근법이 부여했던 질서 잡힌 이미지가, 혹은 매너리즘의 도식에서는 미켈란젤로의 조각이 보여주었던 신비롭게 일그러진 이미지가 사물의 본질을 대신해서 응시에 대한 '볼거리로' 주어진다. 눈의 봄이란 바로 이러한 차원에서 기능하는 것이다.

화가들이라는
소작농 협회

만일 눈과 응시의 관계가 이와 같다면, 주체의 응시를 달래는 대표적 예는 그림일 것이다. 화가들은 관객의 응시를 달래고 만족시키기 위해 아름다운 그림들을 생산한다. "그림은 외양이 아니라 플라톤이 외양 너머에 있는 이데아라고 지칭한 것"과 경쟁함으로써 감상자에게 눈이 볼 수 없는 것, 오직 응시할 때에만 드러나는 것을 보여주겠다고 호언장담하곤 한다.(《세미나 11》)

그러나 그림은 진리를 갈구하는 주체의 응시를 진정으로 충족시키기보다 이미지의 속임수 속에서 응시를 달래는 한 줌의 유사-진리를 던져줄 뿐이다. 그림은 결코 응시를 만족시킬 수 없다. 최소한 전통적인 의미에서의 회화는 공백의 심연 그 자체를 드러내기보다는 언제나 심연을 메꾸어 은폐하려는 속임수의 이미지들을 우리 앞에 펼쳐 보여줄 뿐이다(미켈란젤로가 말년으로 가면서 자진해서 이미지들의 질서를 파괴했던 것 역시 이러한 속임수의 정체를 간파하기 시작했기 때문이 아닐까?).

라캉이 "화가는 또한 그림이 보여질 그 사람(감상자)에게 여기 그 자신의 응시를 내려놓을 것을, 마치 무기를 내려놓듯이 그렇게 할 것을 요청한다"고 말했던 것 역시 같은 맥락이었다. 화가는 진리를 보고자 하는(욕망하는) 감상자의 눈의 '폭식증'에 대해서, 모든 것을 보고자 하는 응시의 폭력에 대해서, 일종의 '진정 효과'를 수행하는 이미지들의 쾌락을 제공하는데, "이것이 바로 회화의 아폴론적인 것으로서의 진정효과라 할 수 있다"(《세미나 11》).

라캉이 전통적인 의미에서의 화가들을 "소작농 협회société fermiére du peintre"에 종속된 자들이라고 낮추어 말한 것은 이 때문이다. 그가 보기에 화가들이란 우리 문명이 공허의 심연 속으로 빨려들어가지 않도록 응시를 달래는 이미지의 청부업자들이다. 만일 눈의 일상적 기능이 허무의 공백과 그로부터 뿜어져 나오는 공포의 응시를 보지 않기 위해서 보는 역설적 행위에 있는 것이라면, 화가들은 그러한 눈의 기능을 가장 아름답게 사용하는 자들이다. 화가들은 우리 모두가 꼭 보아야 한다고 생각하는 그것을(진리를) 보여주겠다고 하지만, 오히려 진리 자체를 은폐하는 일종의 마술사들, 미혹하는 자들이다. 왜냐하면 진리란 우리가 지금 속해 있는 삶의 질서를 전복시키면서 세계를 위기 속으로 몰아넣을 수도 있는 위험한 것이기 때문이다. 회화는 이와 같은 진리의 위험을 방어하는 가장 우아한 수단이었다.

유령이미지에 대한
욕망

　　이미지의 기능과 진리에 관한 이 모든 고찰
에도 불구하고 여전히 풀리지 않는 의문이 남아 있다. 만일 진리가,
혹은 진리로서의 공백이 그토록 위협적이고, 그로부터 뿜어져 나오
는 유령이미지들의 출현이 우리가 속한 안정적인 이미지들의 질서
를 전복시킬 수도 있는 것이라면 어째서 인간은 그와 같은 진리를 포
기하지 못하고 다시금 욕망하게 되는 것일까? 어째서 인간은 세계의
안정적인 질서가 전부이며, 세계는 그와 같은 질서 이상도 이하도 아
니라는 유한성의 사고 속에 머물러 있지 못하고 항상 일탈하는 모습
을 보이는 것일까? 어째서 우리는 자신을 파괴할지도 모르는 사랑의
광기에 불현듯 빠지게 되는 것일까? 어째서 우리는 안정된 아름다움
의 아카데미즘을 붕괴시켜버리는 창조적 독창성이 야기하는 파열을
추구하게 되는 것일까? 어째서 우리는 공리주의적 정치의 안정을 위
협하는 새로운 이념의 혁명에 몰두하게 되는 것일까? 어째서 우리는
질서 잡힌 세계 구조 그 너머를 상상하려 하는 것일까?

　　이와 같은 질문들에 대해 라캉은 아주 간단한 명제로 대답한다. 인
간이 욕망하는 존재이기 때문이라고. 그리고 그러한 욕망은 언제나
진리에 대한 욕망이라고. 라캉에게 진리는 텅 빈 공백의 심연이었고,
이와 같은 공백을 욕망한다는 것은 현존하는 모든 종류의 지식과 질
서를 거부한다는 것을 의미한다. 이러한 거부는 엄밀한 의미에서 윤

리적인 것인데, 왜냐하면 세계의 질서 잡힌 이미지들이란 실재하는 유일한 것인 공백을 은폐하기 위해 펼쳐진 거대한 환영의 스크린이기 때문이다. '사실이 아닌 것을 거부하고, 유일하게 사실인 것을 추구한다'는 것은 아주 상식적인 차원에서 받아들일 수 있는 윤리의 명제일 것이며, 라캉이 말하는 욕망이란 바로 그러한 윤리적 토대에서 추구되는 것이었다. 따라서 인간의 역사 속에 등장하는 창조의 사건들은 라캉이 말하는 진리, 즉 공백으로 접근해 들어가는 해체를 수행함이었고, 이러한 해체의 끝에 도달했을 때 창조되는 새로운 질서의 사건들이었다. 바로 여기에 라캉의 진리 개념이 지닌 위협적인 윤리성이 있다. 그것은 진리를 의미로 충만한 것, 이데아와 같은 것이라고 사유했던 과거의 형이상학적 전통에서는 이해될 수 없는 것이다.

지금까지 라캉의 진리 개념과 그로부터 파생되는 윤리 개념에 근거해서 르네상스시대와 매너리즘기의 예술작품을 분석해보았다. 다음 장에서는 르네상스 이후 길들여진 이미지들의 체제 속에서 '증상'처럼 등장했던 유령이미지들―이미지들에 대한 억압과 거세가 진행되는 와중에도 그에 굴하지 않고 공백으로 향했던 유령이미지들, 혹은 공백 그 자체로부터 여과 없이 뿜어져 나오는 유령이미지들―을 살펴볼 것이다. 그럼 지금부터 이미지의 질서로부터 응시를 해방시킨 유령이미지의 뛰어난 연출가들을 만나보자.

카라바조,
유령적 사건의 회화

세계의 시간을 중단시키는 광기에 의해 작품은 공백, 침묵의 시간, 대답 없는 물음을 접근 가능하게끔 열어놓고, 세계가 정말로 의문의 대상이지 않을 수 없게 끝없는 분열을 일으킨다.

_미셸 푸코, 《광기의 역사》

의심하는
도마

하나의 작품은 언제나 앞선 작품들(역사)에 대한 응답이다. 앞선 예술가들이 작품을 통해 그려낸 인간(주체)과 세계(구조)와 진리(공백)의 3자 관계를 지배하는 질서에 때로는 동조하고 때로는 저항하면서 예술가는 자신의 작품을 세계와 관계 맺게 한다. 예술가가 이처럼 역사와 대화하는 이유는 그 자신이 이미 역사의 권력에 사로잡힌 채 태어나기 때문이다. 그런 의미에서 '역사를 넘어설 것인가 아니면 역사를 반복할 것인가'는 예술가에게 주어진 화두話頭이다(물론 이것은 우리 모두의 화두이기도 하다).

카라바조가 당면한 역사는 르네상스 고전기와 매너리즘이었다. 특히 매너리즘은 카라바조가 활동하던 시기를 지배하던 미술 경향으로 르네상스의 질서 잡힌 세계관을 교란시키면서 이미지와 진리의 관계를 모호하고 신비로운 영역으로 일탈시키는 특성이 있었다. 카라바조는 매너리즘의 이 같은 신비주의에 대립하는 상당히 직접적인 그림을 그려냄으로써 매너리즘의 한계를 넘어서고자 했다. 그렇다고 카라바조가 다시 르네상스시대의 선명한 질서로 회귀했다는 뜻은 아니다. 카라바조는 오히려 르네상스적 사유가 한 번도 시도한 적이 없는 방식의 진리 개념을 제시해 당시의 관객들을 매혹했다.

카라바조가 1602년에 그린 〈의심하는 도마〉를 보자. 배경을 없애고 강렬한 명암 대비를 살린 이 작품은 도마를 비롯한 제자 3명이 예수가 부활한 것을 믿지 못한 나머지 창에 찔린 예수의 상처 부위에 손가락을 넣어보고 있는 장면을 그리고 있다. 그런데 이 그림에서 가장 먼저 눈에 띄는 것은 등장인물들의 '인상'이다. 예수의 제자라고 하는 인물들이 모두 저잣거리의 부랑자 같은 외모를 하고 있지 않은가? 그때까지 어떤 화가도 예수의 제자들을 그토록 초라하고 범속한 모습으로 표현하지 않았다. 실제로 카라바조는 거리의 부랑자들을 그림의 모델로 삼았다고 하는데, 어떠한 미화도 없이 눈앞에 보이는 그대로의 모습을 그렸다고 한다. 그렇다면 카라바조는 왜 성서의 인물들을 그토록 범속한 인물들로 표현한 것일까?

당시 이탈리아에서는 예수회의 가톨릭 개혁 운동이 한창 진행 중이었다. 가톨릭에서의 화려하고 복잡한 형식주의를 단순화하고자

카라바조, 〈의심하는 도마〉, 1602년.

한 예수회의 개혁 운동은 카라바조에게도 영향을 미쳤던 것으로 보인다. '지적인 것'의 매개 없이 진리에 직접적으로 접근하는 예수회의 종교관에 깊이 공감했던 카라바조는 예수나 그의 제자들이 이성의 판단에 근거해 성스러워 보여야 할 이유가 없다고 생각했다. 그에게는 성인들도 일상의 거칠고 평범한 현실 속에서 맞닥뜨릴 수 있는 모습이어야 했다. 그렇게 '범속함의 리얼리티'는 카라바조 그림의 가장 중요한 표현 방식이 되었다.

거의 천박함에 가까운 범속한 이미지의 효과는 종교적 진리가 우리 세계를 지배하는 지식 체계의 한계 바깥에 존재한다는 생각을 드러낸다. 세계의 지식으로는 결코 알아볼 수 없는 모습으로 출현하는 진리의 사건. 그것은 우리가 무시해도 좋을 만큼 초라하거나 상식 밖의 기괴한 형상으로 나타날 수 있다. 진리의 형상에 대한 이 같은 역설적 관점은 진리를 다루는 역사 속에서, 최소한 미술의 역사 속에서는 완전히 새로운 것이었다.

카라바조는 새로운 진리-이미지의 형식을 완성하기 위해 매너리즘의 '신비주의'를 철저히 거부했다. 매너리즘이 즐겨 사용했던 초월적이며 신비적인 이미지들은 사실상 우리의 이성이 진리에 관하여 그 초월적인 면모를 상상할 때 쉽사리 떠올릴 수 있는 일종의 '클리셰'라 할 수 있다. 이에 반해 카라바조는 (종교에서의) 진리의 사건이 벌어지는 장면을 극단적인 통속성 속에서 연출하는데, 여기서의 통속성이란 우리의 이성과 상식이 상상하는 (성스러움의) 진리 정반대편에서 출현하는 이미지들의 속성이라고 할 수 있다. 그리고 이 조야한 이미지들이 (상식적인) 진리의 반대적 속성을 띠는 진짜 이유는 그 조야함이 진리를 '예견'할 수 없도록 만든다는 데 있다.

그런데 진리가 언제 어떻게 출현할지 예견할 수 없다는 것이 결국 진리의 가장 고유한 속성이지 않을까? 예측할 수 있다면 그것은 우리가 속한 세계의 불완전한 질서로부터 산출된 효과라는 뜻일 테고, 그것을 진리라고 할 수는 없다. 진리는 세계 질서의 산물이 아니라, 그와 같은 질서의 불완전함을 폭로하면서 새로운 질서를 도래케 하는 구조의 균열점 그 자체이기 때문이다. 일단 이러한 균열이 발생하면 세계를 지배하던 구조는 전복되고 새로운 질서가 도래하게 된다.

기독교에서는 예수의 출현이 바로 그와 같은 것이었다. 신의 아들이 부활하리라는 것을 모두가 알고 있었지만 거지꼴을 하고 나타날 거라고는 아무도 예상할 수 없었다. 수많은 팔레스타인 현자들은 그를 알아보지 못했지만, 우연히 만난 12의 속인들이 신의 아들을 알아볼 수 있었다는 것은(혹은 그렇게 믿기로 결단 내렸다는 것은) 무엇을 의미하는 것일까? 그것은 진리의 속성이 해당 사회의 지식의 한계 바깥, 혹은 한계 내부의 균열점에 위치한다는 것을 반증하는 사례가 아닐까? 카라바조는 이 같은 진리의 속성을 이미지화하는 데 성공한 최초의 화가였다. 그는 예수의 부활이라는 사건을 '예측 불가능한 이미지'들의 배치 속에 그려냄으로써 기독교적 진리를 비롯한 모든 진리의 보편적 속성을 이해하는 새로운 관점을 제시했다.

물론 인물을 범속하게 그리는 것만으로는 그러한 효과를 창출할 수 없다. 카라바조는 강렬한 명암 대비와 핀 조명과 같은 빛의 효과, 포토 리얼리즘적 묘사 방식, 배경의 삭제 그리고 그림의 인물들을 감상자가 서 있는 공간과 동일한 곳에 위치시키는 방식 등을 함께 사용함으로써 자신의 의도를 달성하고 있다. 다시 그림에 주목해보자. 카라바조는 감상자가 그림 속 장소에 있는 듯한 느낌을 주기 위해 인물들을 전경에 실물 크기로 배치하고 있다. 일종의 상상적imaginary인 덫을 놓고 감상자를 그림 속으로 끌어들이고 있는 것인데, 감상자가 조금 전 저잣거리에서 보았을 법한 상인들, 병사들 혹은 부랑자들의 모습과 조금도 다르지 않은 그림 속 인물들의 범속한 인상과 제스처가 이런 효과를 강화한다.

이렇게 해서 감상자가 그림 속 공간에 포함되고 나면 어떤 일이 벌어질까? 그는 곧 배경과 인물의 극단적인 명암 대비 속에서 인물들을 제외한 거의 모든 공간이 심연에 잠겨 있음을 깨닫게 될 것이다. 그림 속 인물들이 속해 있는 공간은 가시적인 질서의 공간이 아니라 깊이를 알 수 없는 심연의 공간이다. 배경을 삭제함으로써 최소한의 르네상스적 합리성조차 거부한 카라바조의 회화 공간은 마사초 이후 질서를 재현하고자 한 르네상스적 회화 공간과는 정반대편에 있었다. 감상자는 광대한 어둠 속에 포위된 채 좌표 잃은 (비)현실 속에서, 어떠한 질서의 암시도 존재하지 않는 공백에 가까운 심연, 공허의 (비)공간에서 종교적 진리의 사건과 직접적으로 마주하게 되는 것이다. 어떠한 지식도 이성의 권위도 예수의 부활이라는 사건의 정당성을 보장해주지 못할 때, 감상자는 마치 도마가 된 듯 혹은 의심하는 도마를 바라보는 저잣거리의 또 다른 인물이 된 듯, 그렇게 직접적이면서 동시에 불완전한 방식으로 이제 막 솟아오른 진리의 사건을 마주하게 되는 것이다. 이때 감상자가 마주하는 진리는 교양으로 다듬어지지 않았기에 거칠고, 상식적 세계관 자체를 포기하도록 강제하므로 폭력적이다.

카라바조는 이러한 효과를 더욱 극대화하기 위해 새로운 장치를 사용한 것으로 보이는데, '카메라 옵스큐라'가 바로 그 장치이다. 카메라 옵스큐라는 카메라의 시초가 된 광학 장치로 17~19세기까지 많은 화가들이 이미지를 더욱더 현실적으로 그려내기 위해 이용했다.

카라바조가 카메라 옵스큐라를 사용했다는 주장은 아직은 가설

'어두운 방'이라는 뜻의 카메라 옵스큐라는 캄캄한 암실 한쪽 벽에 작은 구멍을 뚫으면 밖에 있는 대상이 반대편 벽에 거꾸로 비치는 원리를 이용한 장치이다. 발명 초기에는 그림을 그리기 위한 도구로 많이 쓰였다.

단계에 있지만 여러 가지 정황으로 봤을 때 충분히 가능성 있는 가설이다. 나아가서 카라바조의 그림이 우리 세계의 '상식적이며 일반화된 리얼리티'를 파괴하기 위해 자신만의 극단적인 (반)리얼리티를 필요로 했을 것이라는 사실을 고려한다면 카메라 옵스큐라는 그의 다른 모든 회화 기법을 묶어주고 완결해주는 장치로서 요청되었을 것이라 생각한다. 왜냐하면 당시 화가들이 진리에 접근하기 위해서 사용하고 있던 일반적인 리얼리티, 즉 '숭고함' 또는 '고상함' 속에서 재조합되는 현실의 리얼리티란 카라바조에게는 오히려 진리를 가리는 환영에 불과한 것으로 여겨졌을 것이기 때문이다. 그러한 환영을 깨부수기 위해서는 회화적 전통으로부터 자유로운 리얼리티, 마치 현실을 스냅사진 찍듯 담아내는 극단적 리얼리티의 기술이 필요했

1부 르네상스, 이미지 사냥의 시대

을 것이라는 게 필자의 생각이다.

카라바조의
리얼리티

카라바조 작품의 중핵을 구성하고 있는 카메라 옵스큐라의 리얼리티를 이해하기 위해서는 '사실적'이라는 말의 개념을 다시 한 번 살펴볼 필요가 있다. 상식적으로 어떤 이미지가 사실적이라고 말할 때, 그것은 실제 세계의 모습에 가장 근접한 이미지라고 이해되곤 한다. 여기에서 이미지가 도달한 현실의 리얼리티는 그것을 관찰하는 주체의 자아가 포함된 현실의 리얼리티를 말한다. 다시 말해 우리가 어떤 이미지들의 배열 앞에서 그것이 자연스러우며 사실적이라고 말한다면 그것은 해당 이미지들의 배열이 자아의 세계 이해를 배반하지 않는다는 것을 의미한다. 예를 들어 그림이나 영화 또는 소설과 같은 소위 '재현' 예술이라고 부르는 것들에서 감상자가 발견하는 사실성은 감상자의 심리가 종속되어 있는 세계의 구조와 유사한 질서의 이미지들을 보여주고 있기 때문이다. 따라서 사실적인 그림이란 가장 '인간적인' 이미지들의 배열을 보여주는 것이며, 그렇기 때문에 가장 '인위적인' 이미지들이라고 할 수 있다.

크리스토퍼 놀런 감독의 영화 〈메멘토〉에는 '단기 기억상실증'이라는 정신질환을 앓고 있는 남자 주인공이 등장한다. 단기 기억상실증이란 쉽게 말해서 기억이 1시간 이상 지속되지 않고 사라져버리는 증상이다. 기억이 지속되지 않기 때문에 자신이 누구인지, 무엇을 목적으로 사는지 잊어버릴 수밖에 없는 남자는, 망각 속으로의 추락하지 않기 위해 아내를 죽인 범인을 추적하는 데 단서가 되거나 혹은 결코 잊어서는 안 되는 삶의 중요한 의미들을 자신의 몸에 문신으로 새겨 넣는다.

이처럼 특수한 상황을 살아가는 남자의 이야기를 감독은 시간을 거스르는 방식으로 전개시킨다. 그리고 이러한 역행적 시간 구조 속에서 관객은 영화 속에 등장하는 주인공의 리얼리티가 바로 직전에 그의 몸에 새겨진 문신들의 내용에 전적으로 의존하고 있음을 알게 된다. 남자는 오직 자신의 몸에 새겨진 문신과 메모들의 의미에 근거해서만 그다음에 도래하는 현실을 이해할 수 있다. 남자의 문신은 단기 기억상실이라는 증상이 발휘할 수 있는 파괴와 해체의 힘에 저항하는 유일한 수단인 것이다. 남자는 자신에게 허용된 1시간이라는 제한된 시간 안에 경험한 내용들을 '문장화'함으로써 자신이 누구인지 그리고 누구일 수 있으며 누구여야만 하는지를 정리하고 그렇게 정리된 문장의 의미에 근거해서 다음 1시간의 삶을 살아간다. 그러니

크리스토퍼 놀런 감독의 영화
〈메멘토〉(2000)의 한 장면.

1부 르네상스, 이미지 사냥의 시대

까 남자의 삶은 철저하게 언어로 해석된 삶으로 언어-문장으로부터 다시 출발하는 실재의 반복이라고 할 수 있다. 그런데 남자의 이 같은 기이한 숙명은 사실 인류가 역사를 기술했던 목적과 크게 다르지 않다. 인간은 파편적 현실의 사건을 각 시대의 지배적 패러다임의 언어로 기술했고, 그 기술은 그다음 시대의 역사가 전개될 수 있는 근거가 됐다.

우리의 의식과 경험 그리고 역사의 전개와 관련한 이 모든 모순들을 고려한다면 세계 속의 리얼리티라는 것의 부조리한 정체가 분명해진다. 결국 리얼리티라는 것은 단어의 의미가 무색할 만큼 허구적이며 환영적 개념에 속하는 것이라 말하지 않을 수 없다. 〈메멘토〉의 마지막 장면은 주인공이 '리얼리티'의 이 같은 본성을 깨닫는 것으로 끝을 맺는다. 남자는 결국 아내를 살해한 사람이 자신이라는 사실을 깨닫고 경악한다. 남자는 기억상실로 당뇨를 앓고 있던 아내에게 인슐린을 두 번 주사하는 실수를 범했고, 아내는 어처구니없는 우연 속에서 약물 중독으로 죽고 말았던 것이다. 이 같은 (비)진실의 폭로에 이어 영화를 더욱 반전으로 몰아가는 것은 주인공의 결단이다. 주인공은 아내를 살해한 사람이 자신이라는 것을 깨닫게 된 순간 자신의 몸에 마지막 문신을 새긴다. 아내를 살해한 범인의 이름을. 그런데 그 이름은 그의 이름이 아닌 다른 사람의 이름이다. 영화는 그렇게 끝난다.

놀런의 영화는 우리에게 '리얼리티'라는 것이 어떻게 사후적으로 재구성되는지를 극적으로 보여준다. 리얼리티는 초월적으로 존재하는 선험적인 것이 아니며, 인간 주체는 그에 대해 주인 역할을 하지 못한다. 리얼리티는 인간의 신체에 새겨진 지배 담론의 문신일 뿐인 것이다. 〈메멘토〉의 주인공은 '진실'을 찾기 위해 고군분투하지만 결국 허무한 형상, 텅 빈 공허의 지대에 이르게 되었다. 여기서 그가 할 수 있는 최선의 행위는 지배 담론의 기표-질서를 변형하는 조작에 참여함으로써 비로소 '한 줌의 주체성'을 획득하는 것에 불과했다.

그런데 여기서 우리가 분명히 짚고 넘어가야 하는 것은, 이와 같은 리얼리티의 허구적 속성을 해석하고 접근하는 방식에 결정적으로 구별되는 두 가지 판이한 선택이 있을 수 있다는 사실이다. 먼저 철저한 허무주의적 입장이 있다. 이에 따르면 개인과 역사의 리얼리티는 그 자체로 판타즘에 불과한 것이 되므로 결국 역사의 진리 따위는 존재하지 않는다고 하는 극단적 회의주의로 나아가게 된다. 따라서 진리를 추구한다든지 보편적 가치를 언급하는 것은 순진하고 부질없는 시도로 간주된다. 〈메멘토〉의 주인공은 바로 그와 같은 깨달음 속에서 결국 진리가 아닌 허구의 기만적 논리를 반복하기를(또는 자신에게 좀 더 유리한 허구를 진리로 맹신하는 삶을) 선택한 것이다.

두 번째 입장은 보다 진실하며 창조적이다. 그것은 우리의 자아를 뒤덮고 있는 세계의 리얼리티와 그에 대한 맹신을 허구로 가정하고 세계의 지식 체계를 모두 해체한 뒤, 마지막으로 도달하게 되는 완전한 공백의 지대 또는 허무 그 자체의 지점으로부터 '진리에 대한 사유를 매번 그리고 영원히 다시 시작하는 것'이다(공백의 연안가에 머물기). 그것은 우리가 이제껏 이미 존재하는 지식에 의존해서 진리라고 믿어왔던 것을 처음부터 다시 생각해보려는 '파괴적 창조'의 입장이다. 이와 같은 관점에서 리얼리티는 파괴되어야 할 것인 동시에 보존되어야 할 것이 된다. 가상적인 모든 가짜 리얼리티를 거부하면서도 리얼리티의 토대는 보존되어야 하기 때문이다. 왜냐하면 리얼리티란 분명히 존재하는 상태이며, 그 상태라는 것은 모든 가짜 리얼리티가 파괴되고 남겨진 공백의 '진공상태' 그 자체이기 때문이다 (Real=ø). 만일 공백으로서의 리얼리티가 보존되지 않는다면 그 어떤 새로움에 대한 창조 가능성도 불가능하게 된다. 따라서 역사의 진정한 주체성이란 결코 대상화할 수 없을 것만 같던 공백(ø)을 '하나'의 대상으로 사유하기 시작하는 순간 발생한다.

공백의 화가,
카라바조

카라바조의 이미지들이 우리를 이끌어가는 지점이 바로 그곳, 진정한 리얼리티의 공간, 즉 공백의 연안지대라고 할 수 있지 않을까? 카라바조는 마침내 도달하게 된 공허의 동공 洞空 가장자리에서 그가 믿어왔던 모든 종교적 신념을 포기하는 허무주의를 선택하는 대신, 역사가 남긴 진리의 이름—그에게는 '예수의 부활'이라고 명명된 진리의 사건—으로서의 이름을 처음부터, 그 토대의 텅 빈 공백으로부터 다시 사유하기를 시도하고 있었던 것이다.

왼쪽부터 〈엠마오의 그리스도〉(1571년경),
〈병든 바쿠스〉(1593년경),
〈승리자 아모르〉(1602년경)의 부분.

예수, 바쿠스 신 그리고 아모르를 묘사한 카라바조 작품의 부분 이미지들이다. 이 인물들에서는 카라바조적인 전형적 통속성을 발견할 수 있는데, 이러한 통속성은 모델인 인물 자체에서 나오는 것으로 화가의 의도적 묘사와는 거리가 있다. 다시 말해서 이 그림 속 인물들이 보여주는 통속성은 스냅사진에 담긴 통속성과 같은 것으로 서구 미술사에서 추구해오던 전통적 의미-형상의 코드를 파괴하는 효과를 불러일으켰다.

다시 그림으로 돌아가보자. 이제껏 우리가 논의했던 리얼리티의 본질을 염두에 둔다면 카라바조의 그림 속에 등장하는 인물들의 리얼리티가 어째서 당시 유럽 사회의 보편적 인식장이 허용하는 안정적 리얼리티의 질서를 일탈하는 모습을 보였는지 이해할 수 있게 된다. 그림에서 보이는 일탈하는 사실성은 당대인들의 시각에서 본다면 사실적인 이미지가 아닐 수도 있다. 그의 그림 속 인물들이 예수의 부활이라는 사건 속에서 등장할 법한 인물들의 모습이 아니라는 말이다. 그러나 다른 한편으로, 카라바조가 살았던 시대의 보편적 이데올로기를 위반하면서 출현하는 이미지이기 때문에, 오히려 그의 그림은 가짜 리얼리티의 허구적 지배로부터 벗어날 수 있는 기회를 갖게 됐다고 말할 수 있다

따라서 카메라 옵스큐라라고 하는 새로운 기법은 카라바조가 '위반하는 안티 리얼리티의 리얼리티'를 극대화하기 위해 사용했던 전략으로 이해되어야 한다. 이 기법에 대한 설명을 덧붙이자면 이렇다. 그림을 그릴 때 화가는 일반적으로 자신의 '테크닉'의 한계 속에서 이미지를 표현하게 되는데, 사실 테크닉이라는 게 원래 그것이 속한 역사를 반복하는 속성이 있다. 쉽게 말해서 화가는 자신이 배운 대로 그린다. 그러한 관습적 표현에서 벗어나려면 배운 것을 모두 의심하고 백지의 상태로 돌아가 다시 시작해야 하는 고통을 감수해야 한다. 그러나 일반적으로는 공백으로 되돌아가는 사유의 처절함을 견뎌내지 못하고 역사를 그저 배운 대로 반복하게 될 뿐이다. 화가의 손과 눈에 새겨진 시대와 역사의 흔적은 〈메멘토〉의 영화 속 주인공의 신체에 새겨진 문신과 같아서 좀처럼 지워지거나 극복되는 것이 아니기 때문이다.

그런데 카메라 옵스큐라는 카라바조의 신체에 새겨진 역사의 문신을 단번에 뛰어넘도록 해주는 뛰어난 도구가 됐다. 이미지를 배운 대로 해석하는 것이 아니라 그대로 전사하는 기술을 통해 카라바조는 자신의 시대를 지배하는 회화 이미지들의 배열의 질서, 회화의 이데올로기라고도 할 수 있는 그것의 권력을 비켜가고 있다. 따라서 그와 같은 장치의 힘을 빌린 '기이한' 사실성은 문화적, 사회적으로 합

의된 보편적 이미지의 사실성과는 전혀 다른 사실성을 보여준다.

이러한 사실성은 거칠고 다듬어지지 않았기에 폭력적이다. 그것은 16세기 서구 유럽을 둘러싼 안정된 이미지들의 표면을 찢어 그 틈새로 공백의 어두운 심연을 드러나게 했는데, 카라바조의 질문이 향했던 곳 역시 바로 이 심연이었다. 그림을 통해 그는 말하고 있다. '무엇이 진리인가?' '이곳 로마의 부르주아 귀족사회를 지배하는 종교 담론의 일관성은 믿을 수 있는 것인가?' '1500년 동안 지속되어온 기독교적 담론의 일관성에 신뢰를 보내야 하는 것인가?' 카라바조는 예수의 가슴팍에 난 상처를 손가락으로 벌려 확인하는 도마의 천박하고 경망스런 의심을 이미지화하면서 '부활'이라는 진리의 사건에 가장 직접적으로 도전하고 있었던 것이다.

카라바조 이후의 서구 미술사는 한동안 더 이상의 진보— 최소한 진리와의 관계에 있어서는—를 이루지 못한다. 진리에 대한 이미지들의 배열을 연구하는 화가들은 고전주의와 매너리즘의 도식 사이를 오락가락하면서 합의된 아름다움의 조합을 강조하거나, 시대의 취향에 따라 재조합하는 과정을 반복하면서 진리에 대한 환영적이며 그래서 신학적일 뿐인 관점을 변주해나갔다. 이는 18세기 말과 19세기 초반에 등장한 낭만주의 미술에서도 마찬가지였다.

결국 응시의 출현을 가로막는 '스크린의 질서'를 합리론적 보편성에 근거한 고전주의의 형상으로 직조할 것인지, 아니면 환영적 개별성에 근거한 매너리즘의 형상으로 직조할 것인지에 대한 선택의 문제가 회화의 역사에서 가장 중요한 문제였던 것이다.

일견 진리의 공백에 접근한 것처럼 보이는 낭만주의 회화에서조차 예상할 수 있는 개별성들, 또는 예상되는 '기괴함의 보편적 형상들'에 불과한 이미지를 보여주었을 뿐이다. 낭만주의 화가들이 그려낸 '이국적인' 풍경들과 악몽의 이미지들은 현상 세계의 바깥을 보여주기보다 현상 세계가 바깥이라고 상상하고 있는 가장 보편적인 이국성을 재현했을 뿐이다. 따라서 들라크루아를 비롯한 프랑스 낭만주의자들과 독일 그리고 영국의 낭만주의자들이 생산해낸 이미지들은 결국 상상 가능한 기괴함일 뿐 진정한 심연의 이미지는 아니었던 것이다. 이들 낭만주의적 이미지들은 마치 신체가 감당할 수 있는 소량의 병원균을 주사하여 면역을 키우는 예방주사와 같은 역할을 해줄 뿐이었다.

그러나 '거세된 이미지들의 식민 지배' 속에서도 유령이미지들의 활동이 아주 없었던 것은 아니었다. 유령이미지는 화가들의 무의식 언저리를 맴돌면서 끊임없이 그들을 공백으로 유혹했다. 우리는 이와 같은 유혹의 흔적을 19세 초 프란시스코 고야의 그림에서 발견하게 된다. 그가 72세 이후 시골 농장에 은둔하면서 그려낸 이미지들이 바로 그것인데, 일명 '귀머거리의 집La Quinta del Sordo'이라 불리는 시골 자택에서 그려진 이 그림들은 '검은 그림Las pinturas negras'이라는 이름으로 알려져 있다. 1층과 2층의 회벽에 그려진 이 그림들은 저택이 헐리면서 박물관으로 옮겨졌고, 그 원형이 어떠했는지는 누구도 알 수 없게 돼버렸다.

고야의 사후 한동안 잊혔던 이 그림들은 그 끔찍함과 고야의 광기에 대한 세간의 호기심으로 점차 유명해졌다. 그러나 우리는 이 그림들이 르네상스-근대의 마지막 유령이미지라는 관점에서 주목해보고자 한다. 고야의 '검은 그림'은 카라바조의 종교화들이 보여주었던 유령이미지의 폭력성을 조금 다른 차원에서, 즉 무신론적 차원에서 드러내고 있다. 미술비평가 보잘Valeriano Bozal Fernández이 고야의 검은 그림이 그려졌던 저택을 "무신론의 성 시스티나 예배당"이라 부른 것은 결코 우연이 아니었다. 고야의 '검은 그림'은 미켈란젤로가 〈최후의 심판〉(1534~1541)을 통해 시도했던 것을 무신론적 관점에서 실현한 것이다. 자 그럼 지금부터 고야의 '검은 그림'들을 만나보자.

고야,
르네상스의 종말과
유령이미지

18세기 말과 19세기 초 스페인의 왕실화가
로 활약했던 고야는 화가로서 누릴 수 있는 부와 명예를 누렸지만 유
럽 혁명의 격동기 속에서 조국의 흥망성쇠를 온몸으로 겪어내기도
했다. 그의 작품들은 후대에 낭만주의라고 이름 붙여진 회화 사조로
분류되었지만, 현실의 참혹함을 직접적으로 드러내는 반낭만주의적
경향을 보여주기도 한다. 그는 낭만주의자들이 그렇듯 공동체의 운
명을 외면하거나 그것에서 도피하는 듯한 몽상에 젖은 그림은 결코
그리지 않았다. 그렇다고 그의 그림이 쿠르베식의 사실주의를 표방

한 것도 아니었다. 고야의 그림은 차라리 카라바조의 반사실주의에 더 가깝다고 할 수 있는데, 그것은 사회적 보편성의 합의로부터 완전히 일탈한 이미지들을 통해 '진리 자체의 모순'에 직접 접근하려 했다는 점에서 그러하다.

그러나 고야의 그림이 진정한 유령이미지로서의 면모를 보이기 시작한 것은 그가 72세가 되던 해, 즉 청각을 상실하고 건강이 극도로 악화된 상태로 시골에서 은둔 생활을 시작하면서부터였다. 1819년 고야는 마드리드에서 만사라네스 강 서쪽으로 멀리 떨어진 시골에 별장을 구입하고 그곳에 은둔했다. 은둔한 이듬해부터는 그는 집의 아래위층 회벽을 장식하는 그림들을 그리기 시작했는데, 그의 사후에야 비로소 대중들에게 알려지게 된 이 그림들은 미술사의 규범을 완전히 벗어나 있는 작품들로 당시에도 그리고 오늘날의 시각에서도 충격을 주는 작품들이다.

고야의
검은 그림 연작

고야의 '검은 그림'은 다음의 위치도가 보여주는 것처럼 건물의 아래층과 위층 전면을 둘러싸고 있었다. 창은 아래층에 5개 위층에 4개가 있었지만 크기가 작아서 내부를 환하게 비추어주지는 못했다고 한다.

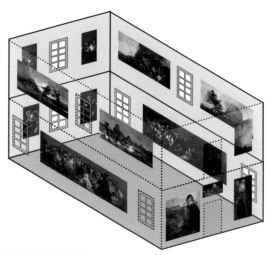

'귀머거리의 집' 투시도.

고야는 1820년에서 1823년까지 이곳에서 벽화를 그리는 일에 몰두했다. 그는 당시 미술계와 문화계 그리고 주문자들의 기호와 요구에 맞춰 제작한 다른 작품들과 달리, 오직 자신의 만족을 위해 그렸던 이 그림들에 특별한 애착을 보였다. 이 그림들 가운데 가장 유명한 작품이 바로 〈자식을 잡아먹는 사투르누스〉이다.

이 그림이 유명한 이유는 아마도 다른 검은 그림 연작에 비해 그 의미가 가장 선명하게 전달되기 때문이라 추측해볼 수 있다. 이미지들이 신화적 의미 서사의 그물에 사로잡혔기에 그것의 유령적 일탈이 상대적으로 제한되고 있다는 말이다. 그림의 주제가 되고 있는 사투르누스는 자식들 중 하나가 자신을 해치고 왕좌를 빼앗을 거라는 예언을 듣고 아이들이 태어날 때마다 잡아먹었다는 로마신화 속의

프란시스코 고야, 〈자식을 잡아먹는 사투르누스〉, 1819년~1823년.

1부 르네상스, 이미지 사냥의 시대

신이다. 고야는 신화 속 이야기를 통해 당시 스페인 왕정복고의 폭압적인 정치 상황—자신의 국민을 잡아먹는 국왕—을 은유했던 것으로 추측된다.

정도의 차이는 있지만 '귀머거리의 집' 내벽에 그려진 그림들 대부분은 인간의 잔악함과 우둔함 그리고 폭력성에 대한 풍자적 의미와 죽음에 대한 강한 암시가 깔려 있는데, 이를 통해서 이미지들은 일정량의 의미들을 전달해주고 있다. 그리고 이 한 줌의 의미들이 그림 속에 입을 벌린 허무의 공허 속으로 감상자가 추락하는 것을 막아주는 역할을 한다. 감상자는 그림들이 만들어내는 극단적인 공허의 정서 속에서도 그림의 이미지가 제공하는 일말의 의미에 매달려 완전한 추락을 모면할 수 있었다는 말이다.

의미라는 것은 그것이 아무리 어두운 것이라 할지라도 인간 정신을 안도하게 만든다. 부정적인 것이라 해도 그것의 의미를 이해한다고 믿는 한 인간은 안도한다. 예를 들어, 실종된 아이가 사망했다는 사실을 확인한 순간 그 부모가 느끼게 되는 기괴한 안도감을 상상해볼 수 있을 것이다. 의미 없는 실종보다는 의미를 갖는 실종이, 제아무리 불행한 의미라 해도, 어쨌든 더 낫다는 것이다. 그러나 검은 그림 연작의 다른 이미지들을 모두 고려한다면 관객이 매달릴 수 있는 의미의 양은 너무도 적다.

검은 그림 연작 중 또 다른 작품인 〈두 노인〉을 보자. 의미를 알아내기 힘든 이 그림에서는 단지 노인을 암시하는 중앙 상단의 물감 얼룩들과 악마의 형상이라고 추측되는 우측 상단의 또 다른 이미지의

프란시스코 고야, 〈두 노인〉, 1821년~1823년.

1부 르네상스, 이미지 사냥의 시대

얼룩만을 확인할 수 있을 뿐이다. 이 그림에서는 화가가 겪어야 했던 청각장애와 병, 노화 그리고 죽음이라는 파괴적 의미들이 그 잔상만을 남긴 채 심연 속으로 흡수되고 있다.

검은 그림 연작에서 또 한 가지 주목해야 할 것은 주요 이미지들이 결코 그림의 중심부에 그려지지 않았다는 사실이다. 이미지들은 원래 벽의 한 귀퉁이에 숨겨진 얼룩처럼 그려졌는데 복원 과정에서 좀더 중앙으로 옮겨졌다. 고야가 이처럼 의미 있는 형상들을 아주 극단적인 환원적 얼룩으로 축소시키고 그것도 모자라서 화면의 귀퉁이로 몰아낸 이유는 무엇이었을까? 이미지들을 통제하는 의미와 지식의 체계를 모두 희생시키면서 그가 보려고 했던 것은 과연 무엇이었을까? 혹은, 귀가 먹어 아무것도 들리지 않는 저택의 침묵 속에서 그는 도대체 무엇을 보고 들으려 했던 것일까? 귀머거리의 집의 정적과 고독은 그에게 보는(눈) 자에서 응시(욕망)하는 자로, 또는 응시당하는 자로의 전환을 가능하게 해준 것은 아닐까?

라캉의 이미지에 관한 이론이 이에 대한 답을 줄 수 있을지도 모르겠다. 공허의 심연 속에서 피어오르는 공포의 응시를 설명하는 라캉의 도식은 고야가 보았던 그것, 혹은 고야의 그림이 감상자에게 보도록 유도하는 그것에 대한 이해에 도달할 수 있도록 해줄 것이다. 다음의 도식은 라캉의 '대상 a'에 대한 이론을 토대로 해서 고야의 검은 그림 연작을 설명하기 위해 필자가 만든 도식이다.

도식에서 볼 수 있는 것처럼 화가 또는 관객의 눈은 이미지들의 배열을 통해서 인간의 존재와 관련된 다양한 의미들의 진리를 찾아 나

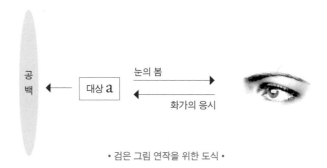

공
백

대상 a

눈의 봄

화가의 응시

선다. 그들의 응시가 이르게 되는 곳은 대상 a 라고 명명된 지점인데, 라캉에게 대상 a는 주체의 욕망이 너무 멀리까지 나가지 못하도록 주체를 미혹하는 욕망의 가짜 대상들이다. 그림 속에서 대상 a는 판독할 수 있는 형상들로 나타나며, 그러한 형상들에서 주체는 의미들을 읽어낸다. 쉽게 말해서 주체는 그림 속 이미지에서 의미를 발견하고 그 의미를 그림이 도달하고자 하는 진리의 궁극적인 지점으로 이해하게 된다.

스스로 소멸하는
'대상 a'

르네상스시대를 비롯한 대부분의 서구 미술의 역사에서 그림의 지시 기능은 대상 a로서의 상상적 의미, 즉 기의에 도달함으로써 완료된다고 생각해왔다. 그래서 주체의 응시는 사실상 응시 자체의 본질인 공백에 이르지 못하고 언제나 대상 a라고 하는 미끼에 미혹당한 뒤 되돌아오게 된다. 그림이란 이렇게 우리의 응시가 눈의 봄 또는 시각으로 타락한 뒤에 다시 응시의 욕망으로 전환되는 끝없는 반복 속에서 기능하는 것이라 할 수 있겠다. 예를 들어, 그 의미가 너무나 선명한 광고나 공익 포스터의 이미지들이 주체가 보고자 하는 욕망을 그다지 오래 지속시키지 못하는 이유는 그러한 이미지들의 구조가 응시보다는 선명한 의미들에 머물 수 있는 시각적 의미 전달의 기능에 집중되어 있기 때문이다.

반면 스푸마토sfumato 기법을 이용해 신비로운 느낌과 모호함을 한껏 강조한 레오나르도 다빈치의 작품들에는 응시를 달래는 이미지의 모호함 속에서 시각으로 전환되었던 눈의 기능을 다시 응시로 되돌리려는 미끄러짐이 강조되어 있다. 다빈치의 그림들이 더 많은 욕망을 더 오래 지속시킬 수 있었던 이유가 여기에 있다.

그러나 고야의 검은 그림 연작으로 말하자면 이와 같은 대상 a의 미혹을 훌쩍 넘어서버린 이미지들이라고 해야 할 것이다. 검은 그림에서 보여지는 얼룩과 같은 이미지들은 그 너머에 있는 공백의 공허를 가리고 은폐하기에는 턱없이 부족한 양의 의미만을 소유하고 있기 때문이다. 하지만 어쨌든 그 최소한의 의미들은 감상자의 주의를 죽음 또는 공포와 같이 파괴적인 의미화의 지점으로 이끌어간다. 그러나 의미의 역할은 거기까지이다. 이미지들은 더 이상의 설명을 거부한 채 소멸해버리고(공백에 먹혀버리고), 감상자의 응시는 어느새 공백의 가장자리에 너무 가까이 접근해버렸음을 깨닫게 된다.

고야는 바로 그와 같은 방식으로 자신이 그린 이미지들의 파괴적인 효과 속에서 공백의 가장자리로 접근하는 데 성공했다. 귀머거리의 집에 그려진 그림들은 다른 누구도 아닌 오직 고야 자신만을 위한 그림들이었다. 이미지를 다루는 기술자로서 고야가 평생을 바쳐 고민해온 문제들, 인간 존재란 무엇이며, 선과 악의 의미와 기원은 무엇인지, 그리고 이와 같은 선악의 진리에 이미지를 통해서 접근하는 방법은 무엇인지를 마침내 해결해주었던 그림이 바로 이곳에서 그려진 공포의 유령이미지들이었던 것이다.

주어진 어떠한 보편적 상식에도 의존하지 않고 곧장 존재의 본질로 접근할 수 있는 방법, 즉 공백의 가장자리로 접근할 수 있는 방법이란 그렇게 주어진 모든 의미들의 질서와 연대를 해체하는 이미지들, 즉 소멸하는 이미지들의 흔적을 통해서 가능했다. 만일 여기서 고야가 전혀 알아볼 수 없는 이미지들로 그림을 채웠더라면 결과는 전혀 달라졌을 것이다. 전혀 그 의미를 알아볼 수 없는 이미지들, 즉 추상적 이미지들은 우리를 공백으로 접근하게 하는 대신 오히려 점·선·면이라고 하는 추상적 요소의 유희 속으로 빠져들게 만들 수 있기 때문이다. 그러한 의미에서 추상화라고 불리는 예술 경향은 결국 장식미술이 가진 조형 요소들의 유희적 속성을 벗어나지 못하는 것이라고 해야 할 것이다(그것은 여전히 대상 a의 미혹의 구조 속에 있다). 반면, 예술에 있어서 진정한 승화는 오히려 처음에는 의미 있었던 이미지로(소위 구상적 이미지로) 인식되던 것, 즉 대상 a로 주체를 미혹하던 것이 마침내 스스로 소멸하는 경이로운 과정을 통해서 일어난다고 할 수 있다(라캉은 이것을 대상 a가 큰사물의 위상으로 격상되는 과정이라고 표현한다).

고야가 그린 검은 그림 연작의 이미지들은 스스로 소멸하는 대상 a로서의 역할에 가장 근접한 이미지들이었고, 이들 소멸하는 이미지들 앞에서 감상자는 마침내 존재의 비밀—존재의 심연에 텅 빈 구멍이 있다는—을 이해하기에 이른다. 세계를 가득 채우며 자신의 영원성을 자랑하던 모든 진리의 의미들, 실체로서의 이데아들이 결국은 판타즘의 산물에 불과하다는 허무의 깨달음에 도달하는 것이다(이것이 바로 정신분석에서 말하는 애도와 승화의 단계이다). 고야의 이미지들이 보여주었던 이러한 모험은 이후 20세기에 벌어지게 될 유령 이미지들의 대거 등장을 예고하게 된다.

이미지의 에티카

예술의
에티카

이 책의 1부에서 다룬 세 명의 예술가들, 미켈란젤로, 카라바조 그리고 고야의 작품들을 통해서 우리는 다음과 같은 점을 이해할 수 있게 되었다. 즉 미술이라는 실천은 단지 모두에게 알려진 보편적 아름다움을 찬미하고 반복하는 온건한 행위에 머물러서는 안 된다는 것이다. 왜냐하면 알아볼 수 있고 그로부터 미적 쾌락을 느낄 수 있는 아름다움이란 결국 이미 존재하는 지식 체계가 만들어내고 각인시킨 학습 효과의 결과일 뿐이기 때문이다. 학습된 아름다움을 비판 없이 추구하는 것은 예술가 스스로 자신을 세계의 유한성에 종속시키는 결과를 낳는다. 반면 진정한 미술의 실천을 고민하는 예술가는 존재하는 모든 아름다움에 대한 미신을 해체하고 도달하는 무無의 공백에서 새로운 현존의 가능성의 지점을 창조해낸다. 새로움을 창조해내지 못하는 예술가는 이미 존재하는 미술사의 권력을 반복할 따름이고, 그러한 반복은 비윤리적이다. 이것이 비윤리적인 까닭은 그러한 반복이 결코 자신에 의해 결정된 것이 아니며 오직 그의 신체에 새겨진 역사의 흔적에 의해 교육되고 강요된 것으로서의 아름다움에 대한 신념을 반복하는 것이기 때문이다(그는 반복하면서 스스로 반복된다. 즉 그러한 반복의 효과-얼룩으로 세계 속에 출현한다). 알려진 아름다움, 합법적인 아름다움, 유통 가능한 아름다움에 둘러싸인 예술가는 결국 진정한 창조 행위로부터 완전히 소외되며, 그것은 그에게 요청된 예술의 윤리를 저버리는 것이다.

'없음'을
사유하는 자는
지배되지 않는다

만일 회화가 궁극적인 의미에서 재현이라는 기능을 벗어날 수 없는 것이라면, 결국 유령이미지로서의 그림들은 공백을 재현한다고 말해야 할 것이다. 그들은 '없음'이라는 불가능성을 재현한다. 이것은 르네상스를 비롯한 인류 역사 일반의 재현 기능으로부터 완전히 벗어나는 현상이라고 말할 수 있는데, 왜냐하면 인간은 그림을 그릴 때 혹은 글을 쓰거나 나아가서는 아주 단순한 상념 속에서조차 언제나 '있는 것'을 생각하고 '있음'을 재현할 뿐이기 때문이다. 인간은 아주 드문 경우를 제외하고는 있는 것들 외의 다른 것들, 즉 없는 것들에 대해서는 생각하거나 재현할 수 없었다.

그러나 유령이미지는 '없음이 있다'라고 하는 모순된 현상, 그럼에도 유일한 진리인 그와 같은 현상을 사유할 수 있도록 주체를 초대한다. 유령이미지의 가장 본질적인 효과는 바로 없는 것을 사유할 수 있도록 하는 역능에 있다. 그런데 공백을 사유하는 것은 현존하는 질서 체계에서 볼 때 극단적으로 위험한 행위이다. 왜냐하면 없음을 사유하는 사람은 지배할 수 없기 때문이다(지배할 수 없는 사람들이 많아지면 그 체제는 붕괴된다). 있음의 개념은 그것들을 일관되게 있도록 하는 현존 질서와 법 체계에 의존한다. 따라서 있는 존재를 사유하는 사람은 자신의 생각의 가능성이 기존의 질서 체계에 의존하는 것을 막을 수 없다. 쉽게 말해서 합법적인 생각은 법 자체에 의존한다는 것이다. 그러나 없음으로부터 (불법적) 사유를 출발시키는 사람의 머릿속에 있는 것은 기존의 지식 체계가 가늠하거나 종속시킬 수 없는 이질적인 것이다. 만일 우리가 소외라고 하는 우리 존재의 부정적 숙명에 저항하려고 한다면 이와 같은 이질적인 것에 대한 사유, 없음으로부터 출발하는 생각의 기술을 연마해야만 한다.

라캉의 정신분석은 어떻게 우리의 사유가 없음의 지대에 이를 수 있는지, 그리고 그 공백으로부터 다시 시작되는 사유가 어떻게 가능할 수 있는지를 탐사하는 실천이었다. 그러나 회화 영역에서는 이미 그와 같은 실천이 활발히 일어나고 있다. 회화 역사에서는 적지 않은 작품들이 주체에게 없음의 형상을 재현해주고, 주체가 그와 같은 재현의 과정에 간접적으로 참여할 수 있게 함으로써 공백으로부터 시작되는 사유의 경험을 제안하고 있었기 때문이다.

2부

자본주의,
성도착적 이미지의 시대

광기의 상품화

> 그러므로 광기는 일종의 고독에 다시 휩싸이는데, 여기에서 고독은 르네상스시대까지 광기가 잠겨들 수 있었던 떠들썩하고 일면 영광스럽기까지 한 고독이 아니라 이상하게 조용한 고독, 점차로 광기를 수용시설의 혼잡한 공동체에서 구해내고 중립적 공백 지대 같은 것으로 에워싸는 고독이다.
>
> _미셸 푸코, 《광기의 역사》

2부에서는 매스미디어와 자본주의 체제가 이미지를 어떻게 억압하고 통제했는지를 살펴보기에 앞서 아주 개별적이고 특수해 보이는 현상 하나를 먼저 짚고 넘어가려고 한다. 바로 광인 이미지를 다루는 '현대 의학과 제약 산업'의 전략이 그것이다. 현대의 정신의학psychiatry은 이성의 외부를 상징한다고 말할 수 있는 광기의 이미지—유령이미지의 근대 의학적 판본—를 우리 사회가 어떻게 받아들이고 질서화했는지를 보여주는 전형이라 할 수 있다. 근현대 이성이 '질서로부터 벗어난' 광기의 이미지를 방어하는 양상은 20세기를 관통하여 유령이미지가 억압되는 가장 중요한 장면을 우리에게 보여줄 것이다.

낭만주의 화가
제리코,
근대의 불안

프랑스 낭만주의 화가 제리코의 아주 이상한 그림들에서부터 이야기를 시작해보자. '광인 연작'이라 불리는 이 그림들은 제리코의 친구이기도 했던 프랑스의 정신과 의사 에티엔 장 조르제Etienne-jean Georget의 요청으로 그린 그림들이다. 아래 그림은 이 연작 중 '도박 집착증'을 앓고 있는 노파를 그린 그림이다.

19세기 초에 제작된 이 그림은 그 이전 그림들이 보여주었던 것과는 완전히 다른 광기의

테오도르 제리코, 〈도박에 빠진 미친 여자〉, 1820년.

이미지를 보여준다. 이 그림에서 광기는 더 이상 이성의 외부에 위치해 있지 않다. 다시 말해 광기는 이성에 이질적인 무엇이기보다 이성 자체가 퇴행한 것처럼 보인다. 그렇다면 광기를 이성의 내부에 위치하는 것으로 보는 관점이 구체적으로 의미

하는 것은 무엇일까? 이를 쉽게 이해하기 위해서 그 반대 지점에 있는 사례를 먼저 살펴보는 것이 좋겠다. 광기를 이성의 외부로 간주하고 그것에 신비주의적 표식을 부여하려 했던 사건들은 제리코가 왜 그토록 광기에 드리워진 신비주의의 그늘에서 벗어나려 했는지를 이해할 수 있는 단서를 제공해줄 것이다.

광기에 신비주의적 표식을 부여한 가장 대표적인 사건으로는 17세기 초 프랑스 남부 루됭Loudun에서 벌어졌던 악마 사건을 들 수 있다. 이 사건은 루됭 지역의 젊은 가톨릭 신부 위르뱅 그랑디에Urbain Grandier가 마법사로 지목돼 마녀재판을 당한 후 화형당한, 당시 전 유럽의 이목을 집중시켰던 사건이다.

1632년 9월 21일로 되어 있는 최초의 사건 기록을 보면 수녀들은 오래전에 사망한 전임 신부의 환청을 들었다고 증언하고 있다. 그

악마의 하수인으로 고소당한 그랑디에 신부.

그랑디에는 신부치고는 너무 매력적인 남자였고, 이 때문에 수녀들이 히스테리를 일으켰다는 것이 대부분의 저술가들의 공통된 견해였다. 그는 잔혹한 고문에도 불구하고 재판이 끝나는 순간까지 마귀들림을 자백하지 않았는데, 그러한 강인함이 수녀들을 더욱 자극하는 결과로 이어졌다고 한다.

2부 자본주의, 성도착적 이미지의 시대

잔 데장주 수녀의 자서전 표지.

런데 이상하게도 수녀들은 당시 마을의 주임 신부였던 위르뱅 그랑디에 신부의 악령이 수녀들을 찾아와 영혼을 더럽혔다고 말을 바꾸기 시작한다. 하나둘 발작을 일으키기 시작한 수녀들은 상당히 성적인 뉘앙스가 담긴 '더럽힘'을 그랑디에 신부의 악령으로부터 당해왔다고 증언했다(그중에서도 특히 잔 데장주 Jeanne des Anges라는 수녀가 그랑디에를 악마의 화신으로 비난하는 데 앞장섰다). '수녀 발작' 사건은 이후 점점 더 집단적 히스테리의 양상을 띠게 되고, 추기경 리슐리외 Richelieu가 이를 진정시키기 위해 본격적인 마녀재판을 명령한다. 그러나 재판이 진행되는 와중에도 수녀들은 발작을 멈추지 않았고 그 후 수년간 수녀들의 발작을 구경하기 위해 유럽 전역에서 루됭으로 사람들이 몰려드는 초유의 사태가 발생한다.

루됭의 마귀들림은 당시 정신병 발작을 대중들이 어떻게 이해했는지를 선명하게 보여주는 사건이다. 마귀 들린 자들의 발작을 '관람'한 사람들은 세계의 유한성과 그 한계를 단숨에 초월해버리는 광인의 신비로운 이미지에 매혹당했고, 자신들의 눈앞에서 벌어지는 일종의 (안티) 기적 앞에서 카타르시스를 느꼈다. 불완전하고 보잘것없는 이승의 결핍을 보상해주는 저승, 신의 세계가 존재한다는 증거로서 출현하는 '악마의 스펙타클'은 그 어떤 예술작품도 선사하지 못했던 '도착적' 쾌락을 선사했던 것이다. 이 같은 쾌락은 19세기 낭만주의 회화에서 이국적인 이미지들과 광기 어린 환상들에 대한 묘사로 반복되었는데, 그렇게 광기는 세계의 외부를 상징하는 '한계 기호'로서 사람들을 열광시켰다.

그러나 광인 이미지의 물신적 역할은 근대의 성장과 더불어 차츰 약화되어 갔다. 광인 이미지가 보여주는 '무질서'가 점차 근대 이성의 일관성을 위협한다고 생각되었기 때문이다. 근대 문명은 광기에 대해 일종의 치외법권을 부여하는 대신 합리성의 틀 속에서 신비주의의 아우라를 벗겨내려고 시도했다. 이것이 바로 근대 정신의학이 탄생하게 된 배경이다.

'과학적 의술'의 신념 속에서 널리 행해진 정신병 치료의 현장을 묘사한 네덜란드 화가 얀 산더스 판 헤메선Jan Sanders van Hemessen의 작품을 보자. 이 그림에서 묘사되고 있듯 당시 사람들은 정신병의 원인이 머릿속에 있는 자그마한 돌 때문이라고 '과학적으로 추론'했다. 머릿속의 돌덩어리를 수술로 제거하면 정신병을 치료할 수 있을 거라는 아주 기이한 생각을 한 것인데, 그림 속에서 우리는 끔찍한 수술을 감당해야 했던 광인과 역시 같은 수술을 기다리며 광기에 사로잡힌 노파의 이미지(화면 오른쪽)를 볼 수 있다. 수술을 시행하고 있는 의사(중앙 윗부분)의 자애로운 미소와 왼쪽에서 수술을 돕고 있는 두 여인의 진지한 표정이 광인들의 이미지와 대조를 이루며 강조되

얀 산더스 판 헤메선, 〈광인의 수술〉, 1550년.

어 있다. 이성의 진지한 이미지와 혼돈스러운 광기의 이미지를 대비
해 보여주고 있는 것인데, 이와 같은 '대립 형상'의 묘사는 르네상스
시대의 '유한성의 사유'의 수치화—아름다움의 질서를 양의 정수로
환산하고 추함의 질서를 음의 정수로 환산하는 방식—를 떠올리게
한다. '모든 것은 연산 가능하다'라는 생각 속에서 세계의 가장 무질
서해 보이는 이미지까지도 수치로 표현하려 했던 질서화의 욕망이,
이제 '광기'의 이미지와 함께 다시 시작되고 있음을 이 그림을 통해
확인할 수 있다. 광기의 혼돈과 무질서를 종교적 '초월성'의 틀을 통
해 포착하려 한 마녀사냥이 종말을 고한 지점에서 과학적 절대성에
대한 맹신이 나타난 것이다.

한편 당시 정신의학은 정신병을 치료한다기보다 광기가 불러일으키는 불안을 해소하는 것이 목적인 듯 광인에 대한 엄격하고 혹독한 치료를 감행했다. 과거 그랑디에 신부를 고발한 수녀들이 마귀(또는 정신병)에 의한 발작의 보상으로 정부로부터 상당한 보상금을 받았던 것과는 사뭇 다른 처우라 할 수 있다. 18세기를 거쳐 19세기 초엽에 이르면 광인에 대한 정신의학의 억압 기술이 더욱 정교하게 발전하는데, 특히 프랑스에서 그 현상이 두드러졌다.

　1789년 프랑스대혁명 이후 파리에는 유럽 최초의 근대적 정신병원이라고 할 수 있는 '살페트리에르 병원L'hôpital de la salpêtrière'이 설립되고 병원장으로 병리학자 필리프 피넬Philippe Pinel이 임명된다. 아래 그림은 살페트리에르 병원이 설립되기 전 광인들을 수용했던 '전근대적' 의료기관인 비세트르 왕립 병원L'hôpital royal de Bicêtre에서 광인들을 '해방'시키는 피넬의 이미지를 화가 샤를 루이 뮐레Charles Louis Lu-

샤를 루이 뮐레, 〈비세트르 병원에서 광인들의 족쇄를 풀어주는 피넬〉, 19세기경.

　　　　　　　　　　　　　2부 자본주의, 성도착적 이미지의 시대

cien Muller가 묘사한 것이다.

현재 '파리 국립 의학 아카데미'의 중앙 홀에 걸려 있는 이 그림은 근대 정신의학이 진보된 의료 기술의 도움으로 광인들을 구제한다는 메시지를 담고 있다. 이 그림에서도 마찬가지로 엄격한 질서, 즉 이성의 모범을 표상하는 피넬 박사와 그의 추종자들이 피넬의 구원을 기다리는 한없이 초라하고 무질서한 광인들과 대조를 이루고 있다. 피넬 박사는 건강한 정신 상태로부터 타락해버린, 뇌가 훼손당한 환자들을 구원하는 일종의 '과학의 구세주', 즉 유물론적 퇴마사의 이미지로 그려져 있다. 이 그림은 르네상스 이후 세계와 우주의 모든 현상들을 질서화하려는 서구인들의 의지가 조금도 약화되지 않았으며, 오히려 더욱 정교한 방식으로 유령이미지에 대한 규범화를 시도하고 있었다는 사실을 말해준다.

광인은 더 이상 경탄이나 두려움을 불러일으키는 초현실적인 대상이 아니었다. 그저 불쌍히 여기고 치료해주어야 할 현실의 환자일 뿐이었다. 당시 의사들은 광기의 원인을 정확히 다 알 수 없었지만 그럼에도 광기의 메커니즘을 가까운 미래에 완전히 파악할 수 있을 거라고 확신했다. 그러나 오늘날 정신의학의 수준이란 19세기 초 살페트리에르 병원의 그것과 대동소이하다(이에 대해서는 후에 좀 더 깊이 있는 논의를 하게 될 것이다). 피넬이 21세기 정신의학의 수준을 예감할 수 있었다면 아마도 상당한 우울증에 걸렸을지도 모를 일이다.

그 미래야 어찌되었든, 살페트리에르 병원은 진보에 대한 희망과 정신의학의 발전에 대한 기대감 속에서 탄생했다. '광인 연작'의 화가 제리코는 이 병원의 의사였던 조르제 박사에게 진료를 받았는데, 조르제 박사는 피넬 박사의 제자인 에스키롤 Jean-Etiènne Dominique Esquirol 의 제자였다.

제리코의 '광인 연작' 중 또 다른 그림을 보자. 이 그림은 당시 '편집증monomanie'으로 분류된 정신질환을 앓고 있던 어느 노파를 그린 것이다. '편집증'이라는 병명은 조르제 박사를 가르친 살페트리에르 병원의 에스키롤 박사가 만든 것으로, 에스키롤 박사는 이외에도 다양한 정신질환에 새로운 이름들을 붙였다. 이처럼 정신질환의 증상들을 명명하고 범주화하는 일은 근대 정신의학을 정립하는 데 매우 중요한 일이었다. 광기의 이미지를 길들이기 위해서는 우선 그 다양성을 분류하고 범주화할 필요성이 절실했던 것이다. 혼돈의 이미지에 이름을 부여하고 그

테오도르 제리코,
〈망상적인 질투에 사로잡힌 미친 여자〉, 1822년.

2부 자본주의, 성도착적 이미지의 시대

것을 체계화하는 것은 이성이 유령이미지를 다스리고 지배하는 가장 근본적인 전략이었고, 근대 정신의학 역시 동일한 방법으로 광기라고 하는 현상의 심연으로 접근해 들어가고 있었다. 제리코가 그린 광인의 이미지에는 바로 그와 같은 조심스러운 접근의 흔적이 남아 있다.

제리코는 다른 낭만주의 화가들처럼 광인의 이미지를 다루지 않았다. 보통의 낭만주의자들은 광기를 이성의 보잘것없는 한계를 초월하는 미지의 신비로운 이미지로 그리곤 했는데, 이는 당시 프랑스 화단을 장악하고 있던 '신고전주의' 화가들에 대항하는 새로운 전략이었다. 1부에서 살펴본 바와 같이 고전주의적 사고는 세계를 질서 정연하고 유한한 공간으로 간주한다. 이에 반해 낭만주의자들은 광기의 이미지를 이성의 질서와는 완전히 대립되는 무질서한 형상으로 그려냄으로써 이성이 지배하는 고전주의적 세계관에 대립하는 무한한 공간을 상상하려 했던 것이다. 그런데 낭만주의 성향의 화가였던 제리코는 기이하게도 광인의 이미지를 그릴 때만큼은 사실주의적 묘사를 고집했다.

제리코가 그린 편집증 환자를 다시 한 번 자세히 보자. 그림 속 노파는 충혈된 눈을 하고 있다. 편집증 환자들은 스트레스가 극대화되어 발작이 일어나기 직전에 눈이 충혈되는 증상을 보이는데, 제리코는 이를 아주 사실적으로

테오도르 제리코,
〈망상적인 질투에 사로잡힌 미친 여자〉 부분.

장 오귀스트 앵그르, 〈샘〉, 1856년.　　외젠 들라크루아, 〈사르디나팔의 죽음〉, 1827년.

신고전주의를 대표하는 앵그르의 작품과 낭만주의를 대표하는 들라크루아
의 작품. 한쪽은 이성의 선명한 질서를 강조하고 있고, 다른 한쪽은 감성과
변화를 강조하고 있다.

묘사하고 있다. 이뿐만이 아니다. 제리코는 광인의 세밀한 표정과 감
정의 변화를 가장 객관적인 방식으로 차갑게 포착하고 있다.

　제리코가 낭만주의자로서의 성향을 절제하고 이런 그림을 그린
이유는 무엇일까? 아마도 제리코는 자신의 '광기'를 근대 이성의 힘
으로 '이해'하고 싶었을 것이다. 잘 알려진 것처럼 제리코는 우울증
을 앓았고 환각에 시달렸다. 특히 야심작 〈메두사호의 뗏목〉이 화단
의 혹평을 받자 제리코의 발작성 우울증은 더욱 심각해졌다. 이때 제

리코를 치료해준 사람이 바로 조르제 박사였다. 박사는 제리코에게 살페트리에르 병원을 방문해 광인들을 관찰하고 그들을 그려줄 것을 요청했는데, 그가 왜 이런 요청을 했는지에 대해서는 정확히 알려진 바가 없다. 다만 후대의 제리코 연구자들이 조르제 박사의 요청을 다음의 두 가지 방향으로 해석하고 있다. 먼저, 제리코가 자신의 병과 증상을 스스로 이해하고 치료할 수 있도록 하기 위해 광인들을 직접 관찰하여 그림을 그릴 것을 권유했다는 것이 첫 번째 가설이다. 두 번째 가설은 박사가 자신의 의학 연구와 강의를 위해 전문 분야였던 편집증 질환의 사례들을 이미지로 보관하려 했다는 해석이 그것이다. 많은 연구자들이 동의하는 것은 바로 이 두 번째 가설이다. 왜냐하면 조르제 박사는 그의 스승인 에스키롤 박사의 의학적 관점을 이어받아 정신질환을 관상학physionomie의 시각에서 연구하고 있었기 때문이다.

관상학

　　　　　얼굴이나 몸의 생김새 등을 통해 개인의 성격, 체질, 운명 등을 파악할 수 있다고 주장하는 관상학은 19세기 전반 유럽의 거의 모든 과학 분야에 영향을 미쳤다. 특히 정신의학 분야에서는 관상학이 질병과 외모가 관련이 있을 수 있다는 이론을 뒷받침했는데, 당시의 정신의학자들은 사람들의 외관적 특징을 통해 정신질환의 발병을 예측하거나 발병한 뒤라면 그 범주를 진단할 수 있다고 믿었다. 관상학은 이후 두골의 형상을 통해 사람의 성격을 비롯한 심적 특성, 운명 등을 알 수 있다는 골상학Phrénologie으로 발전했다. 관상학이나 골상학은 오늘날의 시각에서는 더없이 허황된 이론이지만 당시에는 상당히 진지하게 연구되고 있었기 때문에 환자들의 얼굴을 묘사한 그림과 사진이 의학 연구와 강연에 중요한 역할을 했다.

에스키롤 박사가 화가 조르주 프랑수아 마리 가브리엘Georges-François-Marie Gabriel에게 부탁해 그린 정신질환자들의 이미지는 당시 정신의학이 광기의 이미지를 포획하기 위해 기울였던 노력을 잘 말해준다. 정신질환자의 이미지를 모은 화집에서 화가는 정신병의 이미지를 범주화하고 있는데, 이는 광기의 모호하고 혼돈스러운 이미지들 속에서 일정량의 객관성을 추출해내려는 시도로 볼 수 있다. 제리코의 그림 역시 동일한 관점에서 이해될 수 있다. 그의 그림은 일탈하

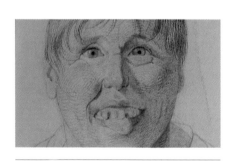

는 사태들의 범람에 맞서 그것들을 범주화하고 명명하는 과정을 통해 광기를 이해 가능한 것으로, 즉 연산 가능한 것으로 만들려는 의지를 드러내고 있다.

제리코와 같이 정신질

에스키롤 박사의 요청으로 화가 가브리엘이 그린 정신질환자의 얼굴.

2부 자본주의, 성도착적 이미지의 시대

환을 앓고 있던 사람에게 '광기'의 이미지는 단순히 예술적 호기심을 불러일으키는 대상이 될 수 없었다. 그는 광기의 혼돈에 맞서 그 공백이 불러일으키는 응시의 공포를 자신의 전 존재를 걸고 막아내야 했다. 자신의 영혼을 갉아먹으며 잠식해 들어오는 '정신병의 유령'이 스스로의 정체를 이성 앞에 드러내고 마침내 질서 속에 편입되기를 소망하며 그는 그 그림들을 그렸을 것이다. 이로써 우리는 제리코의 광인 연작을 통해 당시 태동한 근대 의학이 광기의 공포로부터 자신을 지키려 했던 전형을 보게 되는 것이다. 근대 의학은 관상학이라는 '이미지의 범주화'를 통해서 광기의 유령을 통제하려고 시도했고, 이를 통해 궁극적으로 광기의 응시, 신의 저주와 같은 그것으로부터 19세기의 불안을 잠재우려 했던 것이라고 할 수 있다.

그런데 정신병을 사람의 외형을 통해 파악할 수 있다는 발상은 오늘날에도 계속되고 있다. 정신병을 뇌의 생김새와 구조로 파악하려는 움직임이 그것이다. 인간 사유가 작동하는 방식이 철저하게 뇌의 구조와 그것의 신경생물학적 작용에 근거한다는 생각은 19세기의 관상학을 얼굴에서 뇌로 옮긴 것에 불과했다. 이처럼 정신질환의 원인을 파악하는 데 있어 개인의 경험과 성장해온 문화, 언어 구조의 역할을 배제하는 것은 정신병이 신의 저주나 은총이라는 주장만큼이나 비과학적이다. 아마도 현대 정신의학은 자신들의 이 같은 환원주의적 한계를 조금이나마 인식하고 있었는지도 모르겠다. 왜냐하면 현대 의학은 더 이상 광기의 원인을 알아낼 수 있다고 주장하기보다는 증상의 다양성을 범주화하고 그에 대응하는 다양한 약물 체계를 구축하는 것으로 만족하고 있기 때문이다.

그리고 이러한 현상들은 21세기 초고도 자본주의 시스템의 지배 속에서 더욱더 가속화되고 있다. 중세의 마녀재판이 가톨릭 교단의 지배 아래 있었다면, 오늘날의 정신의학은 제약 산업의 강력한 로비 아래에서 정신병을 판단하고 있기 때문이다.

광기의 이미지를 과학-자본주의 체계를 통해 억압하려는 현상은 오늘날 유령이미지가 거세되는 양상을 가장 선명하게 보여준다. 지금부터는 20세기 제약 산업이 어떻게 정신의학을 지배하게 되었는지, 정신의학은 정신병의 이미지를 어떻게 약물 명칭의 항목들로 환원하는 오류를 범했는지를 살펴보고, 이를 통해 광기의 이미지가 제약 산업의 상품화 목록들로 축소되고 구속되는 기이한 현상을 추적해볼 것이다.

정신 장애 진단 및
통계 편람

인간의 정신이 문화-언어적 구조 속에서 형성되거나 또는 이러한 형성이 좌절되어 '비정상적' 구조로 들어서게 되는 사태는 결코 생물학적 실증주의로 파악될 수 없다. 인간 사유는 본질적으로 '언어'를 통해 기능하기 때문에 정신의 정상적 기능과 장애를 이해하기 위해서는 무엇보다 '언어학'에 대한 깊이 있는 이해가

필요하다. 또 정신에 영향을 미칠 수 있는 다양한 사회적 구조를 이해하기 위한 사회학 관련 지식도 필수적이다. 과거 정신과 의사들이 인문학 전반에 대한 지식 습득을 정신병 치료를 위한 필수적 준비 과정이라 여긴 이유도 여기에 있다. 그러나 20세기의 중후반으로 갈수록 인문학에 대한 의사들의 관심은 급격히 떨어져갔다. 인간 정신을 뇌의 기계적 작용에 국한해 이해하는 실증과학적 관점이 정신의학에서 점점 더 우세해지고, 자본주의의 폭발적 성장이라는 현실이 이러한 현상을 더욱 가속화했기 때문이다.

자본주의의 세계적 지배는 의학을 학문과 의술의 영역이 아닌 서비스 산업의 한 영역으로 추락시켰고, 장기적 치료가 요구되는 정신병에 '진정제' 투입이라는 새로운 처방을 내놓았다. 그러나 약물은 정신병 치료에 근본적인 해결책이 될 수 없다. 정신병은 인간의 머릿속에서 벌어지는 망상과 관련돼 있는데, 사실 망상은 인간의 삶에 절대적으로 필요한 것이기 때문이다. '정상인'의 범주에 속하는 사람 모두가 매일매일 머릿속으로는 정신병자의 망상과 별반 다르지 않은 사고를 한다. 다만 '정상인'의 망상은 사회 내에서 받아들여지고 소통될 수 있는 보편성을 지닌 반면 정신병자들의 망상은 개별적이며 소통 불가능한 특수성의 영역에 머물러 있다는 점이 다를 뿐이다.

사랑에 빠진 한 사람을 상상해보자. 사랑에 빠진 사람은 사랑을 위해 자신을 희생하고 목숨을 거는가 하면 똑같은 이유로 상대방을 위협하고 생명을 빼앗기도 한다. 만일 '사랑'이라는 관념이 존재하지 않는 별에서 온 외계인이 그를 관찰한다면 사랑에 빠진 지구인이란 단지 무서운 광기에 사로잡힌 사람들과 크게 다르지 않아 보일 것이다. 사랑에 빠진 사람의 그 모든 행위들이 우리에게 지극히 정상적으로 보일 수 있는 이유는 '사랑'이라는 망상이 인류 전체에게 '보편적'으로 통용되는 것이기 때문이다.

유사한 예는 수도 없이 많다. 정치적 이데올로기를 위해 자신의 목숨을 바치거나 타인을 학살하는 행동, 개인의 정체성과 집단의 정체성을 일치시키거나 분리시키며 빠지는 고뇌 등은 인류가 공유하는 '보편적 망상'인 추상적 개념들의 실존을 이해하지 못한다면 그저 광적으로밖에 보일 수 없는 행위들이다. 이처럼 정상인들의 세계 역시 그 본질에 있어서는 강력한 망상들에 의존하고 있다고 볼 수 있다.

그렇다면 정상인의 망상은 어떻게 정신병자의 망상과 달리 자기 파괴적인 방향으로 나아가지 않을 수 있는 것일까? 그것은 정상인의 사고 구조가 근본적으로 의미들을 순환시킬 수 있는 상징계의 구조로 되어 있기 때문이다. 쉽게 말해서 정상인의 정신은 한 가지 생각의 의미에 사로잡혀 그 의미에 고착되는 것을 방지하기 위해 다른 단어의 의미로 그 의미를 대체하면서 사유를 진행시킨다. 그래서 정상인에게 망상적 세계관은 확고하게 정지되어 있지 않고 끊임없는 '질문' 속에서 변화하고 발전하며 순환된다. 이러한 순환의 과정 속에서 개별적 망상들은 보편성의 지점으로 수렴되거나 폐지되는 운동을 반복하는 것이다.

라캉주의 정신분석은 이것을 '팔루스의 기표 signifiant de phallus'를 중심으로 순환하는 '기표연쇄la chaîne signifiante' 작용이라고 설명한다. '기표연쇄'의 순환은 언어 속에 등장하는 공백의 자리, 팔루스의 기표가 만들어내는 '의미의 공백'이 있어야만 가능하다. 즉 언어를 통한 사유는 빈자리(공백)가 창조되어 기표들의 순환이 이루어져야만 가능해진다는 것이다. 마치 빈 칸 하나가 존재해야만 조각판을 움직여 올바른 모양을 만들 수 있는 슬라이딩 퍼즐같이 말이다.

  그런데 정신병자들은 바로 이 같은 공백, 즉 언어의 상징적 작용 속에서 출현하는 공백을 창조하지 못하는 사람들이다. 따라서 그들의 망상은 정상인의 망상과는 달리 한쪽으로 치우치며 고착되는 경향을 보인다. 정상인은 자신이 철석같이 믿고 있던 사태가 거짓이었다는 것을 깨달았을 때, 그 신념을 포기하고 다른 신념으로 옮겨갈 수 있는 '의미화 연쇄'의 능력을 지니고 있다. 예를 들어 한 사람이 키가 작은 사람에게 그의 신체적 약점을 들어 '난쟁이처럼 작은 사람'이라고 모욕한다면, 그 키 작은 사람은 다음과 같이 대응할 수 있을 것이다. "키는 작아도 나는 당신보다 훨씬 머리가 좋고 결국 당신보다 더 성공하게 될 거야"라고. 즉 '키가 작다'라는 문장의 의미에 사로잡히지 않고 곧바로 다른 문장을 통해 모욕적인 의미의 늪으로부터 자신을 해방시킬 수 있다.

  반면 의미를 다른 의미로 대체시키지 못하는 정신병자들은 의미에 사로잡히고, 그 벽에 갇혀 고통받는다. 발작은 정신병자들의 망상이 폭력적으로 발전했을 때 나타나는데, 정신의학이 이에 대처하는 방법에는 크게 두 가지가 있다. 첫째, 망상 자체를 정지시켜버리는 방법이다. 이것은 오늘날 대부분의 정신과 의사들이 내리는 처방이다. 망상을 정지시키는 방법은 아주 간단하며 경제적 이익도 상당하다. 즉, 발작의 양상에 따라 약물을 처방하는 것이다. 그런데 환자가 처방된 약물을 복용하고 강제로 망상을 멈추게 된다면 그의 머릿속에서는 어떤 일이 일어나게 될까? 답은 간단하다. 아무 일도 일어나지 않는다. 따라서 정신병자에 대한 약물 처방은 '정신적 살해 행위'라고 불러도 무방할 것이다.

반면 라캉주의 정신분석은 이와는 전혀 다른 치료법을 주장한다. 라캉은 의사가 환자와 끊임없이 이야기를 나누면서 사회적 삶이 가능할 수 있는 수준으로 환자의 망상이 순화되도록 유도하는 것이 최선의 치료라고 여겼다. 즉 환자가 스스로 '생각하도록' 만드는 것이 의사의 역할인 것이다. 이러한 치료법은 하나의 윤리적 토대 위에서 제시되고 있는데, 정신병자와 정상인의 망상 사이에는 아무런 가치의 위계가 존재하지 않는다는 것이 그것이다.

라캉은 《에크리Écrits》에서 정신병자들의 망상과 정상인들의 망상 사이에는 절대적 위계가 존재하지 않는다고 주장했다.* 정신병자들은 단지 더 불편한 망상에 사로잡혀 있을 뿐 정상인보다 열등한 존재가 아니라는 것이다. 나아가 그는 고통의 제거보다는 고통의 원인을 스스로 이해하고 극복하려는 주체성의 문제가 모든 정신질환 치료의 중심이 되어야 한다고 했다.

그러나 우리 사회는 정신병자들의 망상을 억제하고 파괴해야 할

---

* 자크 라캉, '정신병 치료를 위한 모든 예비적 질문', 《에크리》, 1966년.

것으로 간주할 뿐이다. 실제로 정신적인 문제로 정신과 전문의를 찾아가면 의사들은 일단 '정신 장애 진단 및 통계 편람diagnostic and statistical manual of mental disorders(이하 DSM)'에 기재된 증상의 범주에 근거해서 환자의 머릿속 광기를 재단한다. 예를 들어 겨울철에 우울한 기분이 심해져서 의사를 찾았다면 의사는 곧바로 '계절 우울증'이라는 병명으로 환자의 정신 속에 출현하는 다양한 경험과 이미지들을 분절하고, 항우울제를 처방하는 것으로 진료를 마치게 될 것이다. 이런 진료는 10분 이상의 시간이 걸리지 않으며 덕분에 환자는 지루하게 기다리는 시간을 절약할 수 있고, 의사는 더 많은 환자를 진료할 수 있으며, 제약회사는 더 많은 약품을 판매할 수 있게 된다.

모두가 돈을 벌고 편리하게 병원에 입원하거나 퇴원할 수 있는, 나쁠 것이 전혀 없어 보이는 이 같은 현상들 속에서 그러나 놓치지 말아야 할 것이 있다. 즉, 중세적 삶의 다양한 이미지들을 재단하고 통제했던 패러다임이 종교적 규범이었다면 20세기 이후에는 그 역할을 서비스 정신의학, 즉 실증과학적 자본주의가 넘겨받았다는 사실이다. 인류의 정신 속에 등장하는 이미지들의 연쇄가 소위 '정상'이라고 부르는 질서화에 복종하지 않을 때 정신의학은 그것을 정신병적 이미지로 규정하고 그것의 정지를 위해서 해당 약물을 투여하는 규제를 실시하게 되는데, 이 과정의 배후에서 자본주의의 상품 논리가 강력한 영향력을 행사한다. 여기서 사유는 상상할 자유를 박탈당하고 소비가능성이라는 협소한 자본의 감옥에 구속된다.

이처럼 유령이미지의 일탈을 약물 처방으로 원천 봉쇄한 서비스 정신의학의 전략, 특히 오늘날의 정신의학계를 지배하는 DSM 체계는 현대 자본주의 사회가 광기의 이미지를 범주화하고 질서화하는 방식을 보여주는 가장 선명한 '증상'이라고 할 수 있다.

가짜
환자들

'정신의학 산업'의 이 같은 폭력에 저항하거나 그 모순을 고발한 사례가 아주 없었던 것은 아니다. 그중에서도 심리학자 데이비드 로젠한David Rosenhan이 기획한 '로젠한 프로젝트'는 DSM에 의존하는 정신의학계에 치명적인 반격을 가한 대표적인 사례로 꼽힌다.

1972년 심리학자 로젠한은 정신과 의사들이 그 자신과 동료들, 지원자들로 구성된 '가짜' 정신병자들을 상담한 후 어떤 진단을 내리는지 관찰하는 실험을 계획했다. 정신병의 증상들을 숙지한 이 8명의 가짜 정신병자들은 의사들 앞에서 정신병 환자 연기를 그럴듯하게 해냈고, 결국 정신분열증 환자로 진단받아 입원하는 데 성공했다. 당시 이들을 진단했던 어떤 의사도 이들이 가짜 환자라는 것을 눈치채지 못했다. 이 실험에서 가장 재미있는 부분은, 의사들이 눈치채지 못했던 이들의 연극을 같이 입원하고 있던 진짜 정신병자들 중 몇몇은 알아챘다는 사실이다. 어떤 정신병자는 이들 참가자 중 한 명에게

"넌 미치지 않았어. 넌 신문기자야"라는 말을 하기도 했다.

로젠한이 이 실험 결과를 《사이언스Science》에 발표하자 정신의학계가 발칵 뒤집혔다. 정신의학이 광기의 이미지를 규정하고 이를 억압하는 데는 어떠한 과학적 근거도 존재하지 않는다는 사실이 폭로된 것이다. 치명적인 공격을 당한 정신의학계는 로젠한에게 당한 수모를 만회하기 위해 그에게 다시 한 번 가짜 환자들을 보내도록 요청했다. 이번만큼은 가짜들을 가려내 정신병 진단의 과학성을 보여주겠다고 통보했던 것인데, 이후 3개월간 해당 병원의 의사들은 자신들이 장담한 것처럼 40여 명의 가짜 환자로 추정되는 '연기자'들을 분류해내고 입원 신청을 거절했다. 그러나 이번에는 로젠한이 단 한 명의 가짜 환자도 보내지 않았다는 것이 문제였다. 의사들은 멀쩡한 사람을 광인으로 진단하는 대신 이번에는 광인을 멀쩡한 사람으로 오진하여 돌려보낸 것이다.

일견 심리학자들과 임상정신의학계 사이의 주도권 싸움처럼 비춰지는 이 같은 소동이 말해주는 것은 무엇일까? 정신의학에 대한 이 모든 항의와 저항에도 불구하고 여전히 전 세계 대부분의 지역에서 무엇이 광기이며 무엇이 정상인지를 결정하는 지침서로 받아들여지고 있는 DSM의 절대적 권력이란 또 무엇을 의미하는 것일까? 이 모든 분쟁과 억압의 소란스러움 뒤에서 다시금 알타미라 동굴에 벽화를 그렸던 인류의 공포와 자기방어를 발견하게 되는 것은 우연일까? 세계를 침범하고 사고의 확실성의 토대를 위협하는 유령이미지들에 대한 억압과 방어의 완고한 장치들이 DSM이라고 하는 정신의학 체계 속에서 다시 한 번 강화되어 등장하고 있다는 사실을 어떻게 간과할 수 있을까?

이 모든 질문들이 의미하는 바를 정확히 파악하는 순간 우리는 정신질환의 진단 체계가 그 자체로 현대 문명이 만들어낸 가장 노골적인 방어의 체계라는 것을 이해하게 된다. 광기의 이미지와 정상 이미지를 구분할 수 있다고 장담하는 패러다임은 결국 정상성이라는 환영을 창조해내고 이로부터 이탈하는 모든 이미지의 연쇄를 '광기'로 규정짓는다. 여기서 광기라고 표현되는 것은 더 이상 초월적 세계를 믿지 않게 된 오늘날의 인류가 만들어낸 유령이미지의 또 다른 판본에 불과하다. 광기는 상식의 체계에 대항하는 모든 '불법적인' 이미지를 규정하는 명칭인 동시에 '지식'이라고 하는 이성의 협소한 질서를 빠져나가는 모호함들에 대한 억압의 이름인 것이다.

르네상스시대 기하학적 원근법을 통해 시관적 장에 가해진 억압은 이제 인간 심리의 전 영역에 그 영향력을 확대할 수 있는 형식으로 변형되어 출현하고 있다. 그리고 '자본주의의 상품화 체계'가 이와 같은 확장에 가장 중요한 역할을 하고 있다는 것은 매우 의미심장하다. 광기의 이미지가 이성이 파악하기 힘든 외부를 형성한다는 과거의 믿음으로부터 벗어나 광기를 이성의 대립항이 아닌 퇴화된 항목으로 설정하고 이러한 퇴화의 형식과 수준을 파악할 수 있다고 하는 신념은 결국 광기를 통제할 수 있는 약물이 존재한다는 믿음으로 발전하게 된 것이다. 그리고 이러한 믿음은 필연적으로 광기를 상품화할 수 있다고 하는 자본주의의 상품 논리에 종속되는 결과로 이어졌다.

　일견 비약처럼 보일 수도 있지만 DSM의 병인분류학에 대한 연구비의 상당 부분을 제약 회사가 지원하고 있는 현실이 이러한 주장을 뒷받침해준다. 제약 산업과 DSM 연구의 밀월 관계로 등장한 병인분류학은 결국 약물로 치료할 수 없는 증상을 편람에서 배제시키는 일도 서슴지 않는다. 예를 들어 편집증과 같은 질병은 진단 편람에 독립적으로 기록되어 있지 않다. 왜냐하면 편집증은 단일 약물로 진정 치료가 이루어질 수 없고, 또한 그것의 치료에는 약물이 아닌 장기간의 대화와 관찰이 요구되기 때문이다. 쉽게 말해서 비교적 단일한 구성의 약물 치료로 해결되지 않는 정신질환은 복합성이라고 표현되거나 경계선이라는 수식어로 명명된 뒤, 각각의 약물이 담당할 수 있는 부분으로 쪼개어져 하나의 원인이 아닌 여러 원인에 의해 야기된 것처럼 간주되어 다수의 약물이 투여되어야 하는 질환으로 변형되는 것이다.

　이와 같은 방식으로 정신의학과 제약 산업은 서로 공생하며 광기라는 현상을 각각의 약물에 대응하는 선명한 정신병의 증상으로 환원시켜버렸다. 마치 르네상스시대 고전주의자들이 우주의 질서를 정수의 가무한假無限 집합과 동일한 것으로 상상했던 것과 유사하다. 인간 정신이 아무리 난해한 깊이를 지녔다 해도, 그것은 양의 문제일 뿐 질의 문제가 아니라는 것이다. 이러한 사고에서 이성 또는 지성의 단계는 양의 정수로 전개되고, 광기는 음의 정수로 퇴행한다. 만일 광기의 새로운 증상들이 발견된다면, 그에 대응하는 새로운 약물을 개발하면 되고, 이러한 일이 끝도 없이 계속되는 것은 좋은 일이다. 왜냐하면 약물의 생산은 이익의 창출과 직결되는 문제이기 때문이다. 그렇게 해서 '약물 효과의 연산 법칙'을 빠져나가는 정신병이란 존재하지 않게 되고, 광기의 이미지는 '생화학적 연산 장치'의 틀 속에 고스란히 포획되어 길들여지고 거세되는 것이다.

이성이라는 광기,
우생주의

정신의학 산업에 대한 비판과 고찰은 20세기 초중반 우생학eugenics에 기반해 벌어졌던 어두운 역사의 기억들을 떠올리게 한다. 우생학은 찰스 다윈Charles Darwin의 사촌이기도 한 프랜시스 갤턴Francis Galton이 창안한 학문으로, 유전적 요소가 후대後代의 형질에 미치는 영향을 연구하고 특정한 종種의 심신心身 소질을 개선하는 것을 목적으로 하는 응용 유전학의 한 분야이다. 그런데 이렇게 유전과 진화를 다루는 과학의 얼굴을 한 우생학은 20세기 초중반 정치사회적 상황들과 맞물리면서 반인륜적 행위의 근거로 이용되기도 했다. 많은 나라에서 유전병 환자, 정신질환자, 술꾼, 노숙자, 동성애자, 노동 회피자 등 '열등한' 유전자를 보유했다고 가정된 사람들이 인류의 미래를 위해 가장 우수한 형질만을 보존해야 한다는 명분으로 단종 수술을 받거나 살해당한 것이다. 이 가운데 가장 잘

나치 정권이 유전 질환자들에 대한 안락사 법안을 홍보하기 위해 배포한 포스터. 건강인의 '정상성'과 유전병 환자의 '비정상성'이 시각적으로 선명하게 대비되고 있다.

알려진 사례가 바로 나치가 저지른 유대인 학살이다.

우생주의가 야기한 참혹한 학살에 가장 먼저 희생된 사람들은 정신질환자들이었다. 우생학의 관점에서 보자면 정신질환자들은 지구상에서 사라져야 할 열등 인자를 가진 사람들이었다. 정신질환자들에 대한 학살은 나치 정권하에서 그 정점에 달했지만, 나치 정권이 몰락한 이후에도 정신질환자들에게 음식물 공급을 중단하는 방식의 '간접적 안락사'가 자행되는 등 20세기 중반까지 미국과 유럽 등지에서 다양한 형태로 지속되었다.

그런데 이러한 반인륜적 행위의 아이디어 자체는 히틀러와 같은 독재자에게서 나온 것이 아니라 당시의 '과학자'와 '의사들'의 주장에 의한 것이었다. 결국 모든 이질적인 것을 질서화하려는 '편집증'이 그들을 사로잡고 있었던 것이다. 유령이미지의 형식으로 등장하는 포착 불가능한 것들에 대한 '적개심', 그리고 이러한 이질성들을 주류 담론의 논리로 거세하고 연산 가능한 대상으로 환원시키려는 '집착증', 그렇게 이질적인 것을 외부의 것으로 치부하지 않고 내부의 열등함으로 억압해버리는 '또 다른 광기'가 근현대 이성의 상징과도 같은 과학자들의 머릿속을 가득 채우고 있었던 것이다. 그리고 오늘날에도 그들의 생각은 인간의 정신 상태를 '정상성'과 '비정상성'으로 나누는 사고방식 속에서 여전히 그 힘을 발휘하고 있다. 지금의 의학 산업을 지배하는 사고방식은 정상성과 비정상성의 구분을 위해서는 모든 종류의 인간 심리가 과학의 논리적 언어로 번역되어야 한다는 강박관념에 빠져 있기 때문이다.

결국 이 모든 모순들을 고려한다면 다음과 같은 질문에 도달할 수밖에 없게 된다. '과연 어느 쪽이 미친 것일까?' 정신질환자의 광기보다 정상인의 이성이 더 '우월한' 것일까? 이에 대해서는 18세기에 이미 파스칼이 그 답을 내놓았다. 인간은 이성의 결여 혹은 균열을 감추기 위한 이성 자체의 광기에 사로잡히고, 이러한 '이성의 광기'는 결국 인간에 대해 타자인 대상, 즉 광인의 광기를 '발명'해낼 것을 요청했다는 것이다. 이 책의 논리 속에서 이를 재해석해본다면, 결국 세계의 공허를 가리는 이미지의 질서를 완성하기 위해서는 일탈하는 모든 이미지들, 즉 공백의 이미지(유령이미지)들에 대한 대대적인 억압을 실행할 수밖에 없었다는 것이다.

다시 한 번 강조하지만, 고전주의적 사고에서 외부란 없다. 모든 것은 이성에 의해 파악 가능하며, 서열 속에 존재한다. 그리고 오늘날의 세계 역시 고전주의적 광기에 사로잡혀 있다. 만약 이 모든 비판적 관점을 전제하고 앞서 소개한 제리코의 〈망상적인 질투에 사로잡힌 미친 여자〉를 본다면 이 그림에서 완전히 다른 의미를 읽을 수 있을 것이다.

　다시 한 번 제리코의 작품으로 돌아가 그 이미지에 주목해보자. 이번에는 그림 속 노파의 충혈된 눈이 아니라, 그 이면에 숨겨져 있는 응시, 이제야 비로소 정체를 드러내기 시작한 화가의 시선, 또는 제리코로 대변되는 근대 이성의 충혈된 응시에 주목하기 바란다. 아마도 그림 속 노파의 광기에 젖은 눈빛보다 더 광적인 그것, '질서'에 집착하는 또 다른 '응시'가 보일 것이다. 근대 이성의 응시인 이것은 화폭 위 노파의 무력한 이미지 속에서 이성 자신의 광기를 은폐하도록 보장해주는 타자의 광기를, 이질성의 얼룩을, 열등함의 지표라고 간주될 만한 흔적들을 탐욕스럽게 찾아 헤매고 있다. 자신을 사로잡는 유령이미지의 매혹으로부터 스스로를 지켜내기 위한 화가의 응시는 광기의 이미지를 자신이 알고 있는 질서의 틀 속에 가두려고 발버둥치고 있다. 바로 이것이 응시의 근대적 판본이 아니라면 무엇이겠는가? 진리를 보고 있다는 신념 속에서 결국은 진리와는 전혀 다른 것을 보게 되는 불운한 근대의 시선은 유령이미지의 초대를 애써 외면했고, 이 같은 외면과 오해 속에서 유령이미지는 오직 길들여져야 할 것으로, 훼손된 뇌 기능의 물질적 얼룩으로 간주되었던 것이다.

　다음 장에서는 유령이미지에 대한 고전주의적 사고가 어떻게 매스미디어의 이미지 전략을 통해 확대되고 우리의 '시각장視覺場'을 장악하게 되었는지를 살펴보려고 한다. 이를 통해 필자는 더 많은 것을 더 자세하게, 더 사실적으로 보여줄 수 있다는 21세기 매스미디어의 주장, "내일을 봅니다"라는 한 방송사의 모토로 대변되는 미디어의 호언장담이 결국 사람들을 아무것도 볼 수 없는 눈뜬장님으로 만드는 사태를 분석할 것이다. 이러한 고찰은 20세기의 시각예술이 어째서 그토록 비논리적, 비의미적, 비상식적 형태를 취하게 되었는지, 즉 유령이미지 또는 광인 이미지의 형식을 취하기를 선호하게 되었는지를 이해하는 데 결정적인 근거가 되어줄 것이다.

매스미디어,
외부 없는 세계의 스크린

텔레비전,
유령이미지에 대한
전기 고문

15세기 르네상스시대가 기하원근법에 의한 이미지들의 대★감금 시대라고 한다면, 20세기는 이미지들에 대한 '전기 고문'의 시대라고 할 수 있을 것이다. 물론 여기서 쓰인 '전기 고문'이라는 표현은 실제적 의미로 쓰였다기보다 텔레비전, 신문, 라디오, 영화 등의 매스미디어가 이미지들을 학대하고 길들이는 방식을 상징적으로 표현하기 위해 선택한 표현이다('고문'의 의미가 고문기술자가 '원하는 방식대로 왜곡된 진실'을 실토하게 만든다는 점에서 그러하다).

이 장에서는 매스미디어 기술이 이미지를 감금하고 고문을 가한 역사를 추적할 것인데, 과거 '바보상자'로 불리던 텔레비전의 투박한 정육면체 공간 속에서 유령이미지들이 어떻게 감금되고 '사디즘'적 고문에 노출되는지를 살펴보다보면 결국 그와 같은 이미지-틀이 세계와 존재를 외부 없는 '도착적 판타즘'의 감옥으로 변질시키는 과정

초기 텔레비전 수상기(위)와
이를 통해 수신된 이미지(아래).

을 이해할 수 있을 것이다.

　텔레비전은 1960년대 초 본격적으로 일반 가정에 보급되기 시작
했는데, 텔레비전의 발명과 이미지 전송 실험은 그보다 훨씬 앞선 19
세기 말에 시작되었다. 최초의 텔레비전은 전기 신호로 변환된 이미
지를 음극선관으로 전송받은 후 기계적 과정을 거쳐 이 전기 신호를
다시 이미지로 변환시켰다. 이 최초의 텔레비전이 가진 가장 혁명적
인 기능은 이미지의 '현재성'을 보여준다는 데 있었다. 즉 이미지를
멀리 떨어진 곳까지 시차 없이 전송하는 생방송의 기능이 그것인데,

이는 19세기 서구인들의 생활 깊숙이 자리 잡고 있었던 '사진'이나 '영화' 기술만으로는 결코 실현할 수 없었던 꿈같은 기능이었다.

사진,
욕망의 이미지

　　　　　　사진의 가장 중요한 기능은 기록이다. 카메라 앞의 이미지들은 현실적 생생함을 잃은 뒤 일종의 '기억'으로 필름 위에 남는다. 죽음의 영역으로의 기나긴 하강이 시작되는 것이다. 롤랑 바르트Roland Barthes의 지적처럼, 카메라의 발명과 보급 이후 우리 세계는 거대한 이미지의 무덤으로 변했다. 매 순간 쌓여가는 수억만 장의 사진 속에는 산 자보다 죽은 자들이, 살아 있는 풍경보다 이제는 사라져 찾을 수 없게 된 풍경들이 더 많이 기록되어 있다. 이렇게 수많은 사진 이미지에 둘러싸여 사는 우리는 죽은 시간의 지층에 살아가고 있는 것이다.

　그런데 사진 이미지가 지닌 '과거'의 시간성과 '흔적'으로서의 형식은 사진이 소유한 진리를 일종의 모호함 속에 가두는 효과를 발휘한다. 사진 이미지 속에서 우리는 기억의 확고함보다는 잡으려 하면 슬쩍 옆으로 비켜나곤 하는 기억의 불확실한 아득함에 안타까워하게 된다. 물론 사진이 우리에게 오래되어 잊힐 뻔했던 과거의 진실을 환기시켜주는 것은 사실이다. 그러나 사진 이미지는 기억을 되살리는 동시에 그렇게 노출시킨 진실의 이미지를 스스로 닫아버리는 효과 속에서 우리의 욕망을 끊임없이 자극한다. 알 듯 모를 듯한 모호함을 불러일으키는 사진의 효과는 이 매체가 지닌 가장 아름다운 매혹이기도 하다. 그렇게 우리의 욕망은 사진 이미지의 환기와 잊혀짐의 왕복 운동 속에서 끝없는 여행을 하게 되는 것이다.

이것을 간단히 '노스탤지어가 주는 시간의 미래성'이라 불러도 좋을 듯하다. 분명 그것은 과거의 이미지로부터 시작된 것이지만 그러나 우리의 욕망은 그로부터 촉발되어 욕망의 가능성이라는 순수한 미래의 방향성을 추구하게 되기 때문이다. 우리는 사진 이미지 앞에서 이미지가 주는 과거의 정보들에 자극받지만 그 정보와는 전혀 다른 것, 그것을 넘어서는 어떤 것을 알고자 욕망하게 된다. 각자의 오래된 앨범 하나를 꺼내어 펼쳐보는 것만으로 이러한 욕망을 충분히 확인할 수 있다.

앨범 속의 빛바랜 사진은 우리에게 참으로 하찮은 정보들을 제공해준다. 필자가 앨범 속에서 찾아낸 아내의 초등학교 시절 풍경이 담긴 사진을 예로 들어보자. 사진은 상기된 얼굴의 소녀를 보여주고 있을 뿐이다. 그러나 사진을 보는 필자의 상상력은 사진 속

필자가 앨범 속에서 찾아낸
아내의 초등학교 시절 사진.

2부 자본주의, 성도착적 이미지의 시대

의 그토록 간단한 이미지들이 제공하는 정보의 수준을 뛰어넘어 언제나 더 멀리까지 가려고 한다. 우리가 그곳에서 느끼는 것은 오히려 감추어진 비밀의 향기 같은 것이다. 사진 속에 주어진 이미지의 한계를 초월하려는 욕망 속에서 더 많은 것을 보고 싶어 하거나 더 많은 것을 이해하고 싶다는 감정에 사로잡히게 되는 것인데, 바로 이러한 감정 때문에 낡고 오래된 사진, 그 속에 담긴 보잘것없는 소량의 정보만으로도 감동할 수 있게 된다. 우리의 지나가버린 어린 시절의 이미지는 자신의 존재와 관련된 훨씬 더 깊고 멀리 있는 곳, 선명한 이미지의 세계 저 너머에 존재할 것만 같은 모호한 곳을 향하도록 우리를 부추기기 때문이다.

바로 이것이 이미지의 욕망하는 기능, 또는 이미지의 진리 기능이다. 보이는 것보다 언제나 더 멀리 보도록 욕망하게 하는 기능이 사진 속에 존재하는 것이다. 바로 이러한 기능을 통해서 사진 이미지는 죽은 형태로 출현했음에도 살아 있는 욕망을 가능하게 하는 역설적인 능력을 발휘하게 된다.

생방송,
진리의 아우라

텔레비전의 발명과 상업화는 (욕망하는) 죽은 이미지의 세계에 커다란 변화를 몰고 왔다. 이제 세계는 살아 있는 날것의 이미지, 생방송 이미지의 충격 속으로 진입하게 된다. 생생한 현장의 진실을 본다는 것, 어떠한 조작도 없이 멀리 떨어진 곳에서 전해지는 이미지의 현재성을 체험한다는 것은 인류가 이미지와 관계하는 새로운 방식이었다. 그러나 텔레비전이 발명된 초기에는 아무도 오늘날과 같은 '생방' 이미지의 지배를 예감하지는 못했을 것이다.

1937년 프랑스에서는 최초로 매일 밤 8시에 30분간 생방송으로 진행되는 텔레비전 프로그램이 방송됐다. 당시 파리의 에펠탑 송신기를 통해 전파되었던 영상은 고작 100여 대의 텔레비전에 수신되었을 뿐이다. 그러나 1960년대 보급형 텔레비전 수상기가 대량으로 공급되면서 서구 대부분의 국가들은 텔레비전이 지닌 엄청난 파급력에 눈뜨기 시작했다. 이때부터 방송 산업에는 거대 자본이 투자되기 시작했는데, 민간 투자가 주를 이루었던 사진이나 영화와는 대조적으로 거의 대부분의 나라에서 방송 산업은 국가가 주도하게 된다.

우리나라에서도 사정은 다르지 않았다. 1956년 처음 시작된 텔레비전 방송은 정부의 국가 이데올로기를 선전하는 데 주로 이용됐다. 중앙 권력은 본능적으로 생방송 이미지의 현재성이 지닌 '진리의 아우라'가 얼마나 중요한지를 간파했던 것이다. 방송을 통해서 전파되는 당대의 이미지를 볼 수 있다는 것은 곧 일반 대중에게 그 시대의 보편적 진리의 형상과 만나고 있다는 환상을 갖게 하기 때문이다. 특히 뉴스 프로그램을 통해 이 같은 현재성과 진리의 아우라가 어떻게 사용되고 있는지 보다 확실하게 알 수 있다.

텔레비전으로 뉴스 프로그램을 방송하던 초기에는 이미지를 녹화하는 기술이 없었기 때문에 라디오 방송 진행자가 하듯, 텍스트를 생방송으로 낭송하고 그에 관련한 사진 이미지, 즉 이미 죽은 이미지를 화면에 비추어 제공하는 것이 전부였다. 비디오 녹화 기술이 발명된 이후에야 생방송과 녹화한 동영상 이미지가 번갈아가며 화면에 나오는 식으로 뉴스가 방송되었다. 그런데 엄밀하게 따져본다면 정보 전달을 위한 뉴스 프로그램이 생방송의 형식을 취해야 할 이유는 전혀 없다. 어차피 뉴스 앵커는 주어진 정보를 읽는 것이니까 죽은 텍스트를 읽는 것이고, 이미지에 관해서도 이미 프로그램된 것을 전달할 뿐이다. 그럼에도 뉴스가 생방송 형식을 고집하는 것은 '현재의 이미지'가 가진 '진리의 아우라'를 포기할 수 없기 때문이지 않을까? 따라서 20세기 텔레비전 이미지의 역사 역시 15세기의 르네상스 원근법이 욕망했던 것과 동일한 것—진리에 접근하는 이미지를 소유하려는—을 욕망한다고 말할 수 있다.

앞서 1부에서의 논의를 통해 이미지들에 대한 질서화가 단지 위협적으로 출몰하는 유령이미지에 대한 길들임의 수준에 머무는 것이 아니라는 것은 이미 확인한 바 있다. 인류가 이미지들을 길들이는 가장 중요한 이유는 이미지들의 질서화된 형상을 지도 삼아 도달하게 되는 진리의 장소에서 진리 자체를 소유하고자 하는 욕망 때문이었다. 유령이미지들의 출몰로부터 우리를 보호하는 데 머무르지 않고 오히려 그러한 출몰을 길들여 그들이 우리를 진리로 이끌 수 있도록 하려는 적극적인 욕망이 '이미지 길들이기'라는 행위의 궁극적인 목적이라는 것이다. 그리고 20세기의 '전기-이미지' 기술은 '이미지의 현재성'이라는 새로운 무기로 이미지와 진리의 새로운 관계를 선언하고 있었다.

물신적
이미지

현재성의 표식과 함께 등장한 생방송의 이미지는 죽은 이미지들의 세계, 즉 활자와 영화, 사진이 담당하고 있던 이미지들의 세계가 허용하는 욕망과 상상의 능력을 단숨에 파괴해버릴 정도로 아주 위험한 것이었다. 생방송의 이미지는 '생생한 현재성'이라는 미명 아래 그 의미가 완결된 것처럼 제시되곤 하는데, 그러한 완결성은 주체로 하여금 이미지를 진리의 화신 혹은 '물신fétiche'으로 받아들이도록 강제한다. 생방송의 이미지를 통해 출현한 현실은 주체를 압도하고, 이미지의 현실 너머의 '또 다른 진리'를 상상할 가능성을 차단하기 때문이다.

1990년대 초반 1차 걸프전 당시 텔레비전 화면으로 생중계된 전쟁의 이미지는 텔레비전 생방송의 강력한 현실성이 불러일으키는 효과를 잘 보여주는 사례이다. CNN 특파원들이 촬영한 전쟁 영상을 생방송으로 지켜본 사람들은 압도하는 이미지의 현재성을 넘어서는 또 다른 진리를 욕망하는 것이 불가능했다. 빌딩 옥상에서 기자들이 촬영한 이 영상들—미군의 바그다드 폭격 장면을 원경에서 촬영한 이미지들—은 고막을 뒤흔드는 무시무시한 폭발음으로 시청자들에게 공포심을 불러일으켰지만 마치 컴퓨터 게임에서나 볼 수 있는 추상적인 아름다움으로 빛나고 있었다. 불꽃놀이처럼 펼쳐지는 공습 영상은 생중계의 아우라 속에서 완벽한 진리의 위상을 획득했다.

　어느 누구도 그 이미지의 사실성에 이의를 제기할 수 없었고, 그것이 가진 현실성을 의심할 수 없었다. 미국의 이라크 침공이 제기한 수많은 정치적 의혹들과 전쟁 자체가 야기하는 참혹함에 대한 비판은 CNN 이미지의 생생함과 역동성 속에서 어느새 사라져갔다. 그것은 우리가 보고 싶어 하는 '적당한' 수준의 전쟁 이미지였고, 그렇기 때문에 우리의 흥미를 자극하고 만족시키는 수준의 이미지에 불

ⓒ최성훈

최성훈, 〈Pix Cell-Fire〉(2009)의 한 장면.

이라크 전쟁 영상 가운데 야간 전투 장면을 합성
하여 전쟁 이미지를 폭죽놀이와 같은 무구한 이미
지로 변환시켜 보여준 작품.

과했다. 화면 어디에도 팔다리가 잘려나간 어린아이들의 시신이나 신체 밖으로 튀어나온 끔찍한 내장의 이미지는 보이지 않았다. 마찬가지로 전쟁 자체와 인류의 정체성에 대한, 또는 선과 악의 본질에 대한 질문을 던지게 하는 이미지도 존재하지 않았다. CNN 화면은 그저 그곳에서 전쟁이 일어나고 있으며, 포화 속에서 빛나는 밤하늘의 풍경이 그토록 생생하다는 '현재성'이 지닌 극단적 '추상성' 외에 그 무엇도 전해주지 않았던 것이다.

성도착적
이미지

20세기 매스미디어 이미지는 이와 같은 방식으로 그 자신의 존재를 진리의 종착점이라고 믿게 만들었다. 물론 여기에서의 진리의 종착점이란 과거 문명이 진리에 대해서 생각했던 것만큼 깊고 넓은 폭을 가진 것이 아니다. 오히려 매스미디어 이미지는 그와 같은 진리의 폭넓은 아우라를 단호히 거부한다. 방송 이미지들은 지금 이 순간의 이미지의 현재성을 넘어서는 그 어떤 '외부'도 존재하지 않는다고 주장하기 때문이다. 특히 이것은 30초 안에 내용을 명확히 전달해야 하는 텔레비전 광고에서 두드러지게 나타나는 특성으로, 광고에서는 즉각적으로 이해되지 않는 이미지가 존재해서는 안 된다. 현대의 이미지들은 결국 소비되기 위한 것들이며, 소비는 언제나 경쟁적 자본주의의 기능 속에서 작동한다. 따라서 가장 빨리 소비되는 것이 가장 많은 이윤을 남기는 것이라는 자본주의의 근본적인 원칙이 이미지들의 세계에서도 동일하게 적용될 수밖에 없다.

매스미디어 이미지가 본질적으로 '질문하는 이미지'를 만들어낼 수 없는 이유가 여기에 있다. 매스미디어 이미지는 '답을 주는 이미지'여야 하며, 그것도 아주 짧고 간결한 답을 제시해야 한다. 그리고 그것에 가장 적절한 요건을 갖추고 있는 것이 바로 생방송이다. 생방송은 '백문불여일견百聞不如一見'이라는 격언을 문자 그대로 실현한다. 전쟁이 무엇인지를 묻는 백번의 물음에 생방송 화면은 단 하나의 이미지로 답한다. 걸프전 현장을 보여주는 텔레비전 화면을 한 번 보는 것만으로 더 이상의 질문은 불필요해져버리는 것이다. 이와 같은 과정 속에서 더 이상의 질문이 존재할 수 없는 세계의 '강제된 완결성'이 우리를 지배하기 시작했다.

물론, 매스미디어가 생방송 이미지의 전략만을 고집하는 것은 아니다. 방송사는 뉴스뿐 아니라 쇼 프로그램이나 드라마, 광고, 영화, 리얼리티 프로그램 등의 다양한 방송 기술들을 통해 유령이미지들에 대한 통제를 시도하기 때문이다. 선사 인류가 범신론적 질서 속에서, 그리스 문명이 수학적 엄격함의 비율 속에서, 르네상스시대가 원근법적 공간 속에서 이미지를 통제했다면 20세기의 매스미디어 환경에서는 전혀 새로운 방식의 이미지 통제 기술이 등장한다. 필자는 이것을 '성도착적 이미지의 질서'라고 부르기를 제안한다. 여기서 성도착이란 말 그대로 도착적인 경향의 성행위를 추구하도록 만드는 심리적 구조를 의미한다. 20세기의 이미지들을 성도착의 구조와 동일한 것으로 파악하는 이유는 그것이 가진 성적 뉘앙스 때문이 아니라, 오직 '물신'에 의존해 외부의 가능성을 부정하려는 독특한 현상 때문이다.

눈앞에 펼쳐지는 이미지의 연쇄 너머에 그 어떤 진리의 공간도 존재할 수 없도록 만들어버리는, 한마디로 평평하고 완결된 세계 이미지의 스크린을 창조해내는 20세기의 매스미디어의 이면에는 분명 라캉이 '성도착의 구조'라고 부르는 토대가 작동하고 있다.

성도착의 구조란
무엇인가?

20세기 매스미디어 이미지들의 질서를 성도착의 구조를 통해 분석하기에 앞서, 정신분석 이론이 성도착을 규정하는 방식을 먼저 살펴보도록 하자. 라캉의 정신분석 이론에서는 인간의 심리 구조를 신경증, 도착증, 정신병의 세 가지 방식으로 유형화하는데, 이것은 인간이 욕망을 추구하는 세 가지 방식이라고도 할 수 있다. 그중에서 '신경증'은 언제나 더 많이 또는 더 멀리 욕망하는 인간의 심리 구조를 지칭한다.

신경증은 일반적으로 '정상'이라고 하는 인간의 심리를 설명하는 데 사용되는 심리 구조로, 르네상스의 고전주의 도식이나 매너리즘

도식을 설명하면서 언급했던 공백과 ‘대상 a’ 또는 진리의 빈자리와 그곳을 채우는 가상적 진리의 이미지들로 구성된 구조라 할 수 있다. 신경증자들은 질문하고 욕망하면서 언제나 진리를 탐구하는 여행의 과정에 있는 사람들이다. 그들은 언제나 (상실된) 진리를 찾고자 하며, 그 과정에서 획득한 한 줌의 진리가 충분하지 않음을 깨닫고 매번 좌절하고, 그래서 또다시 진리를 찾아 여행을 떠난다. 신경증의 구조는 ‘방랑하는’ 사유의 구조인 것이다. 여기서의 욕망은 눈에 보이는 것 너머에 있다고 가정되는 영원한 진리를 추구하는, 주체의 불가능한 소망으로 규정될 수 있다. 보편적 진리를 추구하려는 인간의 숙명과 그로 이한 좌절은 모두 이 신경증의 산물이다.

성도착의 심리 구조는 신경증과는 사뭇 다른 형식을 취한다. 이를 이해하기 위해서는 먼저 성도착자의 일반적인 이미지를 떠올려보는 것이 도움이 된다. 성도착자는 일반적으로 ‘정상’이라고 부르는 성행위에 만족하지 못하는 사람들, 또는 기이한 방법으로 성적 만족에 도달하는 사람들이라고 알려져 있다. 예를 들어 여성의 스타킹이나 하이힐 같은 사물에 집착하는 사람들이 바로 성도착자의 전형적 이미지이다. 그러나 진정한 의미에서의 성도착자는 여성의 속옷과 같은 사물에 관심을 갖는 수준을 넘어 오직 그것 자체에만 몰두하고 그것을 벗어나는 정상적 성행위, 예를 들어 삽입과 사정 같은 정신분석에서 ‘성기대stade génital’라 부르는 시기에 형성되는 성기 중심적 성행위에는 전혀 무관심한 사람들이다.

프로이트는 그의 연구에서 성도착의 심리 구조가 ‘부인Verleugnung’

의 개념을 중심으로 구조화되어 있음을 암시했는데, 라캉은 이것을 발전시켜 하나의 완결된 체계로 제시했다. 여기서의 부인은 결국 정신분석에서 말하는 '거세castration'에 대한 부인으로, 이를 설명하면 다음과 같다. 즉, 어린아이는 어머니를 자신의 모든 필요와 욕구를 해결해주는 신과 같은 존재로서 완벽하고 유일한 타자로 간주하는 경향이 있다. 그런데 이런 어머니가 어느 날 불완전한 존재라는 것을 아이가 깨닫게 된다면 어떻게 될까? 아마도 아이는 어머니가 다른 무언가의 질서에 종속된 존재라는 사실을 쉽사리 받아들이기 힘들 것이다. 하지만 신경증자, 즉 '정상인'이라면 결국 사회적 법질서(아버지의 법)에 굴복함으로써 어머니의 불완전성을 받아들이게 된다. 아이는 어머니와 자신의 관계에서 발생하는 불완전성과 결여라고 하는 재난을 언어적 질서의 추상화 과정을 통해 수용하고 이러한 관념적 공간 속에서 욕망의 순환을 유도해내는 것이다. 쉽게 말해 아이는 어머니의 불완전성을 설명하는 사회적 설명을 받아들인다("그래, 엄마는 아빠의 아내야." 또는 "엄마는 동생도 돌봐줘야해", "엄마 없이도 잘 지낼 수 있어야 착한 아이지" 등등).

만일 정신병자라면 이러한 부재를 절대 받아들이지 않고 끈질기게 어머니와 자신의 관계의 완결성과 불가침성을 주장할 것이다. 그들은 자신을 어머니의 유일한 욕망의 대상으로 고집하게 된다. 이처럼 어머니의 불완전성을 설명하는 언어적 질서와 법을 받아들이지 않는 정신병자는 결국 정상적 언어 기능과 욕망의 세계로부터 일탈하게 된다(정신병의 기원에는 이처럼 아이와 어머니의 탈사회적 관계가 발견되곤 한다).

그런데 성도착의 심리 구조는 신경증과 정신병의 심리 구조 사이에 위치한다. 성도착자는 어머니의 불완전성을 받아들이지만 곧 그것을 외면하는 전략을 취한다. 다시 말해서 그는 어머니가 거세된 존재이며, 따라서 더 강력한 법과 질서에 종속된 존재라는 것을 받아들이는 동시에 그러한 부재를 외면할 수 있고 결국 부인하는 것처럼 보일 수 있는 장치를 스스로 개발해내는 재능을 발휘하는 사람들이다. 이것을 좀 더 실질적인 이미지 속에서 설명하면 다음과 같다. 어머니가 불완전하다고 하는 현실의 이미지는 어린아이가 어머니에게 페니스가 존재하지 않는다는 사실을 확인하는 순간 갑작스레 완성된다. 즉, 어머니의 불완전성이라고 하는 현실이 어머니의 페니스 부재라는 이미지 속에서 완성되는 것이다. 이것은 아이에게 상당한 충격을 준다. 왜냐하면 어린아이에게 페니스는 남자아이나 여자아이 모두에게 존재해야만 하는 것으로 인식되기 때문이다. 남자아이에게는 작은 페니스가 존재하며, 여자아이에게는 너무 작아서 지금은 잘 보이지 않지만 그러나 성장하면 곧 보이게 될 페니스가 있다는 관념이 아이에게는 상상적으로 자리하고 있다. 따라서 남녀 구별 없이 모두가 가지고 있어야 할 그것이 어머니에게는 없다는 사실, 즉 거세되었다는 사실은 아이에게 공포심을 유발한다.

이때 도착증의 심리를 보이는 아이들은 어머니의 거세를 받아들이지만 동시에 그것을 부인하는 이중성을 보이기 시작한다. 그들은 어머니의 페니스를 대신할 사물을 설정하고 그것에 집중하면서 어머니의 거세(불완전성) 자체를 외면하고 부인할 수 있게 되는 것이다. 이러한 외면과 부인은 대체로 아이가 성장하여 성관계를 맺으려는 순간, 즉 성적 욕망으로 심리 구조의 포커스가 맞춰지는 순간 집중적으로 강화되어 나타난다. 일반적인 성도착자의 이미지는 이러한 부인의 순간에 있는 인물들에게서 만들어진 것이다.

예를 들어 여성의 스타킹에 몰두하는 성도착자는 어머니의 거세된 성기 주변에서 발견된 사물이었던 스타킹을 어머니의 (거세된) 페니스의 대체물로 활용한다. 그는 스타킹에 몰두하는 순간만큼은 어머니가 거세되었다는 사실을 외면할 수 있으며, 어머니로서의 대타자가 불완전하다고 하는 부정적 현실 또한 외면할 수 있다. 만일 이러한 불완전성에 대한 부인이 유지된다면 그에게 세계는 불완전한 공간이 아닌 완벽한 공간, 결핍 없는 완결성의 공간으로 느껴질 것이다. 그리고 이와 같은 완벽한 세계 속에서의 성적 향유는 결국 완벽한 성적 향유가 될 것이다. 따라서 성도착자들의 성적 향유, 즉 주이상스Jouissance는 신경증자의 그것보다 훨씬 더 충만하고, 그렇기 때문에 성도착자는 성도착을 결코 포기할 수 없다. 여기서 잊지 말아야 할 것은 성도착자들이 변태적 성행위에서 느끼는 만족감은 단지 성행위라고 하는 지엽적인 범주에 머무는 것이 아니라 세계의 완결성에 대한 환상이라고 하는 보다 총체적인 사고와 관련을 맺는다는 사실이다.

마조히즘,
사디즘,
파시즘

성도착에 대한 사례를 몇 가지 더 살펴보자. 물신주의 즉, 페티시즘이 주체의 신체와 관련될 경우 그것은 마조히즘masochism과 사디즘sadism, 즉 피학증과 가학증으로 변주된다. 먼저, 마조히즘이란 주체가 권력을 가진 압제자에 의해 신체를 고문당하면서 느끼는 성적 쾌락을 말한다. 마조히스트masochist는 언제나 자신이 굴욕 속에 학대받을 수 있는 연극 무대 위에 서고 싶어 한다. 이 무대 위에서 자신을 학대하는 압제자는 어떠한 결여도, 결핍도 알지 못하는 대타자로서의 완벽한 어머니를 대신하는 존재로 설정된다. 여기서 거세된 어머니의 불완전성을 외면하도록 만드는 물신은 바로 성도착자 자신의 학대받는 신체이다. 자신의 신체에 가해지는 폭력이 잔인하고 굴욕적일수록 도착적 주체는 대타자로서의 어머니의 결핍을 외면할 수 있게 된다. 이를 위해서 압제자의 역할을 맡은 성욕의 독재자는 어머니의 완결성에의 향유를, 그 의지를 연기해 보여주어야 한다. 마조히스트는 바로 이러한 과정 속에서 대타자와 세계가 불완전하며, 그러한 불완전성을 극복하기 위해 욕망의 여행을 떠나야 한다는 사실을 부인할 수 있게 되는 것이다. 도착자는 그 자신의 학대받는 신체를 거세되지 않은 어머니의 존재 증거로 제시하면서 이 세계의 완결성을 주장한다. 이 같은 마조히즘적 세계관과 향유에의 추

사드 후작의 소설 《쥘리에트Juliette》
(1797~1801) 속 삽화.

구를 종교적 박해와 고행의 자발적 추구 속에서 다시 발견하게 되는 것은 결코 우연이 아니다. 완결된 세계를 추구하는 모든 종류의 사유 구조 속에는 마조히즘의 메커니즘이 작동하고 있기 때문이다.

마조히즘과 심리적 구조는 같지만 그 속에서 주체의 위치를 전도시킨 또 다른 성도착이 바로 사디즘, 즉 가학증적 도착이다. 여기서 성도착의 주체는 자신을 학대받는 물신으로 제시하는 것이 아니라 타자, 특히 여성을 학대의 대상으로 삼는다. 그리고 도착자 자신은 학대하는 자, 즉 어머니의 완결성과 그 권력을 대신 연기하는 인물이 된다. 자리바꿈이 일어난 가학증의 구조에서도 결국 추구하는 것은 동일하다. 희생물로 선택된 신체에 가해지는 폭력은 대타자로서의 어머니의 완결성을 증명하기 때문이다. 누군가를 물신적 대상으로 선택하고 이들에 대해 폭력을 행사함으로써 만족감을 느끼는 욕망의 구조는 이러한 폭력 속에서 세계는 균열되고 불완전한 곳이라는 사실을 부인하려는 충동과 다르지 않다.

그런데, 피학증과 가학증의 심리 구조가 단지 성적 폭력이 발생하

2부 자본주의, 성도착적 이미지의 시대

는 내밀한 현장에서만 확인되는 것은 아니다. 국가 권력의 우상화를 통해 국가와 그것을 지탱하는 역사 전체의 완결성을 추구하는 정치적 경향 속에도 도착적 구조가 분명히 발견되기 때문이다. 이는 독재자에 대한 신격화와 그에 대항하는 모든 비판적 견해에 대한 격렬한 폭력 행사 속에서 다시 확인할 수 있다(최근 우리 사회의 일베 현상이 그 전형이다). 따라서 파시즘의 고유한 욕망 구조가 성도착의 구조와 동일한 것이라는 사실에는 의심의 여지가 없다. 이러한 도착적 사유 속에서는 세계가 불완전하다는 사실, 세계의 현재 이미지는 결코 완결된 것이 아니므로 지속적으로 비판받아야 하고 나아가서는 지속적으로 새로운 세계 이미지가 추구되어야 한다는 사실이 결코 받아들여질 수 없는 위험한 생각, 불온한 생각으로 간주된다.

라캉 연구자인 알랭 쥐랑빌Alain Juranville은 성도착의 구조를 "실재와 판타즘 사이의 차이가 폐지되어버린 구조"로 설명한다.* 여기서 실재라는 개념은 진리의 장소라고 간단히 표현할 수 있을 것이다. 실재는 결국 우리가 진리를 찾아내야만 하는 '저 너머의 공간'으로서, 지금 우리가 보고 있는 현실의 이미지 너머에 존재하는 장소를 말하는데, 성도착의 구조에서는 바로 그 '저 너머'가 부정된다. 성도착증자에서 세계는 완벽하며, 그 자체로 보존되어야만 하는 극단적 보수주의의 공간이다.

• 알랭 쥐랑빌,《라캉과 철학Lacan et la philosophie》, 1984년.

신경증,
진리의 초과량

신경증의 구조에서는 세계를 구성하는 모든 이미지를 판타즘, 즉 진리가 아닌 허상이라 규정한다. 판타즘의 환영 구조 속에서 작동하는 신경증의 욕망은 '판타즘의 표면'과 '진리가 존재하는 실재의 장소' 사이의 간극을 뚫고 들어가면서 작동하게 되는데, 이를 도식으로 그려보면 아래와 같다.

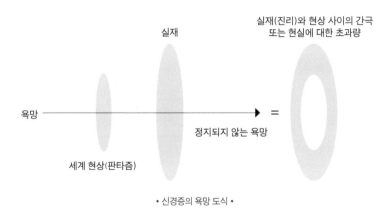

• 신경증의 욕망 도식 •

도식에서 확인할 수 있듯 실재는 언제나 그것을 메꾸는 판타즘의 현실 이미지보다 더 크기 때문에 신경증자는 어떤 이미지를 불러와도 곧 그 이미지가 진리 또는 실재의 구멍에 완전히 들어맞을 수 없음을 깨닫게 된다. 신경증적 사유 속에서 진리는 언제나 눈으로 볼 수 있는 현상 세계의 이미지보다 더 크거나 더 깊거나 더 멀리 있는 것으로 간주된다. '현실의 진리'는 현실을 보는 우리의 '시선'으로부터 달아나는 '초과량'에 있는 것이다.

이것을 간단히 산술식으로 표현해보면 아래와 같다.

$$2-1=1$$

여기서 2는 가정된 진리의 양이며, 1은 현재 눈에 보이는 현상 이미지의 양이다. 신경증의 사유 구조 속에서 진리는 언제나 눈에 보이는 것의 양을 '초과'한다. 따라서 신경증자는 실재(진리=2)와 판타즘(현상=1) 사이에 존재하는 차이(+1) 때문에 결코 욕망하기를 멈출 수 없다. 왜냐하면 그가 아무리 진리라고 생각하는 지점에 도달하려고 애쓰고, 마침내 그곳에 도달했다고 생각할 수 있더라도, 그가 도달한 진리의 지점에서 발견하게 되는 것은 언제나 그 양을 초과시키면서 달아나는 무언가로 인해 생기는 결여이기 때문입니다.

예를 들어 끝없이 이상형을 찾아 나서는 바람둥이 강박증자가 있다고 해보자. 사랑에 빠진 그는 언제나 자신의 이상형(자신의 진리에 거의 근접한 여성)을 만난 것처럼 행동하고 사랑에 몰두하지만 얼마 지나지 않아 상대방의 결점을 발견하고는 실망하게 된다. 거꾸로 말해 그는 자신이 찾아낸 이상형에서 언제나 한 발짝 더 나아가는(초과하는) 이미지에 반복적으로 사로잡히게 된다. 진리의 양은 언제나 내가 지금 발견한 대상보다 초과량을 갖는 것으로 판명된다. 하지만 그렇기 때문에 진리 또는 실재에로의 접근이 끝없이 연기되면서 신경증적 욕망은 진리에 대한 추구를 결코 멈추지 않게 되는 것이다.

성도착,
잉여 없는 진리량

그러나 성도착에서는 '진리'와 '현상', 또는 '실재'와 '판타즘' 사이에 간극이나 차이가 존재하지 않는다. 그래서 눈에 보이는 것이 결국 진리 그 자체가 되어버린다.

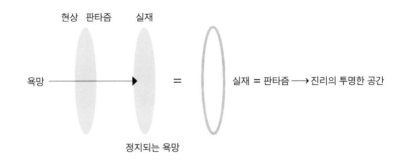

• 성도착의 욕망 도식 •

성도착의 도식에서 '부인되는' 실재와 판타즘 사이의 간극은 결국 완벽한 세계 이미지의 출현을 의미한다. 그것은 깊이를 가질 필요가 없는, 그 자체로 미끈하고 완결된 2차원의 평면 스크린과 같다. 이것을 산술로 환원하면 아래의 결과가 된다.

$$1-1=0$$

즉, 도착자의 사유 속에서는 그가 진리라고 생각하는 것의 양(1)과 그러한 진리를 표상한다고 생각하는 '물신적 현실 이미지'의 양(1)이 동일하므로, 세계의 완전성을 의심하게 하는 진리의 초과분이나 잉여가 남아 있지 않게 된다(0). 도착자는 이처럼 완전한 세계 이미지에 대한 환상 속에서 충만한 쾌락(향유)에 도달할 수 있는 자신만의 내밀한 기술을 창조해낸다. 그러나 도착적 심리 구조는 '세계의 진리'인 본질적인 결여, 결핍, 또는 불완전성을 부인하기 때문에 본질적으로는 기만적이고 위선적일 수밖에 없다. 만일 그와 같은 도착의 구조가 세계-이미지를 지배하게 된다면 인류는 고유의 신경증적 욕망을 통해 세계의 한계 너머를 향하던 창조성을 금지당하게 될 것이다.

　매스미디어 이미지는 바로 이러한 도착적이며 깊이 없는 진리의 평면을 형성하고 있다. 파시즘적 힘을 발휘하는 매스미디어 이미지는 주체의 사유를 평면화하고 주어진 세계에 주체가 안주하게 하는 폐쇄 효과를 불러온다. 다음 장에서는 이제까지 살펴본 성도착 구조의 논리를 토대로 매스미디어가 어떻게 도착적 폐쇄 구조를 형성하게 되었는지를 살펴보고, 그 위험성에 대해 본격적으로 논의해보자.

거세된 이미지의
유토피아

의미에 종속된
이미지들

한 방송사의 슬로건 "내일을 봅니다"는 오늘날 세계를 보는 창으로서 텔레비전이 점하고 있는 위치를 생각한다면 매우 의미심장한 슬로건이 아닐 수 없다. 그렇다면 텔레비전 화면을 통해 세계의 현재와 과거 그리고 마침내는 미래(내일)까지 볼 수 있게 되었다는 이 야심찬 확신이 의미하는 것은 무엇일까? 우리의 시야가 텔레비전으로 인해 더 넓어지고 깊어졌다는 의미일까? 누구든 이 같은 질문에 답을 구하고 싶다면 수백 개의 채널이 나오는 텔레비전 앞에서 몇 시간, 혹은 며칠씩 잽핑zapping을 해보는 것으로 충분하다. 아마도 대다수 현대인들의 일상이기도 한 텔레비전 시청은 사람들에게 세계를 이해했다는, 아주 만족스러운 기분을 선사할 것이다. 왜냐하면 텔레비전 이미지는 언제나 시청자들에게 가장 정확한 사실 이미지를 제공하면서 인류의 알고자 하는 욕망에 화답하는 듯 보이기 때문이다.

그런데 여기서 한 가지 놀라운 점은 텔레비전을 통해 보는 이미지 속에서는 우리가 예견하지 못한 일이란 결코 일어나지 않는다는 사실이다. 이는 텔레비전 이미지들이 아주 정교한 방식으로 통제되고 있기 때문인데, 질서화된 이미지들을 통해 텔레비전은 시청자가 원하는 답과 이해를 즉각적으로 제공하는 듯 보인다. 하지만 앞서 살펴보았듯 생방송의 이미지조차 생생함을 가장한 환상일 뿐 결코 날것의 이미지는 아니다. 모든 이미지들은 그들에게 요구되는 '의미'—소비될 수 있는 수준으로 다듬어지고 길들여진—를 담을 수 있는 적절한 매개체로서만 선보일 뿐이다. 다시 말해서 텔레비전을 비롯한 매스미디어의 이미지들은 철저하게 '기호'로서 작용하며, 이 기호는 지식의 한계를 조직하는 지배적인 패러다임의 범위를 넘어서는 법이 없다. 따라서 지식의 체계 즉 '인식장'의 한계를 넘어서는 이미지가 등장할 경우 그 이미지는 이질감을 주는 일종의 얼룩처럼 보일 것이다. 그리고 이러한 이질성이 과잉되기 시작하면 곧바로 불안의 심리가 방어 장치를 작동시킨다.

매스미디어의 세계에서 작동하는 심리적 방어는 이미지를 소비하지 않고 외면하는 것이다. 즉 채널을 돌려버리는 것인데, 바로 이 같은 이유로 텔레비전에서는 우리의 이해를 벗어나는 이미지, 즉 '우리의 사유 규범과 닮지 않은 의미'를 지닌 이미지는 철저히 배제되고 억압된다. 텔레비전 앞에 앉은 세계-스펙타클의 관객으로서의 인간이 언제나 (답을 구했다는) 쾌락 속에 머물러 있을 수 있는 이유 역시 이 때문이다. 매스미디어는 음식의 맛을 다양한 방식으로 변주하는 요리사처럼 이미지를 재단하고 변형하지만 그 맛의 기본은 이미 알려진 것들에 근거하고 있는 것이다. 모든 쾌락의 본질이란 바로 이런 것이 아닐까? 우리에게 익숙한 것을 언제나 새롭게 '변주'하여 제공하고, 우리의 지적 긴장이 그 한계를 초과하지 못하게 하는 수준에서 통제하는 것 말이다.

이 같은 원칙 속에서 나열되고 조직되는 텔레비전 이미지의 구조를 한마디로 정의하면 '의미에 종속된 이미지'가 될 것이다. 이미지는 언제나 의미의 전개에 부합하도록 재단되고 있으며, 의미의 전개는 주체의 질문이 너무 멀리 가는 것을 가로막는다. 그런데 이렇게 이미지가 의미에 사로잡히게 된다는 것이 의미하는 바는 무엇일까? 또는 의미에 사로잡힌 이미지가 주체의 질문이 더 멀리 가는 것을 가로막는다는 것이 의미하는 바는 무엇일까? 아마도 그것은 미디어 이미지가 주체의 욕망이 세계의 본질(진리)에 접근하는 것을 차단한다는 것을 의미하는 것이 아닐까?.

라캉으로부터 시작되어 바디우와 지젝으로 이어지는 20세기의 새로운 인문학은 '공백'을 진리라 부를 수 있는 유일한 것으로 간주한다. 따라서 진리에 도달한다는 것은 결국 공백의 검은 구멍, 검은 호수의 연안에 도달하는 것이고, 거기서 모든 것을 다시 시작하는 창조의 과정 그 자체라 할 수 있다. 다시 말해서 진리에 도달한다고 말하는 실천은 눈앞에 펼쳐진 현상의 환영들, 그럼에도 그 자신이 진리라고 주장하는 이러한 가상들을 모두 파괴한 끝에 환영들이 태어난 세계의 밑바닥까지 하강하는 실천이며, 이러한 하강의 끝에서 만나게 되는 공백으로부터—순수한 '무 nothing' 자체인 그것으로부터— 이제 껏 인류가 창조해냈던 다양한 가치들을 지도 삼아 다시 세계의 표면 으로 되돌아 나오는 여정, 그러나 이번에는 전혀 새로운 샛길을 따라 서 되돌아 나오는 여정인 것이다. 눈앞에 펼쳐진 이미지들의 가치를 의심하는 신경증적 욕망을 포기하지 않는 것만이 진리 실천의 여정 에서 요구되는 유일한 조건인 것은 이 때문이다.

그러나 매스미디어 이미지는 자신들의 허구성을 인정하지 않음으로써 주체가 공백에 접근하는 것을 철저히 가로막는다. 매스미디어 는 모든 것이 이미지의 연쇄 속에서 의미로 충만하며 그와 같은 충만함의 내부에 어떠한 빈 공간(균열점)도 존재하지 않는다고 믿도록 주체를 현혹한다. 예를 들어 방송에서 침묵이란 존재할 수 없다. 왜냐하면 이미지들은 의미로 충만해야 하고, 텔레비전은 이러한 충만성의 환영을 유지시키는 데 강박적으로 집착하기 때문이다. 토크 쇼가 진행되는 와중에 대담자들이 5초 이상 침묵을 유지한다면 그것은 일종의 방송 사고로 간주될 것이다. 결국 텔레비전의 이미지는 아주 미끈한 이야기의 평면을 따라 깔끔한 방식으로 처리되어야만 한다. 광고를 보아도 그렇고 뉴스나 드라마를 보아도 그렇다. 매스미디어에서는 모든 이미지가 의미와 이야기를 전달하기 위한 도구로서만 선택되고 사용되어질 뿐이다.

이제 텔레비전에 대한 논의를 시작하면서 던졌던 질문에 대한 답이 어느 정도 그 윤곽을 드러낸 것 같다. 텔레비전이 만들어낸 엄청난 이미지의 홍수 속에서 주체가 보는 것은 결국 아주 단순화된 세계

의 모습이다. 그것은 세계의 본모습이라기보다 현재 문명이 생산해
낸 하나의 질서 잡힌 이미지, 가공된 의미일 뿐이다. 주체가 보는 것
이상의 다른 어떤 세계도 존재할 수 없다고 단언하며 거대한 이미지
의 감옥을 만드는 매스미디어는 결국 성도착적 주체로 하여금 세계
의 불완전성을 외면하게 했던 '부인'과 동일한 메커니즘을 따르고 있
었다. 텔레비전 이미지는 자신을 의미의 전개에 단단히 묶어버림으
로써 완결되고 충만한 세계 이미지의 천체 상을 그려냈고, 그렇게 함
으로써 세계 자체가 가진 파편적이며 불완전한 현실―그 어떤 이미
지들의 논리적인 나열을 통해서도 본질에 다가갈 수 없는 것으로서
의 난해한 세계―혹은 텅 빈 세계의 진리를 외면할 수 있었다.

'자본주의적 고전주의'로서의
상품 이미지

이제껏 살펴본 미디어의 강력한 통제와 억
압의 현상을 한층 강화하면서 도착적 기능을 완성하는 것이 바로 상
품-자본주의의 억압 장치이다. '자본주의적 고전주의'라 부를 수도
있을 이것은 20세기 초중반 보편적 진리에 대한 주장이 포기된 후
'포스트모더니즘'이라 불리는 극단적 상대주의의 움직임 속에서 세
계의 질서를 재편하는 권력으로 새롭게 자리매김한 이데올로기라
할 수 있다. 세계를 구성하는 모든 사물이 상품으로 환원될 수 있으

며, 따라서 '가격'이라는 선명한 존재 방식을 따른다는 것은 자본주의 시장경제를 살아가는 우리에게 너무나 익숙한 현상이다.

하지만 모든 사물에 가격을 매길 수 있다는 생각은 우리 삶의 본질을 위협하는 위험한 생각이다. 특히 이미지에 대한 억압 장치로서의 상품 논리는 결국 모든 이미지가 화폐 단위로 환원될 수 있다는 '자본주의 철학' 속에서 이미지들의 가능성을 현저하게 제한하게 된다. 이미지의 가능성을 제한하는 것은 이미지가 주체의 욕망에 호소하여 이미지 자체가 속한 질서를 넘어서도록 주체를 유도하는 (유령적) 가능성을 제한한다는 것을 의미한다.

쉬운 예를 하나 들어보자. 지금 눈앞에 두 개의 사물이 있다고 해보자. 그 사물들은 일상 용품일 수도 있고, 두 명의 인간일 수도 있다. 어쨌든 '두 개의' 사물이라는 '이미지'가 눈앞에 있다. 일반적으로 사람들은 눈앞에 놓인 두 개의 이미지를 구별하려고 한다. 혹은 그 둘을 구별하는 기준을 찾아내는 한에서 그것들을 '두 개'라고 인식할 수 있다. 그 둘이 '다름'이라는 차이의 개념 속으로 들어오는 과정, 또는 차이의 기준을 설정하는 과정은 바로 그것들을 이해하는 과정 자체이기 때문이다.

이처럼 두 개의 사물을 앞에 두고 그 차이에 대해 평가하면서 인간은 세계를 이해하기 시작한다. 만일 어린아이에게 두 가지 사물을 제시한다면 아이는 자신에게 쾌락을 주는 사물과 그렇지 않은 사물, 또는 쾌락을 더 많이 주는 사물과 덜 주는 사물로 이 둘을 차이화할 것이다. 그런데 성인의 세계에서, 특히 자본주의적 고전주의의 세계에서 사물간의 차이를 규정하는 가장 강력한 규범은 '가격'이다. 자본주의 사회에서는 어떠한 방식으로도 사물에 대한 가격, 즉 상품 가격의 기준으로부터 벗어나서는 세계의 차이를 만들어낼 수 없다.

이 같은 '상품 논리'는 사람의 가치에 가격을 매기는 것에 만족하지 않고, 동일한 방식으로 세계 이미지들의 질서 전체를 재편하기 시작했다. 이는 1960년대 이후 세계 이미지들에 대한 형이상학적 질서화가 수명을 다하고, 이를 대체할 그 어떤 보편적 기준도 불가능해진 상황에서 자본주의의 '가격-상품-체계'가 지배적 기준으로 자리 잡기 시작하면서 시작되었다. 그런데 자본주의적 고전주의의 상품 논리가 가장 정교하게 공략하여 질서화하기 시작한 것은 놀랍게도 물리적 상품들의 영역이 아니라 사랑, 박애, 정의, 평화, 자유 등의 추상적 가치의 영역에서였다.

가장 보편적인 가치로서 형이상학적 가치들의 상품화는 어쩌면 마케팅 전략상 당연한 귀결일 것이다. 왜냐하면 '형이상학적 가치'들은 인종과 국경을 넘어 인류에게 호소하는 보편성을 지니고 있고, 이들을 상품화하는 것은 결국 보다 넓은 '시장 영역'을 개척할 수 있는 가능성을 실현시켜주기 때문이다. 이들 가치들에 대한 생산과 통제가 과거에는 철학이나 종교적 담론 속에서 이루어져왔다면, 오늘날에는 대기업의 마케팅 부서에서 이루어지고 있는 셈이다. 이들 마케팅 전략의 대표적 사례로 꼽히는 것이 '대의명분 마케팅'이나, '페어 트레이드'이다.

상품 광고에서 보이는 대부분의 이미지에서도 마찬가지이다. 광고에서는 상품 자체의 물질적 정보에 관한 것보다 그와 전혀 상관 없어 보이는 추상적 가치들, 특히 '자유'와 '사랑' 또는 '용기', '친환경' 등등의 보편적 가치들을 내세운다. 그런데 여기서 짚고 넘어가야 할 것은 추상적 가치들, 또는 이와 관련한 이미지의 상품화가 그것에 내재한 잠재성을 현저하게 제한하고 있다는 사실이다. 예를 들어 자유라는 가치-이미지의 상품화는 주체가 '자유' 개념과 관련한 이미지를 세계의 억압이나 모순들로부터 존재를 해방하는 지표로—나아가서는 '자유' 개념 자체에 관련한 이미 주어진 의미와 질서를 다시 넘어서도록 하는 욕망의 지표로—사용하는 대신 그저 소비하고 향유하게 함으로써 그것이 가진 가능성을 폐지하게 만든다. 이러한 상황에서 주체의 존재 가능성 역시 폐지될 수밖에 없는 것은 두말할 필요가 없다.

삶에 있어서 자유의 의미를 묻기 위해 회사에 사직서를 내고 자신이 진정으로 원하는 다른 삶을 추구하는 대신, '자유로운 삶'이라는 이미지로 포장된 오프 로드용 체로키를 구매하는 것으로 '자유'에 대한 질문의 가능성을 포기한 어느 직장인을 생각해보라. 이러한 방식으로 하나의 개념이나 이미지는 상품화의 과정 속에서 자신들이 본래 지니고 있던 역능, 즉 '다시' 그리고 '다른 방식'으로 사유될 가능성을 상실한다.

물론 이러한 현상이 고도 자본주의 사회에서만 벌어진 일은 결코 아니다. 1부에서 살펴보았듯 르네상스시대에도 이미지들에 대한 원근법적 질서화라는 것이 존재했다. 원근법적 질서화는 이미지가 지닌 잠재성과 통제 불가능한 우발성 — '유령이미지'의 속성이 지닌 위험성 — 을 길들이기 위해 기능했다. 다만 몇몇의 화가들, 예를 들어 카라바조와 같은 화가들은 이러한 통제로부터 교묘하게 이미지들을 해방시킴으로써 결국 자신을 소외로부터 구해내려 했다. 그런데 현대의 자본주의적 고전주의의 세계는 르네상스시대와는 비교할 수도 없을 정도의 기술적 발전 속에서 화폐 단위라는 보다 광범위하고 추상적인 동시에 구체적인 모든 것에 관여하는 막강한 방식으로 이미지들을 억압하고 있다.

다시 텔레비전의 예로 돌아가보자. 텔레비전에서 전개되는 이미지들은 매 초 단위로 계산되는 '시청률' 경쟁을 위해 조직되고 있지 않은가? 시청률을 높이기 위해서 조직되는 이 같은 이미지-현상은 결국 광고 판매가를 높이기 위해 위계화되는 이미지들의 질서와 다르지 않다. 토크 쇼의 경우 출연자들은 자신들의 삶을 이야기하면서 '웃고', '비밀을 공개'하고 '눈물 흘리고' 그리고 마지막으로 다시 '웃는다'. 그런데 어떤 출연자의 사연이 시청률을 떨어뜨릴 만큼 처절하거나 불쾌한 것이라면 그것은 즉각적으로 편집될 것이다. 혹은 출연자의 인생이 아무리 진실한 사연을 담고 있다 해도 그것이 흥미를 유발시키지 못했다면 이것 역시 편집된다.

이미지들은 바로 이와 같은 방식으로 조직되고 편집되어 통제된다. 모든 것은 상품 논리 속에서 소비될 수 있는 것과 그렇지 못한 것의 기준을 통해 분류되고 위계화되는 것이다. 이러한 이미지들의 질서는 곧바로 주체의 삶의 질서를 규정하는 규범으로 작동하기 시작한다. 왜냐하면 매스미디어의 이미지들의 연쇄는 그것이 세계를 완벽하게 재현하고 있다는 도착적 신념 속에서 기능하는 것이기 때문이다. 미디어가 곧 세계이고, 따라서 미디어가 조직하는 이미지의 질서는 곧 세계의 사물들이 조직되는 질서 그 자체로 강제된다. 주체는 바로 그러한 이미지의 질서에 포획된 채로 소외되기 시작하며, 이것이 바로 유령이미지들에 대한 억압이 곧바로 인간의 존재 자체에 영향력을 행사하는 구조라고 할 수 있다.

* * *

1부와 2부에서는 주체의 자유로운 사유를 억압하는 근대와 현대의 새로운 억압 구조를 살펴보았다. 그 과정에서 '이미지의 영역'에 국한해 논의를 진행했던 이유는 3부에서 다루게 될 '현대 미술'의 전략으로 논의를 연결하기 위해서였다. 필자는 현대 미술에 대한 논의를 통해 결국 우리 시대의 억압 구조에 저항하는 실천의 한 유형을 독자들이 발견하게 되기를 희망한다.

미술이라는 실천은 인류에게 아주 오래전부터 '진리에 대한 욕망'을 실천하는 효과적인 도구로써 사용되었다. 이 책의 논의를 알타미라 동굴벽화를 그린 화가들로부터 시작했던 이유 역시 화가들의 진리에 대한 욕망을 염두에 두었기 때문이다. 화가들이란 언제나 진리와 환상 사이에서, 또는 공백과 이를 가리는 판타즘 사이에서 망설이는 태도를 보여왔다. 그리고 20세기 미술은 이전과는 조금 다른 독특한 위치를 확보하게 됨으로써 환영에서 비롯되는 쾌락보다는 진리를, 오직 그것만을 추구하는 경향을 보이게 된다.

현대 미술은 대중들에게 시각적 즐거움을 제공하는 전통적인 역할에서 벗어나, 오히려 이러한 즐거움의 환영 속에서 가려지고 은폐되는 진리의 존재를 밝히려 하는 욕망에 집중하게 되었다. 물론 현대 미술이 이와 같은 특성을 가지게 된 것이 스스로의 의지에 의해서였다고 할 수만은 없다. 예술가들이 진리를 추구하는 데 몰두하는 '윤리적' 입장을 취하게 된 배경으로 영화와 텔레비전을 비롯한 다양한 매스미디어가 시각적 쾌락을 제공하는 역할을 독점한 현상을 빼놓을 수 없다. 이제 예술가들은 할리우드식 엔터테인먼트 산업과 경쟁할 수 없다는 자각 속에서 눈의 즐거움을 생산하는 역할을 포기하게 되었고, 그 결과 오직 진리와 관계된 이미지에 집중할 수 있게 되었다.

필자는 3부를 통해서 이와 같은 '진리의 이미지'를 추구하는 예술가들의 활동을 살펴보고자 한다. 이들에 대한 이해는 결국 미술이라는 실천이 자본주의적 고전주의의 상품화 권력에 저항하는 양상을 드러내 보여줄 것이고, 나아가서 일상의 다른 많은 영역에서 벌어지고 있는 '진리 추구 행위'와 미술이 어떠한 공통분모를 가지고 있는지도 알려줄 것이다.

3부

현대 미술은
어떻게 유령이 되었나?

20세기 이후,
미술과 진리의 새로운 관계

> 우리는 공허와 함께 춤출 줄 알아야 한다. 그것은 위대한
> 유희이고 위대한 양식이다. (…) 허무주의? 아니다. 허무
> 주의는 엄밀히 말해 공허의 망각이다.
>
> _프랑수아 리보네François L'Yvonnet•

       인류는 오랜 기간 동안 그 자신의 목적을 위해 미술을 변화시켜왔다. 선사 인류는 주술적인 목적에서 동굴벽화를 그렸으며, 이집트의 장인은 내세로 떠나는 파라오를 위해 현세에서의 그의 삶을 피라미드 내부에 기록했다. 다비드는 혁명의 이상이라는 보편적 진리의 전파를 그의 그림의 목적으로 삼았고, 그 보편적 진리의 유한성에 진력이 난 들라크루아는 이국의 풍경에서 또 다른 진리의 길을 모색했다. 들라크루아보다 아랫세대인 마네가 새로운 시대의 공간 탐구에 모든 것을 바쳤다면, 모네는 사물의 본질은 공간이 아니라 빛이라는 사실, 오직 불확정적이며 언제나 유동적인 빛의

• 장 보드리야르, 《사라짐에 대하여》, 하태환 옮김, 민음사, 2012년, 서문에서 재인용.

세계가 존재 그 자체라는 사실을 증명하기 위해 그림을 그렸다. 그 이후로도 많은 화가들이 그 자신이 속한 시대가 추구하는 목적을 위해 다양한 형태의 예술작품들을 창조해왔다.

그러나 그 모든 양식적 다양함에도 불구하고 미술사를 관통해 발견되는 한 가지 공통점이 있는데, 그것은 바로 화가들이 '눈에 보이는 대로'의 세계를 재현하는 데는 별 관심이 없었다는 사실이다. 화가들은 오히려 눈앞에 주어진 '이미지의 리얼리티'를 구성하는 질서에 의문을 제기하는 비판적 관찰자로서, 관념이 개입되지 않은, '눈에 보이는 그대로의 세계 이미지'라는 개념이 허구에 불과하다는 사실을 본능적으로 알고 있었다. 인간의 시선은 세계를 만나기 전부터 이미 하나의 틀 속에서 작동하며, 따라서 가장 자연스러워 보이는 것이라면 오히려 더 의심을 해봐야 한다는 것이 그들의 생각이었다.

어떤 미술사가들은 사진의 발명으로 화가들이 리얼리즘을 포기하게 되었다고 말하지만, 화가들에게 리얼리티란 사진처럼 사물의 표면을 그대로 복제한다고 실현되는 것이 아니었다. 화가들은 언제나 주어진 리얼리티를 넘어서서 좀 더 깊은 곳에 있는, 좀 더 지속적이고, 좀 더 보편적인 어떤 것을 추구했다. 화가들의 관심은 이미지의 외관을 재현해 보여주는 데 있는 것이 아니라 그 너머에 존재하는 '진리'를 그리는 데 집중되어 있었기 때문이다.

예를 들어 보통 사람들은 별다른 감흥을 느끼지 못하는 나이 든 여인의 초라한 모습을 그릴 때도 화가는 그 표면적 이미지를 넘어서는 어떤 진리에 도달하고자 한다. 늙은 창녀의 누드를 그린 빈센트 반

고흐의 〈슬픔Sorrow〉은 바로 그러한 화가의 욕망이 잘 드러나 있는 작품이다.

빈센트 반 고흐, 〈슬픔〉, 1882년.

고흐는 이 데생에서 이미지의 표면적인 개별성으로부터 인간 정신 일반에 호소할 수 있는 '슬픔'이라는 보편적 개념에 접근하려 함으로써, 여느 상황이라면 오직 늙은 여인의 초라함만을 보게 되었을 이미지에서 전혀 다른 깊이를 드러내 보여주고 있는 것이다. 그리고 이를 통해 감상자는 눈에 보이는 것을 넘어서는 깊이를 욕망하도록 초대된다.

이처럼 화가는 인간에게는 고유한 능력인 진리에 대한 욕망을 이미지의 차원에서 실현시키는 사람이다. 인간은 언제나 주어진 것을 넘어서려는 욕망 속에서 문명을 건설해왔고, 미술은 그러한 문명 활동의 주요한 실천 범주로서 자신의 영역을 개발해왔다.

3부 현대 미술은 어떻게 유령이 되었나?

20세기
인문학의 전회

    그러나 화가의 욕망 역시 진리를 욕망하는 인간의 다른 모든 행위가 빠졌던 함정을 피해갈 수 없었다. 눈에 보이는 것 너머를 욕망하려던 나머지 화가들 또한 그 너머에서 발견된 대상(대상 a)을 마치 절대적이며 영원한 진리로 간주하는 함정에 빠졌던 것이다. 이러한 욕망의 함정 속에서 인간은 진리와의 관계를 신학적인 시각에서 정립하기도 했다. 인간의 욕망이 세계의 겉모습에 만족하지 않고 그 너머로까지 사유를 전개해나가려 할 때 마침내 이르게 되는 결론을 마치 영원한 진리인 양 믿게 되는 현상이 바로 그것이다.

    1부와 2부의 사례들을 통해서 이해해보고자 했던 '고전주의'의 사유가 바로 그러한 함정에 빠진 사유의 전형이다. 미술의 역사 역시 문명 일반의 역사가 그래 왔던 것처럼 욕망의 실천이 파생시키는 초월적 진리의 환상에 집착해왔고, 그러한 현상은 19세기까지 지속되었다. 그러나 20세기 초를 기점으로 해서 사정은 완전히 달라졌다. 20세기 이후 '진리'에 대한 전혀 다른 인문학적 관점들이 출현했기 때문인데, 이로써 '미술이란 무엇인가'라는 질문에 대한 새로운 답변이 출현할 수 있었다.

    20세기 이전의 관점에서 미술은 눈에 보이는 것 너머에 초월적이며 변하지 않는 진리의 실체를 그리는 행위였다(고전주의의 역사). 그러나 20세기 이후 화가들은 보이는 것 너머에 초월적인 무언가가 존재한다는 생각 역시 환영이라는 사실을 깨달았다. 따라서 그들은 눈에 보이는 표면적인 것들을 해체하는 동시에, 그 너머에 있다고 가정되는 초월적인 존재 역시 해체하기 시작했다. 그렇게 모든 환영을 제거하고 도달한 곳에서 예술가들이 대면하게 된 것은 공백이었고, "텅 비어 있음"의 이미지였다. 그렇다면 공백은 어떤 이미지를 가질 수 있을까? 화가들의 관심은 그것에 집중되었고, 이제 미술이란 해체의 과정이며, 해체의 끝에서 묘사되는 공허의 아름다움을 표현하는 행위가 될 수밖에 없었다. 미술은 진리의 텅 빈 자리에서 반짝이는 허무의 아름다움을 재현하는 정교하고 까다로운 기술이 되었던 것이다. 20세기 미술이 "해체주의 미술"이라 불리게 된 이유가 바로 여기에 있다.

그런데 예술이 이처럼 공허를 찬양하는 행위, 또는 눈에 보이는 모든 것에 대한 '의심'만을 강조하는 행위가 된다면 감상자, 아니 그보다는 화가들 자신에게 불행한 일이 아닐까? 모든 것을 의심한다는 것은 결국 아무것도 그릴 수 없게 되었다는 것을 뜻한다. 20세기 이후의 예술작품들이 발산하는 그 모든 난해한 해체의 향기를 단지 허무와 죽음의 냄새로만 파악해야 한다면 그보다 슬픈 일은 없을 것이다. 또한 현대 미술이 진정으로 허무주의적 이미지의 유희에 불과한 것이라면 예술의 종말을 말하는 수많은 20세기의 미학 담론의 주장을 순순히 받아들이지 않을 수 없게 되고, 감상자는 예술작품 속에서 보잘것없는 형식미의 유희와 그것들에 대한 거대 자본의 투자와 이윤

창출이라는 또 다른 상품 가치의 유희 이상을 발견할 수 없게 된다.

그러나 이제부터 필자는 미술에서의 허무주의를 말하는 이 모든 비평 담론들이 현대 미술의 본질을 정확히 이해하지 못하고 있다는 사실을 논증하려 한다. 그러한 담론들은 '진리'에 대한 인간의 태도가 20세기의 사유를 관통하면서 어떻게 변화하게 되었는지, 그리고 이 같은 진리와의 관계 변화를 예감한 예술가들이 그것을 가장 엄밀한 방식으로 추구하기 위해 어떻게 자신들의 전략을 수정하고 있었는지를 전혀 이해하지 못했던 것이다.

진리란
지식 체계에 난
구멍이다

그렇다면 20세기 인문학이 보여주는 진리에 대한 새로운 태도는 어떤 것일까? 질문에 답하기 위해서 우리는 20세기의 플라톤이라고 할 수 있을 정신분석학자 자크 라캉을 소환해 보고자 한다. 기원전 5세기 소크라테스에 의해 제창된 진리관을 인문학의 역사에 도입하여 사유의 새로운 가능성을 열었던 플라톤처럼, 라캉은 프로이트에 의해 태어난 무의식 개념을 진리의 역사에 도입하여 인류가 수천 년간 고수해온 사유의 방향을 전환시켰기 때문이다. 진리에 대한 라캉의 생각은 다음과 같이 요약된다. 즉 "진리란 지식 체계에 난 구멍이다". 이 정의는 그가 평생 동안 정신분석을 연구하면서 '대의Cause'로서 간직했던 것이었는데, 플라톤 이후 2300여 년 동안 지속되어 오던 진리에 대한 전통적 관점을 전혀 새로운 방향으로 재정립한 것이다.

라캉은 인간 사유의 내용들과 그 원인들이 모두 허구적인 토대를 가질 뿐 어느 것 하나 영원한 원인을 갖지 못한다는 주장으로부터 그의 이론을 시작한다. 라캉이 바라보는 인간사는 '색즉시공 공즉시색色卽是空空卽是色'과 별반 다르지 않다. 이미지들은 그것이 아무리 확고해 보이는 것이라 할지라도 결국은 주체의 판타즘을 구성하는 요소 이상도 이하도 아니다. 이것이 바로 라캉이 생각하는(세계의 리얼리티를 지탱하는) 지식-체계의 허구성이다. 그러나 바로 그렇기 때문에 어떠한 지식도 완전한 체계로서 존재할 수 없고, 그 체계 내에는 어딘가에 균열이, 즉 구멍이 존재하기 마련이다. 진리란 바로 이와 같은 지식의 체계에 필연적으로 존재하는 구멍(또는 구멍을 내는 효과)이라는 것이다.

그런데 여기서 반드시 기억해야 할 점은, 구멍이란 텅 빈 공간이며 그 자신을 둘러싼 공백의 가장자리 없이는 존재할 수 없다는 것이다(진리와 오류의 상호 의존성). 따라서 지식이 아무리 허망한 것이라 해도 그것이 없다면 그것의 상대항으로서의 진리 역시 존재할 수 없다. 참으로 묘한 발상이 아닐 수 없다. 만일 지식 자체는 불완전하고 따라서 진리가 될 수 없다고 말하기 위해서라면 그저 '모든 지식은 불완전하다'라고 말하는 것으로 충분할 것이다. 굳이 텅 빈 진리에 관해 말하지 않아도 지식 자체의 불완전성을 말하는 것으로 인간의 지식과 그것이 추구하는 진리와의 고전적인 관계를 해체하는 데는 부족함이 없기 때문이다.

그러나 라캉은 언제나 '진리'에 대해서 말한다. '진리'는 텅 빈 것이어서 무어라고 명명되거나 설명될 수 없다는 현실을 거부하기라도 하려는 듯, 라캉은 자신의 텍스트에 '진리'라는 단어가 '유령'처럼 떠다니는 것을 허용한다. 도대체 그는 왜 진리가 무엇인지 말할 수 없음에도 불구하고, 그리고 그것이 결코 드러날 수 없는 공백의 속성을 갖는 것임에도 불구하고 다른 해체주의 철학자들이 그러하듯 '진리란 없다'고 말하지 않았던 것일까? 이 같은 질문에 답을 구하기 위해서는 진리의 개념 자체에 대한 전혀 새로운 접근이 요청된다. 라캉에게 진리란 현실 너머에서 찾아지는 어떤 실체가 아니라 인간이 현실과 맺는 관계의 특수한 형식이기 때문이다. 진리를 이와 같이 파악하는 것은 진리를 사유의 종착지로 이해하는 관점을 넘어 사유의 창조적 출발점으로 간주한다는 것을 의미한다.

진리의
수조

라캉의 진리관을 좀 더 쉽게 설명하자면 다음과 같다. 우선 물이 가득 찬 깊은 수조에 한 사람이 햇살을 받으며 떠 있는 장면을 상상해보자. 반짝이는 햇살과 푸른 하늘이 수조의 물빛을 파랗게 물들이고 있다. 편안한 자세로 물 위를 떠다니는 사람에게 수조의 깊이는 관심 밖의 사안이다. 그런데 어느 순간 그는 그가 속한 세계, 즉 수조의 본질에 관해 질문을 던지기 시작한다. 수조의 밑바닥 또는 세계의 기원에 무엇이 존재하는지 알고 싶다는 욕망을 가지게 된 것이다(철학의 시작). 그리고 그 욕망으로 인해 그는 숨을 참고 부력과 싸우면서 수조의 아래쪽으로 헤엄쳐 내려갈 것인가 하는 결단에 직면하게 된다(철학적 실천에 대한 고민). 그런데 라캉이 보기에 그가 수조의 바닥으로 완전히 내려간다는 것은 상당히 어려운 일이다. 왜냐하면 그에게는 '하강'을 방해하는 부력浮力, 즉 자기 보호 본능이 있기 때문이다. 부력은 신체가 수조 바닥으로 완전히 가라앉는 것을 방해한다. 마찬가지로 정신 속에도 부력과 같은 것이 있어서 인간이 의식의 밑바닥으로 가라앉지 못하도록 방해하는데, 정신분석에서는 이것을 자아의 방어라고 부른다(쾌락원칙의 작용).

자아의 방어는 온갖 환상을 만들어내 인간 정신이 수조 밑바닥으로 내려가는 것을 연기하고 방해할 뿐 아니라, 완전히 가라앉기 전에 보았던 이미지를 수조 바닥의 이미지라고 착각하게 만들곤 한다. 최악의 경우에는 잠수하기도 전에 수면 위에서 상상했던 것을 바닥의 이미지라고 믿게 만들기도 한다. 바로 이러한 '부력의 방해' 속에서 수조의 신화가 만들어진다. 수조의 밑바닥에는 '모두가 보편적으로' 갖고 싶어 하는 보석이 숨겨져 있다든지(고전주의), 아니면 기괴한 형태의 물고기들이 살고 있다든지(낭만주의), 또는 바닥없는 '무한한' 심연이 펼쳐져 있다든지(신비주의) 하는 환상들이 사실로 받아들여진다. 그리고 바로 이 같은 환영들에 근거해서 수조의 '법', 수조의 바닥에 있는 위험들로부터 수조의 구성원들을 지키기 위해 바닥으로의 접근 금지라는 (상징적인 아버지의) 법이 만들어진다는 것이다.

그러나 라캉은 주체에게 이러한 수조의 환영들을 횡단해 바닥으로 잠수해 들어갈 것을 요청한다. 이것이 곧 정신분석에서의 윤리이고, '자신의 욕망을 양보하지 않는' 실천이다. 물론 여기서 라캉이 말하는 욕망은 수조의 바닥으로 향하는 위험한 욕망(죽음충동)이다. 그런데 만일 주체가 이 같은 욕망을 좇아 수조의 바닥에 이르게 되면 그는 분명 깊은 고독과 환멸에 빠지게 될 것이다. 수조 밑바닥에 등을 대고 누운 주체의 눈에는 아무것도 없는 차가운 바닥과 저 높이 아득하게 멀어진 수면이 보일 것이다. 또 수면에서 물장구치는 사람들의 형상이, 깊은 침묵 속에서 그 의미를 상실한 채 덧없이 떠다니는 모습도 보일 것이다. 아마도 그 순간은 인간 정신이 도달할 수 있는 가장 깊은 환멸의 순간일 것이다. 그곳에서 인간 정신은 삶을 가득 채우고 있던 진리에 대한 신념이 사라지는 것을 감당해야 한다.

그렇다면 과연 주체는 환멸을 가져다 주는 동시에 진리를 깨닫게 하는 그 심연 속에 그대로 머물러 있어야만 하는 것일까? 모든 것이 덧없다고 하는 절대적 허무에 사로잡혀 있어야만 하는 것일까? 물론 그럴 수도 있을 것이다. 그러나 수조 속에는 허무의 정서 외에 또 다른 것이 있다. 숨을 참을 수 없게 된 주체가 입을 벌리고 물을 들이켤 때, 그는 그 물이 짜다는 사실을 곧 알게 될 텐데, 과거 인류가 세계를 채운 환영들을 제거한 후 공백에 도달해 흘린 눈물이 수조를 채운 물의 정체이기 때문이다. 수조가 점점 더 깊어진 이유는 결국 수조 바닥을 향해 하강하려 했고, 비로소 바닥에 도달하는 데 성공했던 주체들이 세계의 공허를 견디기 위해 흘렸던 눈물이 차오르고 있었기 때문이다.

수조를 가득 채운 물은 그와 같은 환멸 속에서 다시 시작되었던 인류 역사의 고통스러운 흔적과 같다. 물은 곧 역사 자체를 구성하는 보편적 가치의 체계들이었다. 그것은 주체에게 거대한 환영을 강요하며 그가 수조 밑바닥으로 내려가는 것을 방해하는 '깊이'인 동시에 숨 쉴 수 있도록 그를 다시 수조 바깥으로 밀어 올리는 힘이기도 하다. 물(보편적 가치)이 존재하지 않는다면 바닥에 한 번 가라앉은 정신은 다시 수면 위로 올라올 수 없다.

라캉이 생각하는 진리의 형상은 바로 이런 것이다. 그것은 덧없는 삶의 환영들을 해체하면서 기필코 도달해야 하는 공백의 지점(색즉시공)이지만 결코 끝이 아닌, 아니 오히려 시작으로 간주해야 하는 지점(공즉시색)이다. 주체는 진리를 하나의 절대적 수렴점으로 생각하기보다 모든 것이 다시 시작될 수 있는 보편적 시작점으로 사유할 수 있어야 한다. 그럼에도 그러한 시작이 아무렇게나 발생할 수 있는 것은 결코 아니다. 삶의 모든 환영을 제거하고 다시 시작해야 한다고 해서 마치 모든 것이 허용된다고 생각해서는 안 된다. 왜냐하면, 다시 한 번 강조하건데 공백으로서의 진리 앞에는 역사가 존재하기 때문이다. 만일 공백만 있고 역사가 없다면 주체는 물 없는 수조의 밑바닥에 갇혀 죽음충동의 허무주의에 매몰될 것이다. 물 없이는 수조 밖으로 나올 수 있는 어떠한 방법도 없다.

역사는 다양한 가치(물)를 제공한다. 따라서 주체는 수조 밑바닥에 도달한 이후에도 물의 존재, 즉 역사가 남긴 눈물로서의 다양한 가치들의 존재에 의존함으로써 수조 바깥으로 다시 나올 수 있다. 정치에서라면 이러한 물에 대응하는 역사적 가치는 '자유', '평등', '박애'와 같은 개념들과 이를 위해 투쟁했던 혁명의 역사가 될 것이다(정치적 진리 개념 발명의 역사). 인간의 역사가 정치라는 실천들을 통해서 생산해낸 가치들이 '정치의 진리'라는 수조를 채우고 있는 것이다. 미술 영역에서는 각 시대의 미술을 지배하는 담론들을 거부하면서 수조의 밑바닥으로 하강하려 시도했던 투쟁의 역사가 남긴 가치(눈물)들—예를 들어 카라바조, 고야 또는 초현실주의— 이 미술사의 수조를 채우고 있다.

따라서 누군가 미술 영역에서 진정한 창조를 시도하려는 사람이 있다면 기존의 형식들을 해체하면서 무작정 수조 밑바닥으로 하강하는 용기만으로는 부족하다는 것을 깨달아야 한다. 미술의 진리는 하강과 동시에 이미 존재하는 미술사의 가치들을 참조하면서 그것들을 새롭게 해석하는 과정을 통해서만 실현되기 때문이다. '수조 밑바닥의 공백에 등을 댄 채 미술사를 거꾸로 올려다보는 실천'을 통해서만 미술은 비로소 허무주의에 익사하지 않고 창조로 이어질 수 있는 가능성을 획득할 수 있기 때문이다(이것이 다다와 초현실주의를 구분하는 결정적 차이이다).

미술,
유령이미지를 불러내는
마술

　　라캉은 바로 이러한 의미에서 진리를 지식
체계에 난 구멍, 또는 구멍을 내는 효과 자체라고 선언한 것이다. 지
식이 인류에게 역사와 같은 것이라면, 구멍은 균열을 의미하는 동시
에 역사의 가장 밑바닥을 암시한다. 이 둘의 관계는 상호적이며, 어
느 하나가 다른 하나에 선행하지 않는다(진리의 진리는 없다). 그럼에
도 구멍(공백)이 지식에 대해서 우월한 지위를 갖는다는 사실에는 변
함이 없다. 공백은 언제나 그곳에 있는 가장 보편적이며 항구적인 것
이지만, 지식은 변화하고 심지어는 변질되는 것이기 때문이다. 나아
가서 지식과 역사의 견고한 성벽 어딘가에 존재하는 공백은 성벽을
무너뜨리는 위험한 균열인 동시에 새로운 성을 쌓을 수 있는 가능성
의 시작점이기도 하다.

　　그러나 지식은 언제나 인간의 가능성이기도 한 공백을 은폐하거
나 억압하려 한다. 왜냐하면 지식 체계는 그 자신이 은폐하고 있는
공백의 출현을 억압함으로써만 체계의 완결성이라는 환상을 유지할
수 있기 때문이다. 따라서 주체가 자신을 유한한 한계 속에 가두는
지식과 역사의 억압에서 벗어나 새로운 창조의 가능성을 펼치려 한
다면 필연적으로 공백을 소환하는 절차를 거쳐야 한다. 지식 체계 어
딘가에 존재하는 균열점을 찾아내어 그곳에서부터 모든 것을 의심

하고 다시 시작하는 실천만이 새로움이라는 사건의 영역으로 주체를 인도할 수 있기 때문이다.

진리에 대한 이와 같은 새로운 이해 속에서 20세기의 예술가들은 지식 체계(미술사의 체계)를 해체하는 전략, 또는 지식을 공백과 동시에 출현하도록 하는 전략을 펼쳐왔다. 지식의 체계 또는 세계의 억압하는 구조는 공백에 접근하려는 모든 종류의 시도를 차단하지만 예술가들은 '진리'의 이름으로 이러한 차단에 저항하면서 공백의 연안가에 기필코 도달하려 했다. 그들은 그렇게 도달한 공백의 가장자리에서 피어오르는 다양한 이미지들의 매혹을 펼쳐 보여주면서 어떻게 공백이 때로는 아름답게 보일 수 있는지를 보여주었다. 결국 그들이 드러내는 것은 공백 자체가 아닌 공백에 대한 또 다른 환영들이었지만 그 환영들은 공백의 '없음이 있다'라고 하는 사실을 감추지 않았다. 이것이 20세기 화가들이 그려내는 공백의 이미지가 '슬픔에 대한 환희의 이미지'의 형식을, 또는 '덧없음에 대한 충만함의 이미지', 따라서 '환멸에 대한 아름다움'의 이미지의 형식을 갖게 된 이유이다.

이제부터 우리는 인간과 '진리'와의 새로운 관계 속에서 전개되는 20세기 미술, 공백을 소환하는 특수한 기술로서의 예술, 즉 유령이미지를 불러내는 마술로서의 미술을 만나볼 것이다.

스기모토 히로시,
이미지의 거식증

거식증의 경우 아이는 바로 이 무nothing를 먹는 겁니다.
_자크 라캉,《세미나 11》

사진의
욕망

20세기의 이후 가장 노골적인 방식으로 공백의 이미지를 포착해온 작가 중 한 사람이 일본의 사진 예술가 스기모토 히로시杉本博司이다. 스기모토 히로시를 3부의 첫 번째 예술가로 선택한 이유는 그가 20세기 이후 진리에 대한 주체의 태도를 가장 적극적으로 보여주는 이미지의 창조자이고, 그의 사진 이미지들이 보여주는 '소멸'의 정서가 이제부터 본격적으로 다루고자 하는 '유령이미지'의 속성을 가장 잘 보여주기 때문이다.

사진의 본질에 대해서는 이미 텔레비전 생방송의 이미지와 그 도착적 구조를 다룬 2부에서 논의한 바 있다. 사진은 죽은 이미지라는 속성을 지니며, '죽은 시간의 이미지'는 언제나 그것이 가진 정보의 한계를 넘어서도록 주체를 부추긴다. 사진의 이러한 기능은 사실상 이미지 일반의 진리 기능과 동일한 것으로, 이를 좀 더 명확하게 정리해 설명해보면 다음과 같다.

하나의 이미지 또는 한 장의 사진은 정보를 제공한다. 그러나 그 정보들은 결코 새로운 것들이 아니다. 왜냐하면 사람들은 그가 알아볼 수 있는 정보만을 이미지로부터 찾아내어 이미 알고 있는 지식을 재확인할 뿐이기 때문이다. 이와 같은 메커니즘 속에서는 세계에 대한 지식의 지배력이 더욱 강화될 뿐이다. 만일 이것이 이미지의 일차적 기능이라고 한다면, 인간의 욕망은 이러한 기능을 넘어서는 또 다른 효과를 발생시키게 되는데, 이미지들의 정보 너머를 보려고 하는 욕망(응시)이 그것이다. 이미지는 자신이 드러내는 세계의 이면을 암시하면서, 인간의 응시를 세계의 외관 너머로 초대하는 기능을 한다. 하나의 이미지는 이렇게 두 가지 효과를 동시에 발생시킨다. 보이는 그대로를 믿게 하는 효과와 다시 그것을 의심하게 하는 효과.

2부에서 다루었던 매스미디어 이미지들은 주로 '믿도록 하는 효과' 속에 인간의 사유를 가두려고 하는 도착적 기능을 지닌 것들이었다. 이러한 기능 속에서 인간의 욕망은 가짜 충만성의 이미지 속으로 유배되고, 그곳에서 거짓된 유토피아를 향유하게 된다. 그러나 사진 이미지는 이미지 일반이 지닌 기능 중에서도 '의심하게 하는 기능'을 더 잘 보여준다. 특히 그것이 개인적인 과거의 이미지와 관련되어 있을 경우 그와 같은 욕망을 더욱 부추기는 듯 보이는데, 이것을 2부에서는 '노스탤지어가 주는 시간의 미래성'이라는 말로 설명했다. 자신의 과거 이미지를 사진을 통해 만나게 되는 순간 인간은 '노스탤지어'의 감정과 함께 사진 이미지의 정보들이 속한 세계의 한계 바깥으로 넘쳐흐르는 욕망을 경험하기 때문이다. 이러한 감정은 특히 자신의 존재와 관련된 정체성에 질문을 던지기 시작할 때 두드러진다. 왜냐하면 인간은 자신의 주어진 모습, 세계의 질서가 우리에게 부여하는 정체성의 한계에 결코 만족하지 못하고 자신의 본질에는 그보다 더 깊이 있고, 그보다 더 중요한 것이 감춰져 있다고 생각하는(욕망하는) 경향이 있기 때문이다.

사진 속에서 인간은 존재에 대한 이 같은 욕망을 동일한 방식으로 반복한다. 사진 속 이미지를 통해서 느끼는 아득함과 그리움은 사진이 보여주는 것에 대한 향수가 아니라, 사진이 감추며 보여주려고 하지 않는 것에 대한 향수이다. 이미지는 그렇게 자신이 가진 것을 통해 주체를 끌어당기기보다 자신이 상실한 것을 통해 주체를 유인한다. 이미지는 자신이 속한 질서가 초과되는 현상 속에서 인간의 욕망을 자극하는 것이다. 물론 모든 이미지가 초과의 현상을 보여줄 수 있는 것은 아니다. 이미지는 스스로가 조직되는 방식에 따라서, 또는 인간과 만나게 되는 형식에 따라 더 많이 초과하거나 전혀 그렇지 않거나 할 수 있기 때문이다.

사정이 그러하다면 인간이 사진 속에서 보려고 욕망하나 언제나 상실된 것으로 간주되는 '대상'이란 도대체 무엇일까? 인간이 자신의 존재와 관련하여 질문을 던질 때, 자신을 규정하는 세계의 상식적 용어들로부터 빠져나간다고 생각하는 존재의 진실은 도대체 무엇일까? 하나의 사진 이미지로부터 발견되는 아쉬움, 이것이 전부가 아니라는 확신의 그리움은 무엇에 관한 그리움일까? 그것은 우리가 일반적으로 상상하는 충만성에 관한 것일까? 어린 시절 잃어버린 상상적 충만함에 대한 그리움과 애도의 감정일까? 물론 그럴 수도 있을 것이다. 상실된 충만성에 대한 이러한 설명은 사실상 욕망의 본질을 설명하는 가장 주요한 이론이기 때문이다. 인간은 결국 사진 속에 흔적으로 남아 있는 잃어버린 과거의 충만함, 사실에 있어서는 단 한 번도 존재한 적이 없었던 그것에 대한 환영을 그리워하는 것이다.

그러나 이것이 전부는 아니다. 사진의 '낡은 이미지'가 인간을 욕망하게 하는 것은 그들이 충만할 수도 있었을 어느 한 시점을 지시하고 있기 때문이 아니라, 오히려 그 이미지들이 인간의 욕망을 그들 너머에 있는 특수한 공간으로 향하도록 하기 때문이다. 그곳이 바로 '공백'의 장소, 또는 공백으로서의 '존재'의 장소이다. 공백은 그곳, 충만성의 환영이 존재하는 바로 그다음, 바로 그 너머에 존재한다.

공백과 충만성의 이와 같은 관계는 이 둘을 서로 구별된 요소로 파악할 수 없도록 한다. 왜냐하면 충만함이란 그것이 상실되지 않았다면 그리워할 수 없는 것이며, 충만함에 의해 가려져 있지 않았다면 상실 또는 공백이 욕망을 야기할 수 없을 테니 말이다. 공백은 충만함의 환영을 만들어내고, 충만함의 환영은 공백이 있는 곳으로 욕망을 끌어들인다. 그러나 이 두 요소 중 '실재'로서 존재하는 것은 공백이다. 충만함의 환영이란 공백의 구멍이 사후적으로 만들어낸 욕망의 유도물에 불과하기 때문이다. 오래된 사진 속에서 발견하는 초과하는 효과, 이미지들 너머로 욕망하도록 하는 효과의 가장 본질적인 위치에는 그렇게 공백이, 영원한 상실이 존재한다.

물론 이처럼 은폐된 공백에 인간의 응시는 이르지 못할 것이다. 왜냐하면 이미지 너머에 존재하는 영원한 상실과 절대적인 부재의 현실을 인간 정신은 견딜 수 없기 때문이다. 바로 그러한 이유로 응시의 욕망은 완결되지 못한 여정에 대한 보상으로 주어지는 한 줌의 쾌락, '충만함의 환영'인 그것에 잠시 만족할 뿐이다.

그러나 여기서 주어지는 충만성은 언제나 보잘것없는 한 줌의 환영일 뿐이며, 그래서 만족은 순간적이다. 그것은 언제나 아쉽고 언제나 충만성 그 자체는 아닌 것, 따라서 충만성에 대한 단순한 표상에 불과할 따름이다. 그래서 응시는 다시 더 나은 욕망의 대상을 찾아 떠나는 여행을 반복할 수밖에 없다(응시 개념과 욕망의 구조에 대해서는 1부를 참조할 것). 이것이 바로 사진을 비롯한 이미지 일반이 가진 욕망의 구조이다.

이미지의
거식증

그런데 어떤 사진은 이와 같은 욕망의 순환적 구조의 한계를 넘어서는 이미지를 보여준다. 스기모토 히로시의 사진이 그 대표적인 예이다. 그의 사진 속 이미지는 보이는 정보의 한계 너머로 인간의 욕망을 이끌어가는 역할을 수행할 뿐 아니라, 그 너머에서 만나게 되는 모든 환영들이 폐기될 때까지 이미지의 파괴적 욕망을 밀어붙이는 힘을 보여준다.

바다를 촬영한 스기모토 히로시의 작품을 보자. 잿빛에 가까운 무겁고 어두운 색조의 바다가 부동의 이미지로 제시되고 있다. 스기모토는 19세기에 사용되던 대형 카메라로 작품을 촬영하는데, 조리개를 장시간 열어두는 장노출 기법을 주로 사용한다. 바다의 무겁고 완고한 이미지는 이러한 촬영 기법으로 완성된 것이다. 장노출 기법의 특징은 사물의 고정된 이미지보다는 운동의 보편적 흔적을 드러내는 데 있다. 쉽게 말해 필름에는 사물들의 움직임의 '평균'이 이미지로 남게 된다. 정적으로 보이는 해수면과 하늘이라 해도 시간이 흐르는 동안 다양한 움직임과 변화를 보여주었을 것이 분명한데, 장노출 촬영은 그 모든 움직임의 세세한 변화를 넘어서는 일종의 종합만을 기록하게 되는 것이다.

그런데 세계의 풍경을 재현하는 스기모토의 방법은 철학이 존재의 진리에 접근하는 양상과 유사한 면을 보인다. 철학 역시 변화무쌍한 우주의 본질에 접근하고자 할 때 동일한 방식을 취하기 때문이다. 모든 변화하는 것 저 너머에 영원히 변화하지 않는 절대 부동의 존재를 찾는 것은 전통 철학의 아주 오래된 꿈이었다. 그런데 스기모토의 사진은 철학이 그토록 찾아 헤매던 진리의 형상을 담고 있는 것이다. 그렇다면 스기모토의 사진 속에서 볼 수 있는 진리는 어떤 형상을 하고 있을까? 그것은 어떤 종류의 '슬픔'이 아닐까?

스기모토 히로시, 〈아일랜드 해, 맨 섬Irish Sea, Isle of Man〉, 1990년.

　스기모토의 사진은 바다의 이미지가 도달할 수 있는 가장 텅 빈 형상을 제시하고 있다. 사진은 바다의 풍경이 필름의 표면으로 쏘아 보낸 장시간의 빛의 흔적을 담아서 세계의 다양한 존재자들에 대한 하나의 종합을 제시하고 있음에도 불구하고, 충만함을 상실한 이미지를 보여준다. 그것은 오히려 텅 비어 있는 공허한 이미지일 뿐이다. 왜 그럴까? 어째서 세계는 그 자신의 움직임과 변화들을 한껏 담아 놓은 이미지 속에서 소멸해가고 있는 것일까? 혹은 어째서 모든 것이 궁극적으로 도달하게 되는 곳에서의 세계 이미지는 소멸하는 공허의 이미지와 닮은 것일까?

이 모든 질문에 대해 스기모토는 한 장의 사진으로 대답을 대신한다. 사진은 우리가 세계의 풍경에 집착하고 그것의 이미지를 더욱 오래 보려고 하면 할수록—장시간 노출이라고 하는 상징적면서도 또한 실질적이었던 수단을 통해서 이미지에 대한 너무 많은 욕망, 즉 너무 많이 먹으려는 '폭식증 bulimia'을 표현할수록—오히려 아무것도 볼 수 없다는 것을 보여준다. 이미지의 폭식증은 이미지의 거식증 anorexia으로 급격히 전환되는 과정 속에서 진리를 드러내는 것이다. 너무 많이 보려고 하는 폭식증의 눈은 곧 보는 것을 거부하는 거식증의 눈으로 추락한다. 여기서 보려고 하지 않는다는 것은 결국 세계 이미지들의 환영을 거부한다는 것을 의미한다. 이미지의 환영을 거부하고 오직 진리만을 보려는 욕망은 '진리에 대한 폭식증'이 도달하는 최종적인 형태로서의 거식증으로 표현된다. 거식증의 눈은 오직 공백만을 보려고 한다. 임상적 증상으로서의 신경증적 거식증이 아무것도 먹지 않으려는 거부가 아니라 오히려 가장 궁극적인 것을, 공백을, 오직 그것만을 먹으려 한다는 점에서 스기모토의 이미지는 거식증의 이미지이다.

공백을 먹는
거식증

스기모토의 사진 이미지를 설명하기 위해 언

급한 '거식증'의 개념은 정신분석이 인간의 충동을 설명하고, 이에 근거해서 임상적 차원의 치료를 하기 위해 구조화시킨 증상이다. 거식증은 음식물을 거부하는 증상으로 생물학적 원인이 아닌 심리적 원인을 갖는다고 알려져 있는데, 대부분 '폭식증'으로 돌변하는 양상을 보인다. 한동안 음식물을 거부하던 사람이 갑작스레 폭식을 하면서 짧은 시간에 많은 음식을 먹고, 곧 위 속의 내용물을 토해내는 악순환을 반복하는 증상이다. 라캉은 거식증의 내부에서 작동하는 '쾌락'과 '욕망'의 구조를 통해 이 증상에 고유한 메커니즘을 밝혀내고 있는데, 이에 따르면 거식증 환자는 먹지 않는다고는 하지만 그럼에도 무언가를 먹고 있고, 그 무엇이란 바로 '무 nothing' 또는 '공백 void'이라는 심리적 대상이다. 이 같은 설명이 모순적으로 느껴지겠지만 일반적으로 '먹는다는 행위'를 통해서 이해할 수 있는 쾌락과 충동의 두 가지 서로 다른 차원을 비교해본다면 쉽게 이해할 수 있다.

어린아이를 예로 들어보자. 아이는 배가 고프면 울기 시작하는데, 운다는 것은 아이가 불쾌, 즉 긴장을 느끼기 시작했다는 것을 의미한다. 다시 말해서 쾌적했던 상태, 즉 배가 적당히 부른 상태가 끝나려고 하는 것에 저항하는 것을 의미한다. 이때 아이의 울음은 높아 가는 심리적 긴장을 해소해달라는 신호이다. 울음소리를 들은 아이의 부모는 아이에게 음식을 먹일 것이고, 아이는 다시 만족 상태에 놓이게 된다. 심리적 긴장의 강도가 다시 약화된 것이다. 그런데 만일 부모가 아이의 긴장이 약화되었음에도 불구하고 계속해서 음식을 먹이려 한다면 아이는 울면서 음식을 거부할 것이다. 다시 말해서 너무

3부 현대 미술은 어떻게 유령이 되었나?

많은 음식물 역시 아이에게 긴장을 유발한다는 말이다.

아이는 너무 적게 먹거나 너무 많이 먹은 상태가 아닌 적절한 상태의 쾌락을 유지하려 한다. 정신분석에서는 이를 '쾌락원칙'이라 부른다. 그런데 아이의 입과 관련해서 한 가지 기억해야 할 것은, 아이의 입은 음식을 먹는 데만 사용되는 것이 아니라 어머니의 젖을 빠는 데도 사용된다는 점이다. 아이는 모유를 먹을 때뿐만 아니라 더 이상 모유를 먹지 않게 되었을 때에도 어머니의 젖을 빨려고 하고, 그러한 행동이 금지되면 손가락이나 고무젖꼭지와 같은 대체물에 집착한다. 이러한 집착은 음식물을 대할 때와는 다르게 만족을 모르는 '폭식'의 경향을 보인다.

웬만한 노력으로는 한번 손가락을 빨기 시작한 아이에게 이를 금지시키기 쉽지 않은데, 아이가 보이는 이러한 '입의 충동'을 정신분석에서는 '구강충동'이라 부르며 쾌락원칙과 구별한다. 구강충동은 쾌락원칙과 달리 그 대상, 즉 어머니의 가슴이 상실되었기 때문에 발생하는 충동이기 때문이다. 여기서 어머니의 가슴이라는 대상이 상실되었다는 것은 곧 인간의 고유한 욕망의 대상이었던 어머니의 완전함 자체가 상실되었다는 것을 의미한다. 따라서 구강충동은 인간의 충동이 상실(공백) 그 자체를 향해 뿜어져나가는 속성을 갖는다는 것을, 또한 그러한 충동이 언제나 쾌락원칙의 한계 바깥으로 일탈해나가려 한다는 것을 증명한다.

구강충동은 욕망하는 대상의 '근본적 상실'이라는 사건이 구강의 영역에서 물리적 효과로 등장하는 것으로 세계의 본질적 불완전함에 대한 육체적 반응이라고 할 수 있을 것이다. 성인이 된 후에도 사라지지 않은 구강충동은 때로는 다양한 방식으로 그 형태를 바꾸어서 삶의 전면에 등장하는데, 거식증에서는 이것이 공백을 먹는 형식으로 난타난다. 거식증 환자는 음식을 거부하는 동안 허기에 대한 긴장을 더욱 강화시키는데, 이 긴장은 강한 쾌락을 유발한다. 이러한 쾌락은 환자 자신이 결코 알 수 없는 무의식적 향유와 같은 것으로 무의식적이기에 더욱 환자를 붙들고 놓아주지 않는다. 그것은 가장 중요한 것, 환자가 잃어버린 것 중에 가장 최초의 것, 즉 어머니라는 대상의 상실을 먹고 있을 때 느낄 수 있는 쾌락이기에 그토록 강력하다. 그것은 항상성을 유지하려는 쾌락원칙에서의 쾌락보다 한층 위험하지만 그만큼 더 자극적이다. 심리적 충동이 쾌락의 한계를 넘어서는 쾌락, 즉 죽음충동에 근접하는 위험의 순간에 맛볼 수 있는 향유 가운데 하나가 거식증의 쾌락인 것이다.

격렬한 환멸과
슬픔의 정서

스기모토의 사진 속에서 발견되는 충동 역시 이와 동일한 것이라 할 수 있다. 물론 스기모토의 작품들은 '응시'라고 하는 '시관충동'의 개념을 통해서도 설명될 수 있다. 그러나 구강충동으로서의 거식증 개념을 통해 그의 작품을 설명하는 이유는, 그것이 그의 사진이 장노출 촬영으로 보여주는 진리에 대한 폭식증과 거식증의 의미를 더욱 선명하게 부각시켜 사진이 드러내는 공백을 더 잘 이해할 수 있게 해주기 때문이다.

그런데 스기모토의 거식증적 이미지, 즉 공백을 먹는 이미지의 효과 속에서 한 가지 분명히 해야 할 것이 있다. 그것은 스기모토의 사진이 비록 거식증의 효과를 보여주고 있기는 하지만, 그 자신을 또는 그의 사진 앞에 선 감상자를 거식증자로 만들지는 않는다는 사실이다. 왜냐하면 거식증자란 자신의 충동이 무엇을 의미하는지 결코 이해하지 못하는 신경증 환자이지만, 작가로서의 스기모토나 사진의 감상자는 거식증적 이미지의 충동이 의미하는 바를 '이해하도록 초대된' 존재들이기 때문이다(이것은 예술작품의 고립 기능을 통해서만 가능해지는 결정적 차이이다. 작품은 감상자가 작품이 재현한 경험에 몰입하지 않으면서도 그것의 감각을 사유할 수 있게 한다).

여기서 감상자는 스기모토의 사진 이미지가 장시간의 노출로 세계 이미지의 끝에 도달하고자 한 이유와 그 충동을 이해할 수 있는 주체이며, 마땅히 그래야만 하는 주체이다. 그는 카메라의 노출이 더 지속될 경우 이미지가 완전히 소멸될 위험에 처할 수도 있다는 사실을 인지하고 있는 주체이기도 하다. 감상자로서의 주체는 세계의 모든 환영을 파괴하는 동시에 그 폐허 위에 어떠한 새로운 환영도 불러들이지 않을 수 있도록 통제되고 조율된 주체이다. 그는 수조의 밑바닥으로 하강하고자 하는 충동에 사로잡힌 주체이며, 그렇게 도달한 심연에 등을 대고 누움으로써 그 어떤 환영도 허락하지 않는 주체이다.

바로 그러한 작품-주체의 조건 속에서 스기모토의 사진은 공백을 사수하고 그것을 고스란히 출현시키기 위한 상징계의 장치들로 구조화된다. 그의 작품이 지닌 멜랑콜리의 정서가, 노스탤지어를 자극하는 단색조의 유혹이, 마치 율리시스를 유혹하는 사이렌의 노래처럼 감상자를 끌어들이고 있는 것은 사실이지만, 그 유혹은 20세기 이전의 예술작품들이 구사했던 유혹과는 좀 다르다. 그의 작품에서 느껴지는 유혹은 관객을 판타즘 속으로 끌어들이고는 있지만, 작품은 그 유혹의 끝에서 공백의 형상을 드러내는 것으로, 다시 말해서 격렬한 환멸과 슬픔의 정서를 드러내는 것으로 유혹하기를 중단하기 때문이다. 유혹의 갑작스러운 중단은 또한 감상자에게 폭력적일 수 있는데, 감상자는 작품이 제시하는 공허의 이미지 앞에서 세계의 가치들에 대한 모든 초월적 믿음을 포기할 것을 강요당하기 때문이다. 스기모토의 사진은 이미지의 매혹과 폭력의 간극 사이에서 스스로가 환영인 것을 숨기지 않는 유일한 이미지인 유령이미지를 출현시키고 있는 것이다.

스기모토의
유령

스기모토의 작품이 가진 힘은 관객으로 하여금 새롭게 욕망하도록 만든다는 데 있다. 그의 사진 앞에서 보았던 공백의 매혹을 작품을 떠나서도 잊지 못하게 강제하는 힘이 그것이다. 그의 작품이 주는 매혹과 환멸이 뒤섞인 당혹스러운 정서를 경험한 사람이라면 다시는 이전과 같은 시선으로 세계를 볼 수 없게 될 것이다. 세계의 이미지들이 감추고 있는 것, 이미지들 너머의 최종적 이미지가 어떤 모습인지 체험한 사람으로서는 일상의 모든 이미지들에 대해서 끊임없이 그 너머를 향하려는 '응시'를 욕망할 테니 말이다.

물론 그럼에도 불구하고 환영적 삶은 다시 시작된다. 인생에 관해 투사되는 온갖 종류의 환영은 다시 세상에 대한 자신의 견고한 지배력을 확보할 것이다. 예술작품 하나를 보았던 경험이 이 모든 환영의 건축물을 허물 수는 없으며, 그래서도 안 된다. 그러나 우리는 분명 미술관을 벗어난 어느 장소, 어느 순간에 다시 그 작품을 통해 경험했던 것과 비슷한 체험을 하게 되어 있다. 왜냐하면 미술관에서 봤던 사진의 이미지—사라짐의 이미지—는 우리가 다른 어디에서라도 볼 수 있는 세계의 가장 본질적이며 보편적인 이미지이기 때문이다. 만일 우리가 다시 그것과 만나는 우연 속에서 스기모토가 했던 것처럼 카메라의 조리개를 오래도록 열어놓을 수 있다면, 다시 말해서 우리의 발걸음과 시선을 정지시키고 오래도록 세계의 풍경을 바라볼 수 있다면, 우리는 스기모토가 보여주려고 했던 이미지(세계의 이미지들이 소멸하는 광경)와 동일한 것을 보게 될 것이다.

그렇다고 멈춰 서서 오래도록 바라본다는 행위가 언제나 진리에 접근하게 하는 것은 아니다. 르네상스인들은 멈춰 선 채로 오래도록 세계의 풍경을 관찰한 끝에 오히려 진리와는 가장 거리가 먼 원근법의 틀을 창조했다. 그러나 이제 우리는 그와 같은 인위적 틀에 사유가 간히도록 내버려둬서는 안 된다는 사실을 잘 알고 있다. 스기모토 역시 그와 같은 사실을 이해했다. 그래서 그의 멈춰 선 응시는 그리기보다 지우는 것을 선택한다. 더 많이 보여주는 방식으로 더 많이 지울 수 있다는 것을 증명하면서 말이다. 바로 이것이 유령이미지의 전형적인 모습이다.

유령이미지는 삶의 질서화된 이미지들의 연쇄가 정지될 때, 혹은 그와 같은 이미지의 자연스런 흐름이 갑자기 느려질 때 불현듯 등장하는 어떤 효과이다. 유령이미지의 출현은 결국 삶의 질서가, 진리라고 믿고 있는 세계의 질서가 얼마나 허망한 것인지 폭로하면서 우리에게 '다시 그리고 더' 욕망할 것을, 세계에서의 삶을 처음부터 '매번' 다시 시작할 것을 강제한다.

앤디 워홀,
20세기의 풍경화가

스기모토의 작업이 주로 '세계의 가장 깊은 이미지'를 사진 예술의 영역에서 보여주고자 한 시도였다면, 그보다 10여 년 앞서 서구 미술사의 전면을 화려하게 장식했던 팝아티스트들은 세계의 표면, 즉 풍경의 이미지를 가장 정확하게 보여준 예술가들이라 할 수 있다. 풍경화라고 한다면 일반적으로 세계-자연을 구성하는 실질적 이미지를 보여주어야 한다고 생각할 수 있다. 그러나 시대의 실제 모습에 접근하려는 풍경화가 또는 풍속화가라면 당연히 대상의 단순한 재현에 만족하지 않을 것이다.

15~16세기 네덜란드에서 활동한 화가 히에로니무스 보스Hierony-mus Bosch의 기이한 풍경화를 보자. 이 그림을 먼저 소개하는 이유는 '시대의 풍경'이라는 것이 결코 단순한 외관을 의미하는 것은 아니라는 점을 강조하기 위해서이다. 진정한 풍경화라면 이 그림에서처럼 그 시대의 문명이 낳은 상상력과 형이상학적 요소들까지 포함해야

히에로니무스 보스, 〈쾌락의 정원〉, 1490년~1510년경.

한다.

15~16세기 네덜란드의 현실 풍경은 분명 이 그림에서 보이는 것처럼 종교적인 동시에 지금으로서는 터무니없이 느껴지는 환상에 대한 집착과 두려움을 포함하고 있었을 것이다. 보스는 세계의 단순한 외관이 아닌, '시대의 의식과 무의식'을 그렸던 것이다. 그렇다면 20세기 예술가들이 본 '시대의 이미지'는 어떤 것이었을까? 실제보다 더 실제처럼 보이는 매스미디어 이미지가 현실 이미지를 대체하며 '현실과 재현의 전통적 관계'를 전복하는 시대, 사람들이 도리어 텔레비전 이미지를 모방하는 시대에 그들이 본 것은 아마도 매스미디어 이미지에 압도당한 일상의 풍경이었을 것이다.

이 같은 현실에 가장 민감하게 반응하고 가장 정확하게 대응한 예술가들이 바로 팝아티스트들이었다. 그들은 텔레비전이나 할리우드 영화의 스타 이미지를 복제하거나, 인기 만화의 컷들을 재생산하는 방식으로 그들 삶의 풍경들을 드러내려 했다. 특히 20세기 가장 위대한 예술가라 평가되는 앤디 워홀 Andy Warhol은 고도 자본주의 사회에서 매스미디어가 어떠한 방식으로 우리 삶을 변화시켰으며, 그 변화된 삶이 어떠한 구조로 작동되는지를 간파한 몇 안 되는 '현자' 중 한 사람이었다.

반복되는
이미지들의
세계

그렇다면 워홀이 간파한 20세기 풍경의 본질, 그 토대를 이루는 구조는 무엇이었을까? 워홀에게 그것은 언제나 깔끔한 방식으로 연속되는 '반복의 구조'였다. 그것은 기계적 반복 속에서 모든 사물의 다양성을 획일화하는 유니폼화 현상, 즉 규격화 현상이라고도 할 수 있다. 특히 '반복'은 대량생산과 대량복제를 특징으로 하는 자본주의 문화의 가장 본질적인 기능이다. 동일한 제품을 무한 반복하여 생산하면서 자본주의는 인간 욕망의 불확정성과 무한성을 유한한 것으로 만들어 규범화하고 차단했다. 그 결과 사람들은 언제나 타인과 똑같은 것만을 욕망하도록 길들여지고 거기에 만족하게 되었다. 백만장자와 거지 그리고 대통령과 말단 관리가 모두 똑같은 콜라, 똑같은 햄버거를 먹는 사회는 일정 정도의 평등을 이룬 것처럼 보일 테니 말이다. 이처럼 정치 영역에서의 평등을 대체한 자본주의적 평등은 모두가 평등하다는 착각을 불러일으키며 사람들을 만족시켰다.

이것은 2부에서 살펴보았던 매스미디어 세계에서 벌어지는 이미지의 평준화, 평면화와 관련한 현상이기도 하다. 우리 삶을 채우는 개별성과 다양성이 자본주의의 소비 논리에 통합되어 동일한 방식으로 분절되면서 세계 이미지는 점점 더 깊이를 상실하고 따라서 단일한 평면으로 조직되고, 그 외부는 존재하지 않는 것으로 은폐된다. 앤디 워홀이 우리 시대의 풍경으로 그려 보여주는 것은 바로 이러한 '평면적이면서 동시에 반복되는' 이미지들의 세계이다. 워홀은 이러한 반복 이미지를 '실크스크린'이라는 판화 기법을 통해 생산했다. 그는 자본주의의 대량생산 시스템과 그것이 가져다주는 다양한 편리함을 찬양하는 발언을 끊임없이 떠벌리면서, 자신의 작업에서도 역시 그와 동일한 시스템을 고집했다. 자신의 작업실을 '공장factory'이라고 명명하고, 고용한 노동자들이 그 대신 작업하여 작품을 생산하도록 한 것이다.

앤디 워홀의 이 모든 행위는 일견 자본주의 시스템의 논리를 어떤 비판도 없이 수용하여 재현하고 있는 듯 보인다. 그의 작품들은 마치 우리 사회의 대량 소비문화가 지닌 밋밋하고 허무주의적이지만 그럼에도, 혹은 바로 그러한 느낌 때문에 오히려 강조되는 무미건조함의 매혹을 찬양하고 있는 것처럼 보이기 때문이다. 그는 언론과의 인터뷰에서 수차례 자신은 '기계machine'를 좋아하며 "기계처럼 되고 싶다"고 말했다. 분명 그의 삶과 작품에는 대량생산과 대량복제의 시대가 보여주는 기이한 기계적 매혹이 발산되고 있음을 부정할 수 없는데, 바로 그러한 매혹이 그의 작품에서 가장 첫 번째로 우리의 시선을 잡아끄는 덫의 기능을 한다. 그러나 그의 작품이 이 첫 번째 요소로만 이루어진 것은 아니다. 그것은 감상자의 시선과 발길을 붙잡는 최초의 덫에 불과하다. 만일 감상자가 그의 작품이 초대하는 길을 따라서 한 걸음만 더 내디딘다면 그는 '반복'이라는 작품의 외관이 감추고 있는 전혀 다른 현실과 만나게 될 것이다. 그렇다면 반복과는 전혀 다른 그것은 도대체 무엇일까?

앤디 워홀의 〈재클린 II〉는 당시 매스미디어를 통해 무한 복제되고 있던 재클린 케네디Jacqueline Kennedy의 이미지를 실크스크린 기법으로 '다시 재생산'한 작품이다. 특히 이 작품은 암살당한 케네디 대통령의 장례식에서의 재클린 케네디를 찍은 신문 보도 사진을 다시 복제한 것인데, 여기서 먼저 주목되는 것은 역시 반복 효과로서의 규범화 또는 평면화와 총체화이다. 당시 앤디 워홀은 매스미디어 이미지의 세계가 정치적 인물들과 할리우드 스타들의 영역을 뒤섞으며 모든 것을 스펙터클의 영역, 즉 쇼의 영역으로 만들어버리는 현상에 주목했다. 그것은 매스미디어가 다양한 기원을 가지는 개별적 이미지들을 '소비 품목'이라는 단일한 영역으로 포획하면서 그들이 본래 가지고 있던 고유한 질서, 즉 정치와 영화 사이의 차이를 파괴하는 현상이기도 했다.

앤디 워홀, 〈재클린 II〉, 1966년.

　이처럼 이미지들의 개별적 세계의 고유한 구별과 가치들이 사라
지고 나면 오직 '반복'만이 남게 된다. 반복은 마치 그것이 세계의 유
일한 질서인 것처럼 무한히 자신의 기능을 확장시켜나가고, 이미지
들의 세계에서 '도착적인 향유'라고 할 수 있는 폐쇄적 효과를 불러
일으킨다. 앤디 워홀이 자신의 작품에서 마치 찬양하듯 적극적으로
모방한 것 역시 고도 자본주의 사회에서의 생산과 소비의 '반복 이
미지'가 가진 도착적 매혹이었다. 그러나 조심스러운 감상자라면 워
홀이 단순히 반복 이미지를 보여주는 것으로 만족하고 있지 않다는
사실을 눈치챌 수 있을 것이다. 워홀 작품의 반복 이미지 속에서 궁
극적으로 발견되는 것은 오히려 '반복될 수 없는 어떤 것'이기 때문
이다.

다시 작품에 주목해보자. 재클린 케네디의 이미지는 검의 정장 차림으로 두 번 반복되고 있다. 검은 정장은 그녀가 남편인 케네디의 죽음을 애도한다는 것, 즉 죽음에 대한 애도의 표상이라는 것을 암시한다. 그런데 매스미디어는 일반적으로 이와 같은 죽음의 사건이 지닌 개별성을 무한 반복하여 보여줌으로써 그 사건을 소비될 수 있는 것으로 단순화한다. 그렇게 해서 죽음의 이미지는 불확정성과 불가지적인 요소들, 즉 본질적인 모호함을 완전히 제거당하게 된다. 자본주의의 대량생산과 대량소비의 체제 속에서 죽음은 더 이상 심각하거나 걱정할 대상이라기보다 소비될 수 있는 수준으로 평면화된 대상이 되고 만 것이다.

다른 많은 인류의 심리적 대상과 가치들에 대해서 그러했던 것처럼 매스미디어는 죽음에 대해서도 인간의 욕망이 그것을 매개로 더 멀리 초과하여 나가는 것을 차단한다. 순간적으로 소비될 수 없는 사유는 제한당해야 마땅하기 때문이다. 그런데 앤디 워홀의 이 작품에서는 그와 같은 반복의 폭력이 '완벽하게' 실현되고 있지 않다. 그것이 완벽하게 실현되지 못한 이유는 바로 '실크스크린'이라는 판화 기법 자체에서 기인한다. 특수한 천의 표면을 사용해 물감이 투과될 수 있는 영역과 그렇지 못한 영역을 구별한 다음 그 위로 물감을 투과시키는 실크스크린의 작업 방식은 완전히 자동적인 기계 공정이라기보다는 절반만 기계적인 공정, 그러니까 일정 수준의 '우발성'이 표현될 수 있는 여지를 남긴다. 실크스크린은 20세기 초 광고 포스터를 제작하기 위해 사용했던 방식인데, 대량복제를 위한 공정으로는 오늘날 더 이상 사용하지 않는 방식이다.

그런데 워홀은 오히려 실크스크린 공정의 불완전성을 역이용해 결코 반복될 수 없는 것을 일종의 '우연한 얼룩'의 형태로 출현시킨다. 물론 그러한 얼룩, 즉 반복되지 않는 것의 출현은 상당히 은밀한 형태로, 또는 무시되어도 좋은 수준으로만 등장한다. 단순히 두 이미지 사이의 명도 차나 미세한 얼룩의 형태로 출현하는 '반복 불가능성'은 그것 자체의 보잘것없음을 통해서 언제든 무시되고 억압될 수 있는 것처럼 보이는 게 사실이다. 다시 말해서 두 이미지 사이의 미세한 차이가 그 둘이 서로 다른 것이라 주장할 수 있는 온전한 근거가 되지는 못한다는 말이다. 하지만 그럼에도 불구하고 바로 그 이유 때문에 두 개의 반복 이미지가 결코 완전히 같은 것일 수 없다는 사실 또한 받아들여져야 한다.

이처럼 하나의 일정한 질서, 즉 반복이라는 질서의 과정 속에서 출현하는 불확정성 혹은 비일관성이라고도 부를 수도 있는 얼룩, 즉 초과점超過點의 출현에 대한 표현은 앤디 워홀의 다른 많은 작품에서도 공통적으로 발견되는 주요한 테마이다. 그리고 바로 이것이 그가 20세기 문명의 가장 밑바닥에서 찾아낸 궁극적인 풍경—대량생산을 근간으로 하는 고도 자본주의 문명이 인류의 욕망을 통제하거나 억압할 때, 또는 그러한 억압이 실패하는 지점에서 초과 현상이 발생하는 모습으로서의 현시대의 욕망의 풍경—그 자체였던 것이다.

3부 현대 미술은 어떻게 유령이 되었나?

자본주의와
욕망

위홀이 놀랍도록 간단한 제스처를 통해 보여주었던 자본주의 사회의 모순된 풍경에 대한 논의를 조금 더 발전시켜보자. 20세기 이후 자본주의 사회는 드러난 겉모습보다 훨씬 더 복잡한 심리 구조를 띠게 되었는데, 그것은 자본주의가 인간의 욕망을 통제하는 기능과 관련되어 있다. 이를 이해하기 위해서 먼저 확실히 해두어야 할 것은, 모든 것을 획일화하고 반복 재생산하는 자본주의 시스템의 논리는 겉으로 인식되는 것과는 전혀 다른 목적을 가지고 있다는 사실이다. 일반적으로 반복의 시스템은 상품을 팔고 소비하기에 효율적으로 만드는 목적을 갖는다고 생각하기 쉽지만, 실질적인 효과는 그보다 근본적인 차원에서 확인된다. 바로 우리의 욕망과 관계된 곳에서 말이다.

우리의 욕망이 그 본질에 있어서는 언제나 초과하는 성격을 갖는다는 것은 이미 충분히 설명되었다. 그런데 이와 같이 초과하는 욕망의 속성—또는 창조하는 욕망의 속성이라고도 말해질 수 있는— 은 반복의 시스템 속에서는 현저하게 그 능력이 축소되고 만다. 반복의 시스템은 우리의 욕망을 전격적으로 차단하는 효과를 일으키며, 상품 생산의 시스템이 궁극적으로 겨냥하는 것 역시 바로 이러한 억압과 통제이다. 이것은 우리가 하나의 상품을 소비하려고 할 때, 그 상품에 대해 더하거나 덜한 욕망을 가질 수 없게 되어버리는 현상을 말하는데,

왜냐하면 우리가 소비하는 상품이란 수많은 다른 소비자들이 소비하는 것과 완벽하게 동일한 제품이고 또한 꼭 그래야 하기 때문이다. 이러한 동일성을 신자유주의자들은 자본주의적 평등이라고 치켜세우지만, 사실 그것은 사물과 인간의 관계를 '평등'의 가치 속에서 유지시켜주는 것이 아니라 오히려 사물에 대해서 그리고 세계에 대해서 인간이 가질 수 있는 욕망의 가능성의 폭을 현저하게 제한하고, 그것을 소비할 수 있는 수준에서 유지시키는 것에 불과하다.

그러나 그럼에도 불구하고 염두에 두어야 할 것은 그 어떤 획일화된 상품이라도 소비자로서의 인간이 그들과 '특수한 관계'를 맺을 가능성을 가로막을 수는 없다는 것이다. 제아무리 대량생산과 대량소비의 논리가 획일성의 폭력 속에서 욕망과 사물의 관계를 제한하려 해도 인간은 언제나 그러한 제한을 넘어서는 지점으로까지 욕망을 밀어붙일 수 있는 가능성을 갖고 있다. 가장 쉬운 예로 사랑하는 사람에게서 받은 '선물'이 뿜어내는 개별성의 아우라가 그것이다. 그 선물은 아무리 유행이 지난 것이라 해도 계속해서 소유하고자 하는 욕망을 유지시키는데, 자본주의는 당연히 사물에 대한 이 같은 개별적 욕망을 달가워하지 않는다. 구제품이 신제품으로 대체되어야 하는 생산과 소비의 사이클이 정지될 수 있기 때문이다. 그래서 자본주의는 이 같은 '개별성의 아우라' 역시 대량으로 생산 가능한 것으로 전환시킬 수 있는 빈티지 마케팅 전략으로 이에 대응하고 있는 것이다.

오래된 것, 개인적인 것의 노스텔지어까지 모방하여 상품화시키려고 하는 자본주의의 전략은 궁여지책이라기보다는 오히려 모든 것을 대량생산과 반복 재생이 가능한 것으로 만들려는 상품 사회의 강박적 현상의 전형이라 할 수 있다. '자본주의적 고전주의'의 전략은 이렇듯 욕망에 대한 어떠한 예외도 허락하지 않는 억압적인 기능을 통해서 모든 사물들이 완벽하게 반복될 수 있다고 하는 원리를 세계의 풍경에 강제한다.

그러나 인간의 욕망은 자본주의의 도착적 억압에 의해 결코 길들여지지 않는다. 상품 사회의 거의 모든 영역에서 사람들은 자신의 욕망을 양보하지 않기 위한 투쟁을 벌이고 있으며, 이러한 투쟁은 때로는 혁명과 같이 두드러진 형태로 출현하기도 하지만 대부분은 아주 작은 얼룩 같은 일상의 끝자락에서 출현하는 양상을 보인다. 라캉은 이와 같은 얼룩을 '실재'라고 부른다. 실재는 질서화되고 통제되어 억압된 것일 수밖에 없는 우리 삶을(판타즘인 그것을) 한 귀퉁이부터 갉아먹으며 균열처럼 혹은 얼룩과 같은 형상으로 피어오른다. 라캉은 오직 이러한 얼룩의 영역으로의 접근을 통해서만 인간의 욕망이 진정으로 세계를 바꿀 수 있는 가능성을 체험하게 된다고 주장했는데, 이것이 곧 정신분석에서의 정치학이다. 질서 자체는 세계의 환상을 유지시키는 구조에 불과하며, 그러한 세계 질서를 붕괴시키는 것이 실재라면, 세계의 변혁과 창조는 이러한 균열 또는 얼룩으로서의 실재에 접근함을 통해서만 실현된다.

앤디 워홀이 그의 작품 속에 은밀히 출현시키고 있었던 그것, 초과적 이미지인 그것이 바로 실재 자체의 이미지이다. 그가 표면적으로 반복하는 것처럼 보이는 이미지 속에서 반복 불가능한 것으로서

출현시킨 얼룩과 같은 그것은 '실재의 표상' 또는 '순수 욕망의 표상'
이라고 부를 수 있는 특수한 이미지였다. 그런 의미에서 앤디 워홀의
실크스크린 작품들은 단 한 번도 자본주의 문명을 찬양한 일이 없다
고 말할 수 있다. 그는 오히려 반복과 획일성이 지배하는 고전주의적
매스미디어의 세계 이미지 한가운데서 결코 반복될 수 없는 어떤 것
의 이미지를 출현시키는 전략을 통해 자본주의의 본질적 모순을 폭
로하고 있었던 것이다.

워홀,
20세기의
인물화가

　　　　　　앞서 풍경화가로서의 앤디 워홀에 대해 이
야기했지만 사실 그는 뛰어난 인물화가이기도 하다. 그의 가장 대
표적인 인물화로 꼽을 수 있는 작품은 16밀리 카메라로 촬영한 〈슬
립Sleep〉이다. 그는 1963년 자신의 아파트에서 애인 존 지오르노John
Giorno가 잠자고 있는 모습을 장시간에 걸쳐 촬영하고, 이것을 8시간
분량으로 편집해 상영하려고 했다. 8시간은 워홀이 생각한 인간의
평균 수면 시간이었다. 하지만 촬영된 영상은 결국 5시간 21분으로
편집되어 이듬해 뉴욕의 그래머시 예술극장에서 첫 상영되었다. 당
시 이 상영회를 기사화했던 《뉴욕포스트New York Post》에 의하면 9명의

관객이 이 영상을 관람했고, 이들 중 두 명이 1시간도 채 지나지 않아 극장을 나가버렸다고 한다. 이는 당연한 반응이라고 할 수 있다. 5시간 21분 동안 잠자고 있는 남자의 모습을 감상할 만한 인내력을 가진 사람이 얼마나 있겠는가.

그러나 워홀은 〈슬립〉에서 보여준 '결코 다 감상할 수 없는' 형식의 영화를 만드는 데 상당히 만족해했던 것 같다. 그 후로도 그는 이 지루함의 끝을 보여주는 형식을 고집했고, 이러한 형식의 영화에 '안티 필름Anti-Film'이라는 이름을 붙였다. 그런데 워홀이 이러한 형식을 통해 보여주고 싶었던 것은 무엇이었을까? 3부의 서두에서 언급했던 고흐의 〈슬픔〉과 비교했을 때 워홀이 보여주려고 한 인물의 진리는 과연 무엇이었을까? 그것은 아마도 (고흐의 작품과는 정반대로) 진리라는 대상에로의 접근 불가능성은 아니었을까?

워홀의 안티 필름을 본 관객이 느끼는 정서는 일반적으로 할리우드 영화를 본 경우, 즉 워홀이 반대anti하고 싶었던 형식의 영화film를 본 경우의 그것과 정반대의 성격을 갖는다. 할리우드 영화는 이미지와 의미의 안정적인 연결을 보장해주는 형식을 고수한다. 여기서 모든 이미지는 각각의 의미에 사로잡힌 채 관객으로 하여금 자신들이 알고 있는 의미의 세계관 내부를 자유롭게 여행하도록 도와준다. 그러나 이 같은 의미의 여행은 언제나 그 종착지가 미리 정해져 있다. 왜냐하면 의미의 세계라고 하는 것은 결국 이미 알려진 의미의 세계를 말하는 것이고, 알려지지 않거나 새롭게 창조될 가능성이 있는 모든 이미지들, 즉 비의미의 이미지들 혹은 공백의 이미지를 억압하는 방식으로만 자신의 완결성을 획득할 수 있기 때문이다.

예를 들어보자. 할리우드 영화의 거의 모든 장면들은 경제적 논리로 편집되는데, 이는 모든 컷이 영화 전체가 목적으로 하는 의미의 완성을 위해 조직된다는 것을 뜻한다. 따라서 각각의 컷은 감독이 의도한 이야기의 진행에 따라 재배열되고, 관객은 이를 따라가며 완성된 하나의 스토리를 이해하게 된다. 이러한 과정 속에서 확인되는 할리우드 영화의 가장 큰 특징은 이미지 자체가 의미의 포획으로부터 멀어질 수 없도록 단단히 연결되어 있다는 것이다. 따라서 이야기 전개에 도움이 되지 않는 애매모호한 이미지 또는 불확실한 이미지들은 편집 과정에서 과감하게 잘려나갈 수밖에 없다.

그런데 앤디 워홀의 영상 속 이미지들은 상업 영화와는 정반대의 논리 속에서 등장한다. 5시간 21분 동안 지속되는 이미지의 전개를 보고 있노라면 '한 남자가 잠을 자고 있다'고 하는 의미의 포획으로부터 각각의 이미지들이 자유롭게 흩어지고 이탈해버리는 듯한 느낌을 받기 때문이다. 집중력의 한계에 부딪힌 관객들은 영상 속 이미지들이 의미로부터 일탈하거나 소멸하는 것을 막아낼 방도가 없다. 영화를 보는 와중에 관객은 필연적으로 '딴생각'에 빠질 수밖에 없게 되고 때로는 '졸음'에 빠지기도 한다.

앤디 워홀은 그러한 과정 속에서 그가 실크스크린 작품을 통해서 드러내려고 했던 것과 동일한 것—초과하는 이미지—을 출현시키는 데 성공한다. 안정적인 반복 사이에서 발생할 수 있는 초과로서의 얼룩 이미지를 만들어내는 것이 실크스크린의 효과였다면, 안티 필름 계열의 작품에서는 안정적인 의미의 전개로부터 일탈하는 '이미지들의 초과량'을 생산해내는 것이 목적이 된다(비슷한 전략을 사용하는 비디오 아티스트로는 스탠 더글러스Stan Douglas와 더글러스 고든 Douglas Gordon이 있다). 워홀의 작품에서의 놀라운 점은 이 모든 작업의 효과들이 아주 간단하고 직접적인 방식 속에서 이루어진다는 사실이다. 그의 작품들은 결국 '누구라도 할 수 있는 방식'을 취함으로써 20세기 인문학이 추구한 '주체 신화의 폐지'라는 목적을 동시에 성취했던 것이다.

워홀이라는
유령

앤디 워홀의 작품을 통해 이미지의 초과량을 경험한 사람에게 세계는 더 이상 이전의 모습과 같을 수 없다. 20세기의 풍경 속에서 출몰하는 유령의 잔상을 작품 속에 담아냄으로써 워홀은 감상자에게 이미지의 기능 장애에 민감한 눈을 선사했기 때문이다.

이제 우리는 매스미디어의 매끈한 이미지 전개의 반복 속에는 언제나 결코 반복될 수 없는 것이 존재한다는 것과, 이처럼 복제될 수 없는 것은 진리의 위상을 갖는다는 점 역시 이해하게 되었다. 반복될 수 없는 것, 그것은 바로 공백이다. 대량생산 체계의 상품 자본주의의 논리 속에서 결코 반복될 수 없는 것은 또한 우리 자신의 고유한 존재이다. 인간 존재는 그를 포획하는 의미들의 체계, 예를 들어 인간을 상품화하는 기준이 되는 '이력서'나 '연봉'과 같은 의미들의 체계로는 결코 반복될 수 없는 어떤 것을 포함하고 있다. 그것은 공집합처럼 다른 모든 집합의 내부에 보편적으로 포함되어 있는 부분집합이다. 그럼에도 그것이 반복될 수 없는 이유는 우리 세계의 그 어떤 패러다임에 의해서도 포착될 수 없는 속성, 즉 세계의 관점에서 본다면 오직 텅 빈 속성만을 갖기 때문이다.

인간은 누구나 각자의 내부에 이러한 공집합을 하나씩 가지고 있다. 그것은 세계 질서 속에서 한 인간이 하나의 반복되는 이미지로서 자신을 등장시킬 때조차 결코 반복될 수 없는 얼룩과 같이 출현하여 세계 질서를 오염시키고, 때에 따라서는 그것에 기능 장애를 일으킨다. 일반적으로 인간은 그와 같은 기능 장애 속에서 자신의 이미지가 질서의 반복을 거부하는 순간을 부정적인 것으로 간주하도록 길들여지곤 한다. 그러나 워홀의 작품은 그 순간을 부정적으로 파악할 이유가 전혀 없다는 사실을 가르쳐준다. 오히려 그는 그 순간에 출현한 이미지의 초과량 속에 우리 존재의 고유한 가능성이 실존한다는 점을 알려준다. 이것이 고유한 가능성인 까닭은 바로 그 얼룩의 지점으로부터 세계 질서의 포획을 벗어나는 주체의 여정이 시작될 것이기 때문이다. 또한 이러한 여정을 통해 한 인간은 자신의 삶에서 새로운 창조의 가능성을 열 수 있다. 워홀의 '얼룩 이미지'는 이처럼 인간을 그 자신의 고유한 공백의 지대로 유인하는 매혹이었다.

게르하르트 리히터,
빗금 쳐진 이미지

그렇다면, 화가가 갖고 있는, 혹은 화가가 찾고 있는, 이 은밀한 과학이란 과연 무엇일까?

_모리스 메를로 퐁티, 《눈과 마음》

화가들이 실현하는 최고의 기술은, 이미지에 빗금을 치는 것이다.

_저자 노트

제욱시스와
파라시오스

기원후 1세기경 로마의 박물학자 플리니우스Plinius Secundus가 쓴 《박물지》에는 기원전 5세기경에 살았던 그리스의 두 화가 제욱시스와 파라시오스의 다음과 같은 일화가 실려 있다.

당대의 가장 뛰어난 화가들이었던 두 사람은 서로 경쟁 관계에 있었다. 어느 날 제욱시스가 벽에 포도송이가 탐스럽게 열린 포도나무를 그렸는데 그 솜씨가 너무도 정교하여 포도송이를 쪼아 먹으러 날아든 새들이 벽에 부딪혀 떨어졌다. 이를 본 파라시오스는 그보다 뛰어난 솜씨를 보여주기 위해 제욱시스를 자신이 그린 그림 앞으로 데려갔다. 파라시오스의 그림은 베일에 가려져 있었는데, 제욱시스는 베일을 벗겨 그림을 보여줄 것을 요구했다. 그런데 알고 보니 바로 그 베일이 파라시오스가 그린 그림이었다. 제욱시스는 결국 "나는 새들을 속였지만 파라시오스는 인간의 눈을 속일 만큼 뛰어난 솜씨를 지녔다"며 자신의 패배를 인정했다.

틀린 말은 아니다. 새들의 눈을 속인 것보다는 인간의 눈을 속인 그림이 더 훌륭한 것임은 분명하다. 그림이란 결국 인간의 욕망에 호소하는 실천이기 때문이다. 물론 이 이야기는 일화로만 전해지기 때문에 두 화가의 그림이 어떠했는지는 각자의 상상에 맡길 수밖에 없다. 그런데 17세기 네덜란드 화가 아드리안 판 더 스펠트Adriaen van der Spelt가 이 일화를 바탕으로 파라시오스가 그렸을 법한 이미지를 재현한 그림을 남겨 우리의 흥미를 끈다.

이 그림에서 주목해야 할 것은 사실적으로 그려진 커튼과 그 뒤로 살짝 드러난 정물이 아니다. 만일 이 그림에서 커튼 이미지의 사실성에만 감탄한다면 회화의 가장 본질적인 기능에 대해서는 결국 아무것도 이해하지 못한 것이 된다. 파라시오스가 제욱시스를 능가하는 화가일 수밖에 없었던 것은 더 사실적인 그림을 그려서가 아니라 그가 욕망의 본질을 더 잘 이해했기 때문이다. 인간은 이미지가 스스로를 드러내는 순간이 아니라 감추는 순간 그것을 더 욕망하게 된다. 파라시오스는 바로 그러한 욕망의 구조를 그린 것이다. 만일 예술 작품이 감상자를 매혹하고, 그의 욕망을 자극하여 그 자신이 준비한

아드리안 판 더 스펠트, 〈꽃이 있는 정물〉, 1658년.

진리에로의 여정으로 감상자를 유도하는 것이라면, 훌륭한 그림이
란 당연히 욕망을 촉발시키고 또한 유지시킬 줄 아는 능력을 보여주
어야 한다. 그리고 이러한 욕망의 촉발과 유지는 '드러내기'가 아닌
'은폐'의 방식을 통해 기능한다. 그런 의미에서 게르하르트 리히터
Gerhard Richter는 20세기의 파라시오스라 불릴 만한 화가이다. 그는 인
간의 욕망과 이미지의 관계에 대해 근본적인 질문을 던지는 그림들
을 그렸을 뿐 아니라, 그러한 욕망이 진리와 맺는 관계의 형상을 가
장 아름답게 표현할 줄 아는 화가이다.

그림의
욕망

게르하르트 리히터의 유화 작품 〈해골^{Skull}〉

을 잠시 감상해보자. 리히터는 오랫동안 '사진' 이미지를 다시 그림으

로 그리는 방식으로 작업을

해왔는데, 이 작품 역시 사

진 이미지를 바탕으로 그린

그림이다. 이 그림에서 가

장 주목을 끄는 것은 그림

에서 풍겨지는 '모호한' 분

위기이다. 이 모호한 분위

기는 희미하게 처리된 윤곽

선들에서 비롯되는데, 이것

은 그저 회화적 기술로서

의 희미함, 즉 전통적인 회

게르하르트 리히터, 〈해골〉, 1983년.

화가 주제부를 강조하기 위해 주변부를 흐릿하게 생략하는 효과와는

전혀 다르다. 왜냐하면 리히터의 작품에서는 모든 윤곽선이 '예외 없

이' 흐릿하게 처리되어 이미지 전체를 시각의 초점으로부터 뒤로 물

러서게 하거나 또는 너무 앞으로 다가서게 만들고 있기 때문이다. 사

진의 경우라면 초점이 나갔다고 할 수 있는 이미지인 것이다.

초점이 나갔다는 것은 렌즈가 피사체를 겨냥하는 지점이 너무 멀

3부 현대 미술은 어떻게 유령이 되었나?

거나 덜 갔음을 의미한다. 물론 리히터의 그림에서 초점의 빗나감은 과도하지 않다. 아주 살짝 어긋난 초점은 이미지 전체를 안개에 휩싸인 것처럼, 혹은 반투명한 커튼에 가려진 것처럼 보이게 한다. 그런데 바로 이러한 효과가 감상자의 욕망을 자극하는 뜻하지 않은 결과를 불러온다. 마치 파리시오스가 커튼의 이미지를 통해 제욱시스의 '보려는 욕망'을 자극했듯, 리히터는 이미지의 외관을 흐리게 함으로써 감상자의 욕망을 자극하고 있는 것이다.

그리고 이와 같은 욕망의 저편에 죽음을 상징하는 해골이 놓여 있다. 그러나 어떤 죽음인가? 그것은 분명 일반적인 의미의 죽음은 아니다. 리히터의 이미지 앞에서 감상자는 명백한 개념으로서의 죽음, 상식적으로 이해되는 그러한 죽음보다 한 발짝 더 먼 곳의 죽음, 혹은 한 걸음 더 가까운 곳의 죽음에 관해 알고 싶어진다. 동일한 효과를 화가의 입장에서 설명하면 다음과 같다. 즉, 화가는 '죽음'이라는 대상을 이해하고자 하는 욕망 속에서 그림을 그리기 시작했고, 그의 응시는 세계의 지식과 그 한계가 설정하는 '사정거리'보다 좀 더 깊이 들어가는 시선으로 죽음을 바라보려 했다. 더 깊은 시선으로 대상을 바라본다면 당연히 그 대상은 초점이 상실된 듯 흐릿한 이미지로 보일 것이다. 생각에 잠긴 깊은 응시가 눈동자의 초점을 흐리게 만드는 이유가 바로 여기에 있다.

리히터의 그림은 정확히 이와 같은 상태를, 응시의 상태를 표현한다. 세계에 대해 더 깊이 알고자 하는 욕망이 응시를 작동시킬 때, 세계의 진정한 모습은 불확실함의 형상으로 그려진다. 달리 표현하면,

이것은 선명한 모든 이미지들에 대한 거부의 제스처라고도 할 수 있다. 왜냐하면 세계의 선명성, 그것의 분명해 보이는 외관들이란 각 시대의 패러다임이 부여하는 가짜 확실성에 불과하기 때문이다.

리히터는 시대가 부여하는 명백함의 권력과 그 폭력에 대한 저항의 이미지를 만들어내고자 했으며, 이처럼 '더 정확히, 더 잘 보고자 하는' 욕망은 언제나 세계의 현상적인 모습을 거부하는 불투명성을 산출해낸다는 것을 작품을 통해 증명했다. 그의 그림 속에 그려진 대상들은 우리가 알고 있던 선명한 지식의 윤곽들로부터 비켜선 채 '다시 찾아지기'를 또는 '다시 사유되기를' 요청하고 있다. 그림은 이렇게 말하는 듯하다. '당신들이 보고자 하는 그것은 당신들이 이미 알고 있던 것과는 전혀 다른 것이다'라고. 화가는 그렇게 감상자를 질문 속으로 유혹하는 이미지를 제시하고, 감상자는 그에게 무상으로 주어졌던 '세계 지식'의 선명함의 틀을 통해서가 아닌 다른 것에 의존해서, 오직 자신의 (공백에 대한) 욕망에 의지해서 대상에 접근할 것을 요청받게 된다.

모호함의
테크닉

사실 리히터의 그림에서 볼 수 있는 '모호함의 테크닉'은 이미 500여 년 전 레오나르도 다빈치가 사용한 기법이

레오나르도 다빈치, 〈모나리자〉, 1503년 ~1506년경.

기도 하다. '스푸마토 기법'이라 불리는 이것은 그의 대표적인 작품 〈모나리자〉에서도 확인할 수 있다. 다빈치는 그림 속 사물들의 윤곽과 명암을 명확하게 구분하지 않고 부드럽게 처리하는 이 기법을 통해 이미지 전체를 모호한 분위기 속으로 밀어 넣는데 성공했다. 스푸마토 기법으로 다빈치가 의도했던 것은 작품에 신비로운 분위기를 더하는 것만은 아니었다. 오히려 그는 관객의 욕망을 자극하는 데 이 기법을 이용했다. 스푸마토 기법을 이용한 그의 그림은 감상자가 그림 속 정보들을 분명히 읽어낼 수 없도록 언제나 한 걸음 뒤로 물러서는 효과 속에 있으며, 이 때문에 감상자는 어느 한군데 시선을 고정하지 못한 채 이미지에 대한 욕망의 여행을 지속하게 된다. 사람들이 다빈치의 그림에 매혹되는 이유가 바로 여기에 있는 것은 아닐까? 늘 실망을 불러일으키는 세계의 뻔한 이미지와는 달리 완전히 다른 어떤 것을 경험하게 해줄 거라는 기대를, 그러한 욕망을 촉발하고 유지시키는 것이 곧 '모나리자 효과'이다.

리히터 역시 이미지와 욕망의 특별한 관계를 자신만의 형식 속에서 새롭게 배열해냈다. 그 또한 진리에 대한 감상자의 욕망을 자극하고, 감상자가 보는 세계 이미지의 선명함이 주는 쾌적함과 그 기만을 넘어서는 단계에서 이미지를 제시하고 있다. 그가 그림을 통해 보여주는 모든 이미지는 우리의 '알고자 하는 시선'이 닿기에는 조금 멀고, (진리를 욕망하는) 응시가 멈추어 서기에는 너무 가까운 거리에 위치하고 있다. 그가 보여주는 '사물의 진리'는 이처럼 주어진 '세계지식의 틀'로는 포착 불가능한 이미지 속에 위치해 있는 것이다. 그

게르하르트 리히터, 〈무제(2005년 4월 18일)〉, 2005년.

것은 언제나 너무 멀거나 또는 너무 가깝다. 그것은 우리에게 주어진 논리적 언어의 단위, 일관성의 수치 계량적 단위, 그리고 자본주의적 화폐 단위로는 측량할 수 없는 모호한 거리, 혹은 모호한 움직임, 따라서 탈주하는 운동 속에 위치한다.

　이미지를 포착 불가능한 것으로 만드는 방법, 즉 유령의 속성을 갖도록 만드는 방법으로 리히터가 사용하는 또 다른 기법에는 이미지 자체를 물감으로 가리거나 지워버리는 기법이 있다. 리히터의 작품 〈무제(2005년 4월 18일)〉를 보자.

　그림의 밑 배경을 이루는 사진은 물가의 풍경을 찍은 것으로 2001년의 어느 날을 가리키는 자동식 카메라의 날짜 표식(오른쪽 하단)과 함께 제시되고 있다. 그런데 사진 이미지는 밀대로 바른 물감에 의해

부분적으로 가려져 있다. 초기에 이미지를 흐리게 하는 기법으로 모호함을 강조하던 방식이 이미지를 아예 물감으로 덮어서 지워버리는 방식으로 바뀐 것이다. 마치 세계 이미지 속에서 진리를 드러내는 화가의 전통적 역할을 거부하고 저항하며 나아가서는 항의하는 듯 보이는 이러한 표현은 2400년 전 파라시오스가 제욱시스를 감동시켰던 사건을 더욱 노골적으로 재현하고 있는 듯하다.

　여기서 리히터는 이미지 속에 존재한다고 가정되는 진리를 가리기 위한 커튼을 만들고 있다. 거칠게 이겨진 물감의 얼룩이 문자 그대로 진리를 가리는 베일의 형상을 실현하고 있는 것이다. 진리를 베일로 가렸을 때 남는 것은 결국 욕망 그 자체라고 할 수 있다. 그것은 진리에 대한 욕망, 혹은 포스트모던적으로 표현한다면, 모든 거짓 진리에 대한 해체의 욕망이다(물론 둘은 같은 욕망이다). 화가는 세계가 드러내고 있는 이미지의 표면을 지우거나 흐리게 하고 때에 따라서는 그것에 베일을 두름으로써 세계의 표면적 질서가 숨기고 있는 저 너머의 것을 욕망하는 자신을 표현한다. 이처럼 이미지를 지우는 행위를 달리 설명한다면 그것은 아마도 이미지에 '빗금을 치는' 것과 같다고 할 수 있지 않을까?

이미지에 빗금을 치는 행위는 그 자체로 순수하게 '부정하는 기능'을 수행한다. 빗금 친 이미지의 그림은 '이것은 당신들이 보고 있는 바로 그것이 아

닌 다른 무엇이다'라고 말하면서 끝없이 뒤로 물러선다. 이러한 물러섬은 곧 '수조' 속으로의 하강을 유도하는 움직임, 즉 욕망의 가장 순수한 움직임과 같은 것이다. 리히터의 작품이 유발하는 이러한 효과를 이해할 수 있을 때, 우리는 비로소 그의 그림이 어떻게 '진리에 대한 인간의 욕망'을 자극하는지 이해할 수 있게 된다.

　리히터는 세상을 재현하는 회화의 전통적 역할을 역전시켜 그것이 오히려 세상을 아름답게 은폐할 수 있음을 보여주었다. 그리하여 그림은 눈앞의 현실을 가리는 과정 속에서 여기에 없는 것을 욕망하게 만드는 기능을 수행할 수 있었던 것이다.

리 히 터 의
유 령

　　　　　이제까지 살펴본 게르하르트 리히터의 그림 이미지는 일반적으로 상상할 수 있는 유령이미지와 가장 많이 닮은 듯 보인다. 그것은 흐릿하여 정체를 알 수 없을 듯하면서도 동시에 잘 알고 있었던 누군가의 실루엣을 암시하는 것처럼 보이니까 말이다. 유령은 언제나 억울함이나 원한을 풀기 위한 분명한 목적을 가지고 이 세상에 출현한다. 유령이 출현하는 목적은 결국 평온한 듯 보이는 세계의 겉모습이 은폐하고 있는 기만적 현실을 폭로하려는 욕망과 다르지 않다.

리히터의 유령이미지 역시 이와 동일한 기능을 한다. 그의 그림은 세계의 풍경과 인물들을 사로잡고 있는 질서의 선명함을 오염시키는 일종의 '오류'를 생산해낸다. 갑작스런 충격으로 시각을 상실할 때의 이미지, 또는 텔레비전의 주파수가 맞지 않을 때의 이미지를 흉내 내고 있는 리히터의 그림 속 이미지들은 결국 세계의 선명함을 거부하려는 욕망 속에서 피어오른 신기루의 형상을 하고 있다.

세계 이미지의 선명함을 거부한다는 것은 결국 자신의 존재를 지배하고 있는 세계의 질서를, 그 정당성을 거부한다는 것을 의미한다. 만일 잠시만이라도 리히터의 이미지가 품고 있는 욕망에 사로잡혀본 사람이라면 더 이상 미술관 바깥의 익숙했던 풍경을, 그것의 정돈된 선명함을 있는 그대로 받아들일 수는 없게 될 것이다. 이제 그는 세계의 사물들을 명확히 구별해주는 윤곽선의 선명함에 사로잡히는 대신 흐릿한 시각 장애의 상태, 아무것도 보지 않으면서 모든 것을 보려는 응시의 눈빛을 욕망하게 될 테니 말이다.

응시의 눈빛은 외부를 보는 것이 아니라 내면을 보는 눈빛이다. 외부 또는 외관은 결국 자본주의적 고전주의의 패러다임에 의해 그 선명함을 보장받는데, 2부를 통해 이미 그것이 얼마나 강력한 환영을 생산해내고 있는지 살펴보았다. 유령이미지는 바로 그와 같은 '거짓 선명함'에 대한 이미지의 마지막 저항이다. 그것은 모든 것이 단칼에 규정되거나 획일화될 수 없다는 것을 주장하는 이미지들의 최후 방편으로서의 '물러섬'이다.

만일 이미지들이 스스로를 빗금 치면서 물러서기 시작했다면 누군가는 그들의 사라짐에 눈길을 보내야 한다. 그들이 뒷걸음치는 이유를 누군가는 이해하려고 해야 한다. 리히터의 작품들은 이처럼 '뒷걸음치는' 이미지들의 호소에 귀 기울일 수 있는 기술을 가르쳐주고 있다. 그는 '물러서는 이미지'들이 얼마만큼 아름다울 수 있는지, 어떻게 하나의 매혹이 될 수 있는지를 우리에게 보여준다. 리히터가 만들어낸 유령이미지의 '가르침'을 경험한 사람의 시선은 마침내 깊은 호수의 빛깔을 갖게 될 것이다. 이제 그는 그의 앞에 등장하는 사물들의 거짓 선명함에 사로잡히지 않고 조금 더 멀리, 때로는 조금 더 가깝게, 그렇게 해서 언제나 더 깊이, 더 자세히 보려는 응시의 눈빛을 갖게 될 것이다. 이러한 응시의 눈빛은 결국 그가 진리에 매혹당했다는 증거가 아닐까?

소피 칼,
승화 게임

> 조심하라. 유령 놀이를 하다가 유령이 될 수도 있다!
>
> —로제 카유아

이번 장에서는 프랑스의 아주 특별한 예술가 소피 칼Sophie Calle의 작품들을 살펴볼 텐데, 그 전에 먼저 '의태mimetism'라는 개념을 짚어볼 필요가 있을 것 같다. 이 개념이 지닌 사회 심리적 의미를 이해하고 나면, 소피 칼의 작품이기도 한 그녀의 삶을 더 잘 이해할 수 있을 것이다.

의태,
우리 모두의 가면

의태는 동물들이 환경에 적응하는 과정에서 외형이 생존에 용이한 방향으로 변화하는 진화의 한 양상을 가리킨다. 물론 동물들 스스로가 자신들의 외관을 결정할 수는 없을 테니,

당연하게도 변화의 주체는 자연이라는 환경 자체가 된다(자연선택). 예를 들어 숲 속에 사는 나방들 중 나무껍질의 형태와 흡사한 날개 무늬를 한 돌연변이 나방이 나타났다고 해보자. 이 나방은 포식자인 새의 눈에

주위 환경에 따라 변화한 나방의 날개 무늬.

잘 띄지 않을 테고, 다른 나방들보다 더 많이 살아남아 번성하게 될 것이다.

그런데 의태가 언제나 생존에 유리하게 작용하는 것은 아니라고 한다. 주변 환경과 유사한 색채와 형태를 지니고 있음에도 그렇지 못한 동일종同一種보다 많은 개체 수를 보존하는 데 성공하지 못하는 경우도 많기 때문이다. 따라서 의태 기능에 관한한 진화의 결과로 현상을 파악하는 것은 많은 오해를 불러일으킬 수 있다. 결과론적인 해석은 현상 자체가 지닌 수많은 개별적 원인과 상호 관계의 우연적 효과들을 왜곡시킬 수 있기 때문이다.

따라서 의태 기능에 관해서는 다양한 차원의 분석과 접근이 허용되어야 하며, 심리적 동기 분석도 그중 하나가 될 수 있다. 심리적 동기 분석에서는 한 생물이 주변 환경에 동화되어 외형이 변화되었다면 그것은 그 생물 스스로가 그렇게 되기를 욕망했기 때문이라고 본다. 예를 들어 한 생물이 자신의 외관을 꽃과 같이 화려한 모습으로 드러낸다면, 그것은 외부에 존재하는 누군가의 눈을 즐겁게 하기 위

한 것이라는 식의 가설이다. 가장 흔한 예로 암컷의 흥미를 끌기 위해 화려한 깃을 갖게 된 수컷 조류를 들 수 있다.

자크 라캉은 동물의 의태 현상에는 궁극적으로 외부에 있는 초월자와 같은 대상의 눈을 즐겁게 하려는 심리가 숨어 있다고 말한다.(《세미나 11》참조) 그것은 외관을 통해 자신의 심리 속에 자리 잡고 있는 초월자의 '응시'에 반응한다는 것을 의미한다. 물론 라캉은 동물학자도 아니고, 인간 심리와 동물의 심리를 동일한 토대에서 파악하려는 심리학자도 아니다. 인간의 심리가 언어에 의해 구조화되었다는 '공리'의 토대 위에서 인간 정신을 탐구하는 '정신분석학자'인 그가 의태 기능에 관해 말했다면, 그것은 전적으로 인간의 언어적 심리 구조 내에서의 특수한 현상을 설명하기 위한 은유로서 그렇게 한 것이다. 그러니까 라캉이 생각하는 의태는 결국 2부에서 살펴보았던 응시 개념에 대한 인간의 심리적 반응과 같은 것으로 이해되어야 한다. 의태에 대한 라캉의 관점을 알기 쉽게 설명해주는 것이 바로 '가면'이다.

흔히 인간은 가면을 쓰고 살아갈 수밖에 없는 존재라고 말한다. 회사에서는 직급에 맞는 가면을 쓰고, 퇴근 후에는 동료들과 어울리기 위해 또 다른 가면을 쓴다. 집에 돌아오면 가장 또는 부모로서의 가면을 쓰고, 침실에 단둘이 남게 된 부부는 그에 합당한 가면을 쓴다. 이렇게 인간이 가면을 쓰는 이유에 대해서는 그것이 각각의 상황을 더 편하게 해주기 때문이라는 실용적인 관점에서 이야기할 수 있다. 그러나 본질적인 차원에서 보자면 가면을 쓰는 행위는 지금 당장 내

제임스 앙소르James Ensor, 〈가면에 둘러싸인 자화상〉, 1899년.

앞에는 없지만 모든 곳에 편재할 수 있는 어떤 타자, 궁극적인 타자의 응시를 만족시킨다는 사실과 관계있다. 이 점은 어린아이의 성장과정을 살펴보는 것으로 쉽게 이해할 수 있다.

아이는 동생이 태어나거나 학교에서 반장과 같은 직급을 맡게 되면 의젓한 모습을 보이려고 노력한다. 이것은 아이가 하나의 가면을 쓰기 시작한 것으로 이해할 수 있다. 물론 여기서 '가면'이라고 하는 단어가 지닌 부정적인 뉘앙스를 강조할 필요는 없다. 아이는 단지 특정 상황이 그에게 요구하는 특정한 이미지를 받아들였을 뿐이다. 따라서 가면 쓰기 또는 이미지에 대한 동일시의 배후에는 분명 정신분석에서 대타자라고 부르는 대상의 응시가 존재한다. 아이는 자신의 심리 속에 강하게 자리 잡고 있는 '부모'의 응시를 언제나 의식하고 있으며, 그가 쓴 가면은 바로 '부모'의 응시를 즐겁게 하기 위한, 또는 최소한 실망시키지 않기 위해서 선택된 이미지이다.

대타자의 응시에 대한 반응으로서의 가면 쓰기는 인간의 전 생애를 통해 다양하게 변주되며 지속된다. 인간은 자신의 이미지를 대타자라고 부를 수 있는 어떤 초월자가 욕망하는 방식으로 꾸미기를 욕망하면서 평생을 고군분투하게 되는 것이다. 물론 이와 같은 타자의 응시는 그에 반응하는 주체에 의해 언제나 오인될 수 있다. 예를 들어 주체는 부모님이나 선생님 또는 선배나 군대의 상관 혹은 그보다 더 추상적인 곳에서 그를 내려다보는 신의 응시를 만족시키기 위해 부단히 노력하지만 그럼에도 그와 같은 노력은 예외 없는 실패로 끝나고 만다. 왜냐하면 응시는 언제나 뒤로 물러서면서 우리 능력이 미치는 한계 바깥으로 점점 더 멀어지는 속성을 보이기 때문이다. 타자의 응시 역시 주체 자신의 욕망의 결과물인 만큼, 욕망의 대상이 가진 '달아나는 속성'을 그대로 반복하여 보여준다는 말이다("도대체 그의 눈빛이 뭘 원하는지 모르겠어……", "신이시여 당신이 내게 진정으로 원하는 것은 무엇입니까?" 등등).

응시에 대한 대응으로서의 의태는 한 개인이 사회 전체가 욕망하는 방향으로 자신의 삶을 '튀지 않게' 계획해나가려는 심리를 잘 설

3부 현대 미술은 어떻게 유령이 되었나?

명해준다. 다른 사람들이 욕망하는 것을 욕망할 때, 즉 유행을 따를 때 그 반대의 경우와는 달리 불안해지지 않는 이유도 응시와 의태의 관계 속에서 이해될 수 있다. 사회적 동물인 인간은 삶을 살아가는 과정에서 다수의 가면을 선택하여 쓰도록 강제되는데, 유독 대다수의 사람들이 선택하는 가면과 비슷한 가면을 취하게 되는 이유가 바로 여기에 있다. 결국 인간은 누구나 진정한 응시, 즉 공포의 응시에 노출되지 않기 위해 모두가 이해할 만한 상식적 차원에서 응시를 해석하고, 그렇게 해석된 응시를 만족시키기 위한 가면을 선택하게 된다는 것이다.

한 사회 속에서 개인들의 삶이 믿기지 않을 만큼 획일성을 띠고 단조로운 양상을 보이는 것은 바로 이러한 인간의 심리적 반응 때문이다. 하지만 가면 속의 삶은 결코 누구나 소망하는 '진실한 삶'이 될 수 없기에 우리 모두는 이 가면을 벗고 싶어 한다. 오늘날 한국 사회를 휩쓸고 있는 멘토와 힐링 열풍은 우리 자신의 소외, 즉 가면 쓴 삶의 고단함에서 벗어나고자 하는 노력의 일면이다.

그런데 이러한 현상 속에서 쉽게 간과되곤 하는 아주 중요한 사실이 하나 있다. 바로 가면을 벗어버린 진정한 자아란 결코 존재할 수 없다는 것이다. 사람들은 흔히 지금 쓰고 있거나 쓰도록 강요받은 가면을 벗어버리면 진정한 자아를 찾을 수 있다고 착각한다. 혹은 잘못된 자아의 상대항으로서 올바른 자아라는 것이 존재하며, 병든 자아, 비정상의 자아를 힐링하면 정상의 자아로 돌아올 수 있을 거라는 허망한 기대를 품는다. 20세기 중반을 기점으로 미국 시카고에서 발달한 영미식 자아심리학이 모든 치료의 원칙으로 삼고 있는 것도 바로 이러한 '정상 자아'라는 이데아이다(이러한 잘못된 심리학이 현재 우리나라에서도 비판 없이 받아들여지고 있으며, 이를 토대로 소위 '심리 상담' 매뉴얼들이 작성되고 있다).

하지만 가면의 안쪽에는 텅 빈 공백만이 존재할 뿐이다. 라캉주의 정신분석은 바로 이와 같은 논리에 근거해서 인간 심리가 결코 자아의 정상성을 토대로 안정화될 수 없다는 점을 분명히 한다. 자아의 정상성이라는 이미지 역시 우리 사회에서 일반화된 대타자의 응시에 대한 또 다른 의태 기능의 결과일 뿐이다. 따라서 우리는 벗겨진 가면을 대체할 또 다른 '정상적' 가면, 멘토가 마련해주는 그것을 찾아 헤매는 대신 우리 자신의 공허 그 자체와 대결해야만 한다는 것이 라캉주의 정신분석의 핵심적인 주장이다. 이러한 입장에서라면 심리학자나 정신과 의사의 인격을 환자가 모방하게 하는 '정상적 가면 판매'와 같은 의료 행위는 비난받을 수밖에 없다. 그러한 의료 행위는 결국 인간이 자신의 자아 정체성을 '실체론'에 근거해서 찾아내려고 하는 '고전주의적 사고'와 다르지 않다.

따라서 멘토를 찾고 그들의 삶을 모방하려는 욕망은 멘토라 불리는 이상적 이미지, 응시에의 사회적 대응물일 뿐인 그 이미지에 주체를 한번 더 소외시키는 결과로 이어질 뿐이다. 만일 자아를 찾는 여정이 이처럼 사회적 지배 패러다임의 응시를 만족시키는 가장 기만적인 행위 속에서 이루어진다면, 그렇게 찾은 자아는 또 다른 가면, 이번에는 그것이 가면이라는 사실조차 은폐될 궁극의 가면이 될 것이다.

의태와 응시에 관련된 이제까지의 논의는 결국 하나의 비관주의만을 허락하고 있는 것처럼 보인다. 만일 모든 것이 가면이라면, 그리고 그 이상은 불가능한 것이라면, 결국 인간 존재는 기만과 소외의 함정으로부터 빠져나올 수 없다는 말이 아닌가? 이에 대한 답은 이제부터 다루게 될 소피 칼의 작품으로 대신할 수 있을 것 같다. 그녀의 작품은 인간이 소외당하지 않으면서도 가면을 유지할 수 있는 방법을 가르쳐주기 때문이다. 그녀는 가면을 벗을 수 없는 것이 인간의 숙명이라면 더 멋지게 가면을 쓸 것을, 가장 적절한 가면을 쓰면서 일종의 '유령 놀이'를 시작할 것을 우리에게 요청한다.

주체라는
허상

소피 칼 작품의 가장 두드러진 특징은 그것이 작품 같아 보이지 않는다는 데 있다. 그녀의 작품은 누구든 할 수 있는 하찮은 행위들과 의미 없는 흔적들의 우연한 결과로 이루어져 있기 때문이다. 소피 칼의 작품을 묘사하는 이 같은 표현─'누구든', '하찮은', '의미 없는' 그리고 '우연한' 등─들은 그러나 현대 미술의 가장 전형적인 전략을 묘사하는 단어들이기도 하다. 현대 미술이 이러한 방법론을 취하게 된 배경에는 어떤 '결단'이 자리 잡고 있는데, 그것은 '초월적 진리', 즉 '실체로서의 진리' 개념에 대해서 완강히 거부하겠다는 결단이었다.

인류 문명이 보이는 것 너머에 존재한다고 가정해온 실체로서의 진리가 오직 거대한 환영에 불과하다는 사실을 이해한 화가들은 그에 대한 거부와 해체를 창조의 출발점으로 삼았다. 실체로서의 진리를 가정해왔던 전통적 관점이, '오직 그만이 할 수 있는', '중요한' 행위들을 '의미로 충만한' 상징들 속에서 '필연적인' 결과로서 생산하는 과정을 보여주었다면, 예술을 포함한 20세기의 인문학은 이러한 서술어들을 통해 표현되는 '주체관'을 철저히 거부했다.

20세기 이전 서구 근대 이성은 언제나 '인간'을 '주체'라는 개념 속에서 사고했다. 단어 자체가 암시하듯 '주체subject' 개념은 인간이 스스로의 주인임을 나타낸다. 르네상스 이후 서구 문명은 4세기가량을 이러한 주체 개념에 근거해서 인간이 자신과 세계의 주인으로 군림할 수 있다는 사고를 유지해왔다. 같은 맥락에서, 주체로서의 인간이 객체로서 파악되는 경우 그는 한 인간으로서 고유한 속성을 갖는 것으로 간주된다. 예를 들어 레오나르도 다빈치는 예술적 천재로 태어났으며, 나폴레옹은 뛰어난 정치 군사 전략가로 태어난 것이다. 이렇게 한 개인의 속성을 고유한 것으로 간주하는 사고방식은 그와 같은 속성이 인간이 태어나는 순간부터 부여된다는 사고로 이어진다. 속성이 먼저 있고, 인간의 신체는 그러한 속성을 세계 속에서 실현한다는 것이다. 이것이 바로 인간 존재와 관련된 실체론으로서의 초월적 진리의 주장이다.

이러한 사고방식은 프로이트와 레비스트로스, 알튀세르와 라캉 등

20세기 인문학자들의 저항과 비판에도 불구하고 오늘날까지 우리의 일상을 지배하고 있다. 그 전형적 사례 가운데 하나가 바로 성범죄자들에 대한 화학적 거세의 입법화이다. 이러한 입법의 근거가 되는 논리는 성범죄자의 속성은 그의 신체에, 나아가서는 DNA 속에 '근본적'으로 각인된 것이기 때문에 도착적 성욕을 제거하기 위해서는 생화학적 방법을 동원하여 신체나 유전자의 한 부분을 제거(교정)하는 것이 가장 효과적일 수 있다는 것이다. 이는 마치 성인군자가 타고나는 것처럼 악인도 타고나는 것이라 주장하는 고대의 '성선설과 성악설'의 21세기적 판본이라고 할 수 있다.

하지만 이러한 사고방식은 어리석은 망상의 결과물일 뿐이다. 인간 행위 가운데 특히 범죄와 관련된 것은 사회적 금기의 구조와 관련되어 있기 때문이다. 하나의 행위가 범죄로서 성립되는 것은 사회적 지식의 통제와 욕망 사이의 고유한 반응에 불과하다. 나아가 그것이 유례를 찾아볼 수 없을 만큼 극단적인 폭력성을 동반하는 경우에, 특히 성적 폭력과 관계되는 경우에는 그러한 행위가 생물학적 조건들과는 아무런 상관이 없다는 점을 이해해야 한다. 성도착적 범죄 행위는 인간의 신체적 본능이 명령하는 사회적 일탈이 아니라 인간 정신이 '금지'와 '권력' 그리고 '완전성'에 대한 개념들을 중심으로 반응하는 지극히 추상적이고 관념적인 효과들이기 때문이다.

따라서 이러한 성도착의 효과들을 통제하기 위해서는 범죄자들의 신체를 구속할 것이 아니라 그들의 '범죄적 창조성'을 구속하는 방향으로 그 예방의 입법이 이루어져야 한다. 범죄자들의 창조성을 구속한다는 것은 결국 그들 스스로가 성도착적 충동의 본질을 이해하고, 그러한 일탈적 충동을 타인을 파괴하는 방향이 아닌 타인과 공존하는 방향으로 유도해나갈 수 있는 교육이 필요하다는 것을 의미한다. 그러나 우리 사회는 여전히 범죄자를 그에게 부여된 초월적인 속성에 근거해서 이해하려는 환영적 욕망을 버리지 못하고 있다. 사회 속에 출현하는 다양한 형태의 개인적 '차이'에는 그 어떤 초월적 근거도 존재할 수 없다는 20세기 인문학, 특히 예술의 가르침은 우리 일상에서는 여전히 낯선 주장일 뿐이다.

이처럼 인간 존재의 본질을 초월적 실체론의 오류 속에서 파악하려는 사례들은 수없이 많다. 혈액형으로 사람의 성격을 파악하려는 혈액형 심리학, 단일 민족과 타 인종이라는 민족주의적 환영 속에서 각 개인의 성향을 마치 민족으로부터 물려받은 유산인 것처럼 추론하려는 문화심리학, 개인의 사회·경제적 성공이 순수하게 개인 자신의 능력과 재능에 근거한 것이라고 믿게 만드는 신자유주의적 인간 파악 등 셀 수 없이 많은 실체론적 진리관의 환영들이 우리 사회를 장악하고 있다.

이 같은 사고방식은 결국 가장 부정적인 의미에서의 정치성, 즉 파시즘을 감추고 있다. 모든 현상들의 원인을 초월적인 것에서 찾는 사고는 앞서 매스미디어 이미지들의 논리를 설명하면서 이야기했던 도착적 사고와 매우 유사한 구조를 가진다. 파시즘을 포함한 도착증적 구조는 인간의 가능성을 현저하게 축소시키면서 욕망할 권리를 박탈하는 억압의 장치들이기 때문이다.

소피 칼의 작품에서 가장 먼저 주목하게 되는 것은 바로 이 같은 일상의 파시즘에 대한 저항과 파괴이다. 그녀의 작품은 정치 중립적인 외관에도 불구하고 삶의 가장 근본적인 차원에서부터 '존재'와 '의미'의 정치적 관계에 대한 질문을 던진다.

허무를 뒤좇는
모험

먼저 그녀의 1980년 작품인 〈베니스의 미행 Suite Venitienne〉을 보자. 이 작품은 사진이라고도, 행위예술이라고도, 그렇다고 콕 집어서 개념미술이라고도 할 수도 없는 애매모호한 위치에 있다. 간단히 말해서 장르 자체의 규범으로부터 '빠져나가는 형식', 또는 '무형식'을 형식으로 취하고 있다.

작품은 '우연'의 개념과 함께 시작된다. 평소 길거리에서 낯선 사람을 미행하는 야릇한 취미가 있던 소피 칼은 1980년 1월 어느 날 파리에서 누군가를 미행하다가 인파 속에서 그 대상을 놓쳐버린다. 그런데 그녀는 우연히도 그 남자를 어느 전시회의 오프닝에서 다시 만나게 되고, 그 남자와 나눈 짧은 대화 동안 남자가 돌아오는 주말에 베니스를 여행할 계획이라는 이야기를 듣게 된다. 대화 도중 기차 편과 호텔 이름이 언급되었고, 우연히 얻게 된 이 정보들을 메모한 그녀는 이 이름 모를 남자가 탄 베니스행 기차 바로 다음 기차를 타고

소피 칼, 〈베니스의 미행〉 일부, 1980년.

베니스로 향한다.

　〈베니스의 미행〉은 말 그대로 소피 칼이 한 낯선 남자를 베니스에서 찾는 과정과 그의 뒤를 밟으며 남몰래 찍은 사진들, 짧은 메모들을 전시한 작품이다. 만일 현대 미술에 익숙하지 않은 사람이라면 도무지 이 같은 행위와 그에 대한 기록이 어떻게 '예술'의 조건을 만족시키고, 심지어 현대 미술을 다루는 책자에 기록될 만큼 주요한 작품으로 인정받을 수 있는지 의아해하지 않을 수 없을 것이다. 그는 이런 것이 예술이라면 누구라도 할 수 있고, 만일 누구라도 할 수 있는 것이라면 예술로서의 특별한 가치를 지닐 수 없다고 비판할 수 있다.

그러나 이러한 비판은 오히려 현대 미술 자체의 토대라고 할 수 있다. 소피 칼의 작품은 바로 그것이 누구라도 할 수 있는 것이기 때문에 예술로서의 가치를 인정받았다. 소피 칼의 작품이 지닌 가치는 작가 자신의 '주체성'과 '자아'의 환영적 가치를 부정하는 데 있기 때문이다. 이는 현대 미술의 역설—미술은 이제 누구든 할 수 있는 것을 유일하게 혼자서 해낸다는—을 잘 보여준다. 이것을 다른 식으로 해석하면, 현대 미술은 작가의 창조성의 방향을 포화 상태에 있는 (천재라는) 자아의 팽창에 두지 않고, 오히려 이러한 자아의 환영적 충만을 비켜가는 방식으로 설정하고 있다는 것이다.

20세기 이후의 예술가들은 그 어떤 천재성의 환영도 부정하는 조건 속에서 창조 작업을 하고 있다. 소피 칼 역시 그러한 조건 속에서 자신의 작품 활동을 시작했다. 여기에 더해 그녀는 '우연'이라는 요소를 적극적으로 활용하는데, 〈베니스의 미행〉에서 보듯 사건의 시작과 전개의 모든 요소들은 우연에 의지하고 있으며, 그녀 또한 이를 감추지 않는다. 감추기는커녕 이 같은 우연이 자신의 작품의 중심축을 이룬다는 사실을 강조하기까지 한다. 단지 우연에 의해서 한 남자의 뒤를 밟기 시작했으므로, 그 남자를 미행하는 과정에서 발생하는 모든 결과물 역시 우연에 의존할 것이며, 궁극적으로 밝혀지게 될 남자의 정체 역시 우연의 산물인 만큼 중요할 것이 없다는 정서가 이 작품 전반을 지배하고 있다.

그런데 이 같은 우연의 형식은 그녀가 작품 속에서 흉내 내고 있던 '탐정소설'의 형식과는 전적으로 대립되는 것이라 할 수 있다. '미행'이라는 개념 자체가 이미 탐정소설의 서사를 암시하고 있는 만큼 감상자는 당연히 이 미행의 끝에서 사건의 진실을 알게 되기를 바란다. 굳이 탐정소설의 예를 들지 않더라도 누군가를 미행한다는 것은 은밀한 행위 속에서 숨겨진 비밀에 접근하려는 의도를 전제하는 것이다. 그러나 소피 칼의 〈베니스의 미행〉은 아무것도 말해주지 않는 모호함 속에서 탐정소설적 전개의 예정된 결말을 비켜간다.

이와 유사한 구조를 선보이는 작품으로는 폴 오스터Paul Auster의 옴니버스 소설 《뉴욕 삼부작》(1987)이 있다. 폴 오스터는 처녀작이었던 이 소설에서 탐정소설의 형식을 차용하지만 그 구조를 뒤집는 방식을 택하고 있다. 이 소설 속 등장인물들은 모두 우연한 기회에 기이한 사건에 휘말리게 된다. 그들은 사건의 전모를 밝히기 위해 고군분투하지만, 진실을 밝히지 못하고 미궁 속으로 사라지고 만다. 스토리뿐 아니라 이 책에서 사용된 문체 또한 새로운 문장이 이전에 쓴 문장을 지워버리는 듯한 형식을 취하고 있는데, 이 때문에 소설이 전개될수록 독자는 실체로서의 진리에 접근하는 것이 아니라 오히려텅 빈 공허의 장소에 도달하는 듯한 인상을 받게 된다.•

• 폴 오스터와 소피 칼은 서로 잘 아는 사이로, 폴 오스터는 소피 칼의 '기행'에 가까운 삶의 에피소드들을 자신의 7번째 소설 《거대한 괴물》(1992)에 삽입하기도 했다. 《거대한 괴물》의 마리아 터너는 소피 칼을 모델로 만들어진 인물이다. 이후 소피 칼은 오스터의 소설 속 캐릭터를 다시 자신의 작품 속에서 '퍼포먼스'한 후, 이 작업을 《이중게임Double Game》(1999)이라는 제목의 책으로 출간했다.

이러한 인상은 소피 칼의 〈베니스의 미행〉이 우리에게 주는 진리, 또는 반(反)진리의 효과와 동일한 것이다. 소피 칼 역시 뒤쫓던 남자를 찾아내는 데 성공하지만, 그로부터 남겨진 미행의 흔적—사진과 메모—들은 오히려 남자의 정체를 더욱 알 수 없게 하는 공허한 감정만을 그녀에게 남긴다. 파리에서 우연히 남자로부터 듣게 된 정보는 시간이 지나면서 오히려 더 궁금해지고 소진돼버린 나머지 마침내는 텅 빈 공백만을 남기게 된다. 소피 칼의 미행은 결국 남자의 이미지를 추적해가는 과정에서 남자의 이미지 뒤에 숨겨져 있던 (실체로서의 진리가 아닌) 공백으로서의 진리에 접근하는 과정을 보여준 것이다.

따라서 미행의 흔적들을 통해 우리가 짐작할 수 있은 유일한 사실은, 그녀가 남자를 추적하는 과정에서 대면한 공허함이 결국에는 그녀 자신의 공허함으로 전이되었다는 것이다. 만일 남자가 소피 칼의 욕망의 대상으로서 한동안 기능하고 있었다면, 그렇기 때문에 소피 칼이 낯선 그를 쫓아서 베니스까지 미행을 감행한 것이라면, 남자는 정신분석에서 말하는 '대상 a', 즉 욕망을 불러일으키는 판타즘으로서의 대상의 역할을 했던 것이고, 이러한 욕망의 대상이 그 뒤에 숨겨진 공허를 드러내는 지점으로까지 소피 칼의 욕망을 유도했다고 이해할 수 있다. 결국 낯선 남자는 소피 칼이 스스로의 공허에 도달하기 위해 사용했던 (큰)사물로서의 장치에 불과했던 것이다. 그녀는 그녀 자신의 공허를 확인하기 위해, 그녀 자신의 진리의 장소인 공백에 접근하기 위해 남자를 '대상 a'로서 이용한 것이고, 라캉이 말했듯 이러한 '대상 a'를 큰사물의 위상으로까지 격상시키는 공허한 노력을 통해서 승화의 단계에 도달한 것이라 말할 수 있다.

물론 여기서 승화라고 말하는 것은 애도 후에 오는 상태이자 실천이다. 텅 빈 진리의 공허 앞에서 뒷걸음치며 또 다른 환영에 매달려 도망치려는 마음의 나약함을 통제하는 결단의 과정들로 이루어진 '의례 준칙'과 같은 것이 바로 애도와 승화의 실천이고, 소피 칼은 이와 같은 의례 준칙으로서의 작품을 기획했던 것이다.

자신의 공백에
접근하기

자신의 작품을 욕망의 게임으로 설정하고, 이를 통해서 존재의 허무에 도달하려 한 소피 칼의 전략은 그녀의 전 작품을 통해 예외 없이 발견되는 전략이다. 소피 칼의 또 다른 작품 〈호텔The Hotel〉을 보자.

이 작품은 베니스의 한 호텔에 3주 동안 청소부로 취직한 소피 칼이 여행객들이 묵고 있는 객실의 풍경과 사물들을 사진으로 촬영한 것이다. 흐트러진 침대와 테이블 위의 소지품들, 속옷들, 비워지기 전의 쓰레기통 등의 이미지들은 익명의 투숙객의 내밀함과 사사로움을 보여준다. 이 이미지들은 그에 대한 최초의 감상자인 소피 칼 자신에게, 그리고 두 번째 감상자인 우리에게 그 익명의 투숙객에 대

소피 칼, 〈호텔, 룸 47〉, 1981년.

한 어떤 숨겨진 비밀을 알려줄 것 같은 한 줌의 매혹을 발산한다.

　타인의 내밀한 공간에 혼자 남겨지게 된 상황에서 관음증에 빠진 사람처럼, 타자의 감춰진 내면을 들여다보고자 하는 욕망은 누구든 한 번쯤은 경험해보았을 법한 감정이다. 그리고 이러한 관음증의 종착역은 언제나 같다는 사실 역시 우리는 경험을 통해 잘 알고 있다. 그곳은 환멸의 종착역, 텅 빈 정보의 장소, 그 무엇도 말해주지 않는 침묵의 공간이다. 타인의 비밀(정체성)을 알고자 했던 욕망은 도착적 관음증자의 심리 구조 속에 있지 않는 한 우리를 환멸의 장소로 이끌 뿐이다(반대로 도착적 관음증자는 환멸이 아닌 충만함을 경험한다). 소피 칼이 〈호텔〉의 이미지를 통해서 우리를 도달하게 하는 장소 역시 그와 같은 '환멸의 장소'와 다르지 않다. 그곳에서 그녀는 다음과 같이 쓰고 있다.

숙박객들은 들고 난다. 한 객실에서 다른 객실로 쇠락해가는, 끝없이 반복적일 뿐인 존재의 파편들인, 언제나 똑같은 평범한 흔적들을 남기며 (…) 이들은 벌써 나를 무료하게 하고, 그중에서도 가장 인상적인 것은 아마도 침묵이다.

이러한 고백을 통해서 그녀는 정신분석에서 말하는 '애도'의 순간에 접근한다. 그녀는 '세계'를 알고자 하는 욕망 속에서 작업을 시작했지만, 결국 세계가 자신을 드러내는 충만한 실체로서의 진리의 장소가 아닌 텅 빈 공백의 가장자리에 도착할 뿐이다. 그녀의 '관음증적 욕망'은 결코 성도착적 기만 속으로 추락하지 않는다. 그녀는 타인의 이미지를 통해서 결국 자기 자신의 존재의 공백에 가닿으려 했기 때문이다. 객실의 문을 열고, 낯선 남자 또는 여자가 누웠던 침대의 흐트러진 모습에 시선을 던지는 최초의 관음증, 또는 이미지의 폭식증은 차츰 객실 내부의 어떤 사물에도 자신이 찾고 있던 진실의 흔적이 존재하지 않는다는 이미지의 거식증으로 전이되어 간다. 그리고 거기에 '응시'가 남는다.

아무것도 보지 않으려 하면서 모든 것을, 진리를 보려고 하는 '텅 빈' 응시에 도달한 그녀는 그렇게 객실의 한 구석에 서서 자신의 고유한 공백과 만나게 된다. 이와 같은 '응시'의 출현은 이미 1부에서 살펴보았던 대타자의 응시, 공포의 응시에 대한 가장 적절한 '승화'의 결과물로 간주할 수 있다. 소피 칼은 그렇게 '타자에 대한' 또는 '세계 자체에 대한' 관음증으로부터 시작하여, 모든 곳에서 응시하고 있는 타자의 공포스러운 눈에 접근하고, 이와 같은 응시를 공백에 대한 '우리 자신의 응시'로 승화하는 과정을 작품을 통해 보여준 것이다.

상실을
응시하는 눈

이후로도 소피 칼은 '공백을 보는 응시'의 형상을 드러내고자 하는 작업을 지속했다. 〈바다를 보다^{Voir la Mer}〉는 맹인들에게 시각을 상실하기 전 마지막으로 보았던 이미지가 무엇인지를 질문한 뒤에 생각에 잠긴 그들의 모습을 비디오로 촬영한 것이다. 이 작품의 독특한 점은, 감상자인 우리의 시선이 맹인들이 지금 이 순간 보려고 하는 그것을 결코 볼 수 없다는 사실에 있다. '정상적' 시각을 가진 우리는 그들의 외적 이미지, 즉 생각에 잠긴 모습을 관찰할 수는 있지만, 그들의 응시에 참여할 수는 없는 것이다.

이 작품은 바로 이러한 역설 속에 있다. 맹인들은 아무것도 볼 수 없지만 그럼에도 그들은 지금 우리가 결코 볼 수 없는 '대상'을 보고 있으며, 반대로 우리는 모든 것을 보는 듯하지만 저 맹인들이 보는 것을 볼 수 없다.

그렇다면 이 이미지 속에서 맹인들이 보려고 하는 그것은 무엇일까? 질문받은 대로의 이미지, 즉 그들이 마지막으로 보았을 법한 기억 속의 단편적 이미지일까? 물론 그렇게 짐작할 수도 있다. 그들 역

소피 칼의 비디오 작품 〈바다를 보다〉(2011)의 한 장면.

시 작가의 요청대로 그들의 사유 속에 등장하는 과거 어느 시점의 이미지를 떠올려보려고 했을 수도 있다. 만일 그렇다면 우리는 맹인들이 보려고 하는 이미지에 대한 설명을 듣고 그것을 머릿속에 떠올려볼 수는 있을 것이다.

그러나 다른 한편으로 맹인들의 응시는 그들의 기억 속에서 사라져가는 마지막 이미지의 '저편'을 향하는 것이라고도 말할 수 있을 텐데, 맹인들은 그들이 마지막으로 보았던 이미지를 오직 '상실'의 관점에서만 응시할 수 있기 때문이다. 따라서 그들이 진정으로 보고 있는 것은 '있음', 즉 존재의 이미지가 아니라 '없음의 이미지', 즉 '상실' 또는 결여 그 자체의 이미지라고 할 수 있다. 바로 그러한 의미에

3부 현대 미술은 어떻게 유령이 되었나?

서 이 작품은 맹인들의 '공백을 향한 응시'를 우리에게 재현하는 것이고, 그러한 응시가 형식으로서 갖는 슬픔의 정서를 출현시킨다고 할 수 있다. 자신들의 볼 수 없음을 보고 있는 맹인들의 슬픔에 잠긴 이미지는 결국 공백을 향하는 응시가 보여줄 수 있는 전형적 정서를 전달하기 때문이다.

그러나 이처럼 텅 빈 공허를 '응시'한다는 것은 그것을 이해하는 방식에 따라서는 전혀 슬픈 일이 아닐 수도 있다. 혹은 그것이 슬프기 때문에 우리가 진정한 행복에 도달할 수 있다고 해야 할 것이다. 왜냐하면 우리는 눈을 현혹하는 거짓을 횡단하기 위해서 슬픔을 '지불'한 것이고, 그렇게 도달한 지점에서 맞닥뜨린 공백의 이미지는 유일한 진리로서 우리에게 진정한 행복을 약속하기 때문이다. 공백에 도달한 이상 이제 우리는 진정한 자유 속에서 다시 시작할 권리를 갖게 된다. 어느 누구의 시선도 아닌 나 자신만의 새로운 시선의 자유 속에서 세계를 응시할 권리를 말이다.

이처럼 소피 칼의 작업 속에서 그려지는 맹인들은 공백을 감싸는 마지막 환영조차 넘어서는 응시를 소유한 사람들로 간주된다. 맹인의 응시는 시각의 상실로 인한 모든 이미지의 상실이라는 슬픔 속에서만 도달할 수 있는 행복을 표상하며, 바로 그렇게 때문에 '슬픔은 행복의 형식'이 된다.

소피 칼의
유령

이 장 서두에서 다룬 '의태'와 개인의 정체성에 관한 이야기를 통해 독자들은 의태가 결국 누군가의 응시를 두려워한 주체가 자신이 아닌 다른 것으로, 응시가 좋아할 만한 형상으로 치장하고자 하는 방어적 욕망과 다르지 않음을 알게 되었을 것이다. 따라서 모두가 감탄할 만한 고급 승용차를 타고, 모두가 부러워할 만한 명함을 내미는 모습은 의태의 전형적인 사회적 이미지라고 할 수 있다. 또한 의태는 개인의 정체성을 파악하는 초월적 실체 개념의 오류와도 큰 연관성을 갖는다. 한 존재를 하나의 초월적 의미의 이미지 속에서만 파악하려는 사고, 그가 가진 가능성(공백의 실존)을, 오직 그것만을 유일하게 보편적 진리로 인정해야 한다는 사실을 거부하는 사고는 결국 의태적 현상 속에서 등장하는 세계 이미지를 유일한 진리로 간주하려는 도착적 구조의 세계관과 다르지 않다.

우리 세계는 안타깝게도 이러한 가상의 구조를 진리라고 여기는 경향을 보인다. 그런데 이 가상적 환영들이 넘쳐나는 세계 한가운데서 소피 칼은 '아름다워'라고 말하는 맹인을 만난 것이다. 그리고 그녀는 아무것도 볼 수 없는 눈으로 그가 응시한 것이 무엇인지, 눈 뜬 자들은 볼 수 없는 것, 오직 맹인의 시선을 위해 준비되었던 응시의 아름다움이란 무엇인지를 묻는 질문을 던진다. 의태 기능과 초월적 의미의 오류가 지배하는 세계로부터 자유로운 시선으로 맹인이 보는 그것은 과연 무엇일까?

이제까지의 논의를 근거로 독자들은 소피 칼이 묻는 이미지의 아름다움이 무엇인지 추측해볼 수 있을 것이다. 아마도 그녀가 맹인들의 공허한 응시 속에서 찾아낸 텅 빈 아름다움은 상식과 고정관념의 지배에 의존하지 않고서도 도달할 수 있는 특수한 아름다움일 것이다. 그것은 만일 우리가 거기에 도달할 수만 있다면 새로운 가능성으로 모든 것을 다시 시작하게 될 창세기적 아름다움이다.

새로운 아름다움의 실존에 대한 이러한 신념은 주체가 세계 질서가 강요하는 가면들을 전혀 다른 방식으로 썼을 때 일어나는 일들과도 관련이 있다. 삶을 살아가기 위해 어차피 가면을 써야 한다면(자신의 초월적 자아, 가면 뒤에 실존하는 진리라는 것은 존재할 수 없으니) 소피 칼은 그것들을 자신의 가능성에 대한 신념에 근거해서 써야 한다고 말한다. 자신의 정체성을 고착하기 위해 가면을 쓸 것이 아니라, 내부에 존재하는 순수한 가능성의 영역인 공백으로 접근해 들어가기 위한 위장의 도구로서 가면을 취해야 한다는 것이다.

소피 칼이 〈이중게임〉 같은 작품에서 추구하는 가면 놀이가 바로 이런 것이다. 그녀는 정체성을 찾기 위해 가면을 바꿔 쓰는 것이 아니라 오히려 그러한 정체성, 자신에게 덧씌워진 포획의 그물이며 의태의 결과물에 불과한 그것으로부터 탈주하고자 그렇게 한다. 때로는 탐정의 가면을 쓰고(〈베니스의 미행〉), 때로는 나르시스적 사랑에 빠진 여자의 가면을 쓰고(〈어젯밤에도 섹스는 없었다 No Sex Last Night〉, 1992년), 때로는 자신을 묘사한 소설 속 이미지의 가면을 쓴다(〈이중게임〉). 매번 예상치 못한 방식으로 가면을 바꾸면서 그녀는 자신의 슬픔이며 행복인 공백에 접근하는 것이다.

당연한 이야기지만, 이러한 가면 쓰기 게임에서 명심해야 할 것은 유령 놀이가 그 놀이에 빠진 사람을 유령으로 만들 수도 있다는 사실이다. 사람들은 그들과는 다른 방식으로 가면을 쓰고 있는 그를, 무엇보다도 그것이 가면이라는 사실을 알고 있는 그를 때로는 두려움에 찬 눈빛으로, 때로는 거북스러운 표정으로 바라볼 것이다. 그러나 대부분의 경우 사람들은 그가 유령 가면을 쓰고 있다는 것조차 눈치채지 못한다. 가면은 세계 이미지들의 환영적 속성을 간파한 사람들의 눈에만 보이는 것이기 때문이다.

소피 칼이라는 유령이 가르쳐준 것은 결국 이러한 간파, 이러한 깨달음의 기술이라고 해야 할 것이다. 자신의 가면을 알아보는 기술과 그렇게 해서 기왕 유령 놀이를 시작했다면 '유령 되기'의 위험과 책임 역시 떠맡을 수 있는 기술, 스스로가 유령이 되는 기술을 말이다.

빌 비올라,
시간의 영매

시간의
균열

　　유령이미지가 지닌 시간성의 특징이 있다면, 그것은 일상적 시간의 흐름으로부터 일탈하는 것이라고 말할 수 있다. 그것은 우리가 의지하고 있는 '질서 잡힌 뉴턴적 시간'의 안정성을 단번에 파괴해버릴 수 있는 특성을 내포하고 있어야 하기 때문인데, 빌 비올라Bill Viola의 비디오 이미지는 바로 그와 같은 시간의 균열을 드러내는 전형적인 이미지들이라고 할 수 있다.

　　그의 비디오 작업 속 이미지들은 일상적인 시간의 흐름으로부터 단절되거나(〈투영하는 연못Reflecting Pool〉), 늘어지며 이탈하는(〈해변

빌 비올라, 〈해변 없는 바다〉(2007)의 한 장면.

없는 바다Ocean without a Shore)) 양상 속에서 우리가 의존하는 '정상적 시간의 질서'에 '균열'을 내는 특성을 보인다.

예술가로서 빌 비올라와 관련하여 한 가지 흥미로운 점은 그가 자신을 '영매'와 같은 존재라고 자처한다는 점이다. 그는 이미 수차례의 강연과 인터뷰를 통해 자신을 포함한 예술가 일반을 초현실적 현상이 발생하는 사건의 출현을 기다리는 사람으로 묘사한 바 있다. 예술가는 사건적 초-현상, 즉 문명의 질서 체계가 통제하는 세계의 표피, 강력하게 질서화된 판타즘에 불과한 그것의 피부가 찢어지는 사

3부 현대 미술은 어떻게 유령이 되었나?

건이 발생했을 때, 그것을 세상 사람들에게 전달하는 역할을 해야 한다는 것이다.[•]

빌 비올라의 이러한 예술관은 종종 신비주의적 경향으로 비춰지기도 하고, 예술을 초월적 경험으로 인도하는 일종의 종교적 열반의 장치로 보는 게 아니냐는 오해를 사기도 했다. 그런데 정말로 그의 작품들은 낭만주의가 그랬던 것처럼 '가짜 무한'의 경험으로 감상자를 유혹하는 '아름다운 사기극'에 불과한 것일까? 혹은 선사시대 동굴벽화가 그랬던 것처럼 범신론적 힘에 의존하여 세계의 부조리함을 극복하려는 '부적'의 기능을 하는 것뿐일까?

빌 비올라의 작품을 이해하기 위해 이런 질문들로부터 출발하는 것도 하나의 방법일 듯하다. 그럼 먼저 이 질문들에 대한 답을 구하기 위해 '사이비 유령pseudo-fantom'을 생산하는 무당의 주술 행위와 공포영화의 논리가 어떤 것인지 살펴보도록 하자. 아마도 독자들은 이를 통해 빌 비올라의 작품과 무당 또는 공포영화의 장치들이 서로 다른 방식으로, 심지어는 대립한다고도 할 수 있는 방식으로 유령이미지를 생산하고 있다는 사실을 이해하게 될 것이다.

• 빌 비올라는 한 강연에서 "예술가로서 내가 되고 싶은 것은 영매의 노래를 연구하는 사람이 아니라, 영매와 같이 경계선에 서 있는 사람, 영감이 떠오를 때, 무언가 새로운 것이 이 세계에 도래할 때 바로 그 자리에 있는 사람이다. 이전에는 존재하지 않았던 것이 생성되는 것은 언제나 이러한 방식을 따른다. 이것이 바로 예술가들의 삶이다"라고 말했다.

사이비 유령,
무당과
공포영화의 논리

　　현대 사회에서 '비일관적 이미지'를 통제하면서도 그것을 자신의 고유한 존재 양식으로 삼는 대표적인 사례가 바로 무당의 주술 행위와 공포영화, 그중에서도 특히 귀신이 등장하는 영화들이다. 이 두 가지 '이미지의 포획 장치'들은 모두 세계의 '실증 과학적'이며 '화폐 단위적'인 일관성의 흐름에서 예외적인 기능을 한다.

　먼저 점쟁이, 무당 혹은 영매라고 불리는 사람들에 대해 이야기해 보자. 그들은 우리 사회에서 일반적으로는 이해될 수 없는 현상들, 즉 초사실적 이미지들의 출현을 해석하고 때로는 이를 재조직할 수 있는 능력을 지녔다고 믿어지는 존재들이다. 그들은 상식적 이해로는 수용할 수 없는 기이함들, 끝끝내 저항하는 비일관적 이미지들을 해석하고 의미를 부여해 유령이미지의 위험성을 무장 해제하는 일종의 '2차 방어자들'로서의 사회적 역할을 수행한다(바로 그 같은 의미에서 무당과 '보수적 화가'들은 동일한 사회적 역할, 소작농 협회의 역할을 한다). 이들로 인해서 인간은 삶의 일관성이 파괴되는 막다른 골목에서 구원될 수도, 때로는 저주받을 수도 있다는 얘기인데, 그렇다면 이들 무당의 사회적 기능에 대해 보다 구체적으로 살펴볼 필요가 있겠다.

　먼저 누군가 무당을 찾을 때는 그의 삶이 위기에 처했다거나 또는

나라만신 김금화의 일생을 다룬 박찬경 감독의 영화 〈만신〉(2013)의 한 장면.

커다란 변화에 직면해서 도래할 삶의 이미지를 예측할 수 없게 된 경우가 대부분일 것이다. 물론 그저 재미 삼아 '타로점'을 보러 가는 경우도 있겠지만, 사람들은 그보다는 좀 더 진지한 마음으로 무당이나 도사를 찾는다. 이때 무당을 찾는 사람들의 내면을 가득 채우고 있는 정서는 아마도 '불안'일 것이다.

　불안은 하나 또는 다수의 이미지가 일관된 의미-질서의 흐름에서 벗어나 출현하는 순간에 발생한다. 이미지가 이미지이기 위해서는 의미와의 선명한 관계를 유지해야만 하는데, 만일 그 관계가 파괴될 경우에 이미지는 우리의 '시선'에서 벗어나버려서 보이지 않게 된다. 흔히 '아는 만큼 보인다'는 경구가 진정으로 의미하는 바가 바로 이것이다. 앎의 체계를 벗어나는 이미지, 즉 의미를 부여할 수 없는 이미지는 억압되어야 하며, 따라서 볼 수 없는 이미지가 된다. 그것은 마치 존재하지 않는 것처럼 공백의 형상으로 존재하며, 눈에 보여서는 안 된다. 그런데 이따금 존재하지 않는 방식으로 존재해야 하는 그것들이 우리의 시각장 안에 출몰하는 경우가 있다. 주체가 극심한 스트레스를 겪으면 자신의 자아를 지탱하는 고정관념의 체계를 제대로 작동시키지 못하는 불안의 상황이 바로 그런 순간이다.

정신분석에서는 이러한 현상을 '증상의 출현'이라고 부른다. 심리적 영역을 통제하는 억압과 방어의 장치들이 제대로 작동하지 않는 병리적 순간에 증상-이미지들은 출현하고 이들은 환각이나 망상 또는 불길한 꿈의 형태로 주체를 사로잡는다.

삶을 위협하는 증상적 출현과 대면할 때, 사람들은 정신과 의사를 찾아가거나 무당을 찾아간다. 상당히 다른 느낌을 주는 처방이긴 하지만 그 결과는 동일하다고 할 수 있다. 양쪽 경우 모두 결국 증상은 다시 억압되어 분산되니 말이다. 이는 의미의 질서에서 일탈한 채 등장했던 이미지들이 다시 의미를 부여받고, 즉 해석되어 의미의 질서 체계 내부로 재편입된다는 것을 의미한다. 미국식 자아심리학이나 무당의 '상담 과정' 모두가 증상에 대한 억압에 기초한다는 점에서는 크게 다르지 않다는 말이다.

무당을 찾을 때의 상황을 좀 더 구체적으로 그려보자. 무당을 찾아간 사람은 우선 그를 불안에 빠뜨리는 꿈 또는 미래에 대한 불안 등을 무당에게 호소하고, 무당은 그가 말하는 불안의 이미지들을 다양한 방식으로 해석하려고 시도할 것이다. 무당은 어떻게든 그를 불안하게 하는 이미지들의 '무의미'를 밀어내고 그것에 대한 명쾌한 답을 주려고 노력하는데, 이는 무의미한 이미지들, 즉 증상적 이미지들을 불러내는 동시에 그들을 다시 의미 속으로 재편입시키는 행위라 할 수 있다. 그런데 무당과 영매의 활동에서 주목해야 할 것은 이들이 유령이나 혼령 등 알 수 없는 이미지들을 길들이기만 하는 것이 아니라 이에 앞서 그 이미지를 '생산'하는 역할까지 수행한다는 점이다. 무당들은 알 수 없는 방언을 쏟아내거나 발작에 가까운 춤과 언행으로 먼저 이미지를 해방한 다음, 흐트러진 이미지의 질서를 자신들의 논리로 재편성하는 것이다.

이 같은 무당의 전략은 상당히 효과적이라 할 수 있다. 무당들의 기행은 일단 이들을 찾기 전까지 사람들의 삶을 장악하고 있던 '실증 과학적'이며 '화폐 단위적'인 확실성, 즉 자본주의적 고전주의의 질서를 파괴하는 역할을 수행하기 때문이다. 그렇게 일단 한 사회의 상식적 일관성의 질서가 느슨해진 상태의 공간을 마련한 무당은 비일관적 이미지들, 즉 유령이미지들을 소환하고 다시 이들을 자신들의 논리에 맞게 재편성한다. 무당을 찾은 고객들은 이처럼 '무장 해제' 된 상태에서 자신의 심리 속에 출현했던 유령이미지들을 더욱 선명하게 볼 수 있게 되고, 그 틈을 타 무당들은 자신들의 고유한 논리를 개입시키고 전개시킬 수 있는 풍부한 토양을 확보할 수 있게 된다. 이러한 전략은 유명한 무당의 부적 하나가 상식을 초월하는 가격에 매매된다는 사실을 통해서 그 효력을 충분히 짐작할 수 있다. 무당의 논리가 장악하는 공간에서는 '유령 상품의 논리'가 '상품 시장의 논리'보다 더욱 강력하게 작용한다.

유령이미지의
수입업자들

　　그렇다면 결국 무당들을 세계의 의미 질서 체계가 알지 못하는 외부의 초월적 이미지들을 불러내고, 그러한 출현의 의미를 우리에게 알리는 진정한 '영매'의 역할을 하는 존재들로 간주해도 좋은 것일까? 나아가, 불가지不可知적인 것을 가지可知적인 것의 영역으로, 무질서를 질서의 영역으로 매개해 들여오는 자들, 즉 '유령이미지의 수입업자'들이라 부를 수 있는 것일까?

　　일단 질문에 답하기에 앞서 이러한 '유령이미지의 수입업'이 성행하려면 어느 정도의 시장 논리가 뒷받침되어야 한다는 사실부터 지적해야겠다. 다시 말해 자본주의적 고전주의의 과도한 선명성에 대한 거부 반응이 유령이미지의 판매 시장에는 필수적이라는 말이다. 모든 것이 너무도 선명한 '유한성의 사회'에서 신비주의는 일종의 양념과 같은 역할을 해줄 테니 말이다(19세기 낭만주의의 출현은 이러한 양념 효과의 덕을 톡톡히 봤다).

　　하지만 이러한 양념 자체가 유한성을 극복할 수 있게 하지는 못한다는 점을 잊어서는 안 된다. 무당을 비롯한 다양한 차원의 신비주의의 효과들은 결국 유한성의 공간을 일탈하는 욕망들에 대한 또 다른 통제 장치에 불과하다. 무당이 매개하는 '외부'라는 것은 낭만주의자들이 상상하던 이국의 풍경처럼 이미 모두가 알고 있는 것, 유한한 지식으로 예측할 수 있는 저승의 풍경일 뿐이다. 귀신과 죽은 자의 영혼이 친절하게도 산 자가 알아볼 수 있는 외모와 몸짓, 누가 봐도 귀신처럼 보이는 '바로 그러한' 몸짓으로만 출현하는 이유가 바로 여기에 있다.

그렇다면 공포영화의 경우는 어떨까? 이것 역시 우리 사회에서 무당과 동일한 기능을 수행하고 있는 것일까? 공포영화에서의 이미지 논리는 무당들의 그것과 상당히 흡사해 보인다. 공포영화를 유심히 관찰해본 사람이라면 그것의 이미지 연쇄 논리가 일반적인 영화의 논리와는 좀 다르다는 것을 눈치챌 수 있을 텐데, 예를 들자면 이렇다. 일반적인 장르의 영화에서는 모든 이미지들이 서사의 흐름을 돕기 위한 방식으로 나열된다. 영화 속 인물이 허리를 굽힌다면 땅에 떨어진 무엇인가를 줍거나 누군가에게 경의를 표하는 인사를 하기 위해서 그런 것이다. 이처럼 하나의 이미지는 다음 이미지를 '의미의 전개' 속에서 예측 가능하게 하는 방식으로 나열된다. 이러한 전개 과정 속에서는 관객이 예측할 수 없는 운동-이미지는 존재할 수 없다. 이것은 앞서 매스미디어 이미지의 논리적 성격을 언급하면서 다루었던 내용과 동일하다.

그런데 공포영화, 특히 귀신이 출몰하는 영화에서는 사정이 조금 다르다. 공포영화에서는 귀신뿐만 아니라 보통 사람의 움직임 또한 예측하기 힘든 방식으로 편집되는 경우가 많다. 관객을 놀래기 위해서 그런 것인데, 감독들은 '습관적 운동-이미지'의 전개 방식으로부터 일탈해 이미지를 배치함으로써 '예상치 못한 공포'의 효과를 만들어낸다.

나카타 히데오中田秀夫의 〈링The Ring〉은 이러한 공포 효과를 극대화한 이미지 편집의 전형적인 사례를 보여준다. 이 영화의 성공 요인은 귀신의 움직임과 그 전조를 관객의 예상을 뛰어넘는 효과 속에서 보여줌으로써 '놀람의 공포'를 극대화했다는 점에서 찾을 수 있다. 마치 현대 무용의 한 장면을 연상시키듯 아주 이상한 방식으로 걷거나

영화 〈링〉(1998)의 한 장면.

기어 다니는 영화 속 귀신은 상식적 운동의 이미지 질서를 파열시키는 효과를 만들어냈다. 기본적으로 안정적인 스토리 전개를 위해 배치된 이미지 사이사이로 등장하는 이해할 수 없는 이미지는 다른 장르의 영화에서라면 분명 부자연스럽게 느껴졌을 테지만 이 영화에서는 스산한 느낌을 강조하는 중요한 역할을 하고 있다.

이러한 불연속적인 이미지들은 또한 이 영화가 구현하고자 한 효과, '영화 스크린의 균열'이라는 상징적 효과가 성공적으로 표현될 수 있도록 돕고 있다. 이로써 감독은 관객들로 하여금 영화가 진행되는 내내 스크린을 찢고 영화 속 귀신

3부 현대 미술은 어떻게 유령이 되었나?

이 튀어나오지 않을까 하는 공포에 전전긍긍하게 만드는 데 성공할 수 있었다. 특히 오래된 비디오테이프 화면에서 볼 수 있는 거친 이미지의 사용은 우리 세계의 미끈하게 구성된 논리적 이미지의 표면이 균열을 일으킬 수도 있다는 상상 속으로 관객을 유도했다.

〈링〉은 세계의 일관된 이미지 질서가 기능 장애를 일으키면서 바이러스에 오염되는 순간에 등장하는 오작동의 이미지, 즉 비일관적 이미지의 출현을 형상화하는 데 주력하고 있다. 게다가 이러한 오작동의 원인이 인간의 과도한 욕망에 기인한다는 설정은 세계 이미지의 질서와 그것을 넘어서려는 욕망의 잉여적 속성을 표현하는 데 탁월한 선택이었다고 생각된다. 감독은 이러한 목적 아래 이미지들의 연결을 부조화 속에서 던져 넣는 모험을 감행했고 상당한 성공을 거둘 수 있었다.

그러나 유령이미지의 생산과 수용에도 불구하고, 영화는 결국 '무당굿'의 효과 이상을 보여주지 못한다고 해야 할 것이다. 왜냐하면 영화의 불연속적인 이미지들, 즉 유령 효과에 의해 배치된 비의미적 이미지들은 오히려 영화 전체의 논리와 의미를 강화하는 데 사용됐기 때문이다. 이는 무당들이 굿을 통해서 일시적으로 이미지를 해방하는 이유가 그 이미지를 다시 포획하여 자신들의 논리 속에 가두기 위한 것이라는 점과 다를 바 없다.

결국 공포영화나 무당들의 행위 속에 불려 나오는 유령이미지는 그 자체가 지닌 해체의 역능, 즉 주체의 욕망을 공백으로 이끄는 능력을 영화의 스토리 또는 무당의 퇴마적 서사 속에서 또 다시 거세당

헨리 퓨젤리Henry Fuseli, 〈악몽〉, 1785년~1790년.

헨리 퓨젤리와 같은 낭만주의 화가들은 이성을 위협하는 광기와 혼돈의 이미지를 많이 그렸는데, 이러한 이미지는 사실 이성적 사고가 상상할 수 있는 한계 내의 이미지였을 뿐이다. 이러한 '사이비 유령이미지'는 결코 주체가 세계의 한계를 넘어서는 것을 돕지 못한다.

하고 만다. 이것은 낭만주의 회화가 유령이미지와 관련하여 이르게 되었던 운명과 동일하다고 해야 할 것이다.

　이러한 시도들이 현실 도피적이고 따라서 현재의 모순을 극복하는 데 실패할 수밖에 없는 이유는, 현실 너머에 도사리고 있는 보편 존재인 공백과 마주하기를 포기하기 때문이다. 이들은 삶의 중핵에 위치한 '공백'을 '심연'이나 '초월성'과 같은 신비주의적 개념들로 메꾸고, 그곳에서 상상적인 이미지들을 생산해내는 데 만족할 뿐이다.

빌 비올라,
예외적 시간과
완고함

무당의 주술 행위와 공포영화의 '낭만주의적 유령이미지들'의 논리가 그들의 다양한 외관에도 불구하고 상당히 제한된 유한성의 토대에 기대고 있다는 사실이 밝혀졌다. 그것들은 매스미디어 이미지의 세계가 완성한 균열 없이 매끈한 스크린의 표면을 결코 넘어서지 못한다. 그렇다면 빌 비올라의 영상 이미지는 어떻게 공포영화가 양산해낸 사이비 유령이미지의 한계를 극복하고 있을까? 또 그 자신이 주장하는 대로 '영매'로서의 그의 역할은 '무당'의 한계를 어떻게 넘어설 수 있을까? 우선 아주 간단한 개념들, 빌 비올라의 비디오 이미지들이 지닌 '시간적 예외성'과 그러한 예외성을 끝까지 지켜내려는 '완고함'의 개념에서부터 이야기를 시작해보자.

빌 비올라의 초기작 〈투영하는 연못〉은 비디오테이프에 녹화된 이미지들을 합성한 작품으로, 이 작품에서 그는 처음으로 '시간의 파열'에 대한 가장 중요한 이미지들 중 하나를 '고립'시키는 데 성공한다. 비디오는 한 남자가 수풀에서 나와 연못 또는 인공 수조처럼 보이는 사각형의 물웅덩이 앞에 서는 것으로 시작된다. 한동안 그곳에 서 있던 남자는 갑작스런 기합 소리와 함께 공중으로 도약하고, 뛰어 오른 남자의 이미지는 공중에 뜬 채 정지한다. 이렇게 공중에 정지된 남자의 이미지는 마치 하나의 얼룩처럼 이미지의 표면에 남아 있다 가 서서히 사라진다.

한편 남자의 이미지가 '도약'과 '정지' 그리고 '사라짐'을 겪는 동

빌 비올라, 〈투영하는 연못〉(1979)의 한 장면.

안 연못 주변의 풍경은 일상 적인 움직임과 자연의 소음 속에서 정상적인 시간의 흐 름을 이어나간다. 도약 후 공 중에서 정지된 남자의 이미 지는 전체 비디오 이미지를 두 갈래의 시간으로 파열시 키는데, 공중에 정지된 채 감 상자의 시선을 사로잡는 웅크린 신체의 기이한 형상은 일종의 '시간 의 잉여물'처럼 보인다. 이처럼 감상자는 갈라진 시간을 은유하는 이 미지들을 따라가면서 시간 자체에 대한 새로운 시각적 체험을 하게 되는데, 이러한 시간 현상은 '뉴턴적 세계의 시간'과는 전혀 다른 것 이라 할 수 있다. 뉴턴적 시공간이 기하학적인 안정성 속에서 균일한 수치로 펼쳐지는 일관성의 틀을 제공하고, 이미지는 그러한 틀 속에 서 자신의 거친 속성을 길들인다면, 빌 비올라의 작품 속 이미지들은 오히려 그와 같은 일관성의 표면에 균열을 내는 듯 보인다.

(1)   (2)   (3)

왼쪽에서 오른쪽으로 진행되는 비디오 이미지는 특히 (2)의 남자의 도약에서 수분 동안 정지된 채 얼룩처럼 화면에 남아 있다. 그런데 이 얼룩 주변을 감싸고 있는 풍경은 여전히 일상적인 시간의 흐름 속에서 정상적인 운동-이미지를 보인다. (2)의 얼룩이 완전히 사라지는 (3)의 이미지에서 남자는 물속에서 나와 연못의 뒤쪽으로, 처음 그가 왔던 방향으로 돌아간다.

　　(1)→(2)→(3)의 순서는 '비디오 자체의 시간'이라고 할 수 있다. 그것은 일반적으로 영화가 기승전결의 자체적인 시간을 갖는 것과 같은 의미에서의 '작품의 시간'이다. 그러나 이 작품에서는 유독 (2)의 이미지가 다른 모든 이미지의 시간 흐름을 위협하는 듯한 인상을 준다. (2)에서 멈춰버린 얼룩은 정상적 시간이 보여주어서는 안 되는 균열 또는 초과점의 효과를 발산하면서 일상적 시간 개념을 혼돈에 빠뜨리고 있다. '시간의 얼룩'이라 부를 수 있는 이것은, 정상적으로 흐르는 시간의 일관성에서라면 나타날 수 없는 얼룩이다.

　　그런데 '시간의 얼룩'이 이러한 작품 속에서만 발견되는 것은 아니다. 일상 속에서도 우리는 얼마든지 '얼룩'의 시간과 대면할 수 있다.

예를 들어 무언가에 몰두하다가 문득 시간의 흐름에 대한 감각을 완전히 잃어버렸을 때, 그러고 나서 다시 시간 흐름의 정상적인 '양量'을 인식하게 되었을 때가 그렇다. 흔히 그런 순간을 경험한 사람은 잠시 정상적 시간의 흐름을 잊고 있었던 것으로 자신의 체험을 과소평가하기 마련이다. 그러나 실제로 그는 의식을 장악하는 뉴턴적 일관성의 시간으로부터 잠시 동안 자신을 해방시켜, 의식을 사로잡는 무엇인가를 매개로 '시간의 공백'에 접근했던 것이다.

'시간의 공백'은 시간의 일관성이라는, 역시 판타즘의 산물일 수밖에 없는 사유의 구조를 해체해야만 도달할 수 있는 시간적 사유의 바닥 같은 것이다. 그것은 '시간의 수조' 밑바닥에서 느끼는 보다 자유로운 시간이다. 그러나 일상은 우리를 그와 같은 자유로운 시간 체험으로부터 분리하고 차단하고 금지한다. 우연한 사건으로 '시간의 공백'을 체험한 후 이를 일종의 착각으로 간주하는 것은 우리가 시간의 일관성이라는 틀에 갇혀 있기 때문은 아닐까? 사람들은 대부분 시간을 쪼갤 수도, 늘릴 수도, 알려진 형식과는 전혀 다른 방식으로 이접시킬 수도 있다는 사실을 완전히 망각한 채 살아간다. 어린 시절의 상상적 이미지의 세계 속에서 자유롭게 굴절되며 변형 가능하던 시간의 흐름은 이제 시곗바늘의 엄격한 움직임 속에서 재단되며, 이를 벗어나는 어떠한 상상도 불가능한 것으로 선고된다. 만일 이러한 규범에서 벗어날 경우 그것은 '광기'라는 이름으로 간단히 배제돼버린다.

그런데 시간적 사유에 대한 통제가 단순히 시곗바늘의 기계적 규범으로만 이루어지는 것은 아니다. 오늘날 매스미디어의 규범들은 시간에 대한 관념을 전혀 새로운 방식으로 재단하고 있다. 이미지들이 전개되는 시간을 소비의 리듬에 맞추어서 인식하도록 강제하는 자본주의 전략이 그 전형적인 사례이다. 하나의 상품으로서의 사물은 또 다른 신제품이 등장하는 순간 그것에 고유했던 이미지 자체를 변화시킬 것을 강제당한다. 또는 텔레비전으로 보여지는 모든 이미지들이 광고 리듬에 따라 분절되면서 그들에게 고유했던 가치를 상실하고, 나아가 보다 쉽게 소비될 수 있는 경량을 지니게 되는 현상과도 관계있다.

미국의 텔레비전 방송은 어떤 프로그램이건 15분마다 광고를 집어넣어 그것의 전후에 자리하는 일반적 이미지들을 광고와 동일한 수준으로 소비할 수 있도록 분절하는 효과를 창출한다. 예를 들어 코미디 프로그램 뒤에 햄버거 광고가 나오고 다시 이라크 전쟁을 보도하는 뉴스 화면이 나오면, 시청자는 각각의 이미지가 지닌 무게 차를 더 이상 느낄 수 없게 되는 것이다[장 보드리야르가 《소비의 사회》(1992)에서 텔레비전의 이미지 분절과 관련하여 말하고자 했던 것이 바로 이것이다]. 이처럼 매스미디어 이미지들은 모두 '시각적 소비의 리듬'이라고 하는 균등한 시간-틀 속에서 재단되고 통제된다. 매스미디어 환경에서 이미지는 소비되기 알맞은 시간성에서만 제시되어야 하기 때문에 너무 느리지도 너무 빠르지도 않게 전개되어야 하는 것이다. 이렇게 시간에 대한 우리의 상상력은 오늘날의 소비 조건을 결코 넘어설 수 없는 수준에서 완벽하게 통제당하고 있다.

〈투영하는 연못〉에서 보이는 '시간의 얼룩'은 바로 이러한 '시간

이미지들의 평준화'에 대한 초과점으로 출현한다. 빌 비올라는 어떻게 하나의 얼룩-이미지가 그것을 둘러싼 보편적 시간의 흐름에 저항하고, 나아가서 그러한 흐름에 '예외적 시간'을 창조할 수 있는지를 우리에게 보여준다. 또한 예외적 시간 이미지를 다른 어떠한 서사나 시간적 논리의 규범으로도 포획할 수 없는 상태로 '방치'함으로써, 그것의 저항력이 지속될 수 있도록, 그럼으로써 유령이미지의 '완고함'이 유지될 수 있도록 만드는 이미지의 새로운 배열을 창조해낸 것이다.

시간을
늘리는 기술

〈투영하는 연못〉 이후 빌 비올라는 시간적 '예외성'과 이를 지속시킬 수 있는 '완고한' 이미지를 만들어내는 작업에 집중했다. 특히 1990년대 이후로는 '슬로우 모션slow motion'이라는, 시간을 늘리는 아주 단순하면서도 효과적인 기술을 이용해 이러한 작업을 계속해나가고 있다. 슬로우 모션은 사실 다양한 영상물에서 광범위하게 쓰이는 기법으로 이를 이용한 영상 이미지는 우리에게 매우 익숙하다. 슬로우 모션 속에서 전개되는 이미지는 일상적 질서로부터 일시적으로 일탈하는 듯한 느낌을 주는데, 빌 비올라는 자신이 원하는 '예외적 시간성'을 창조하기 위해 이러한 이미지들의 일

빌 비올라, 〈교차〉(1998)의 한 장면.

탈 현상을 적극 이용했다. 〈교차 The Crossing〉는 이 '늘어지는 시간성' 속에서 세계 이미지의 질서로부터 일탈하는 '예외적 시간'의 효과를 보여주는 대표적인 작품이다.

〈교차〉에서 이미지들은 소멸과 죽음, 탄생과 창조 등의 상징적 의미들을 전개해나가는데, 그것들은 슬로우 모션 기법을 통해 규범적 시간성의 통제로부터 해방된 채 출현하고 있다. 빌 비올라의 영상 작업들은 대부분 어둡게 연출된 조명 아래 빔 프로젝터로 2미터가 넘는 벽면에 이미지를 투사하는 방식으로 전시되곤 한다. 필자는 파리의 수백 년 된 지하 납골당을 개조한 전시실에서 그의 작품을 봤는데, 마치 물리적 시간의 흐름이 그곳에서만 잠시 느려지면서, 억압되어 있던 무의식의 이미지들이 출몰하는 듯한 인상을 받았다.

전시장에서 등신대 크기를 넘어서는 압도적인 영상 이미지 앞으로 유인된 관람객은 불에 타거나 수조의 깊은 물속으로 추락하는 인간의 이미지를 아주 느린 시간의 (반灰)질서 속에서 만나게 된다. 여기서 관람객은 일탈하는 이미지의 압도적 숭고함에 매혹되어 삶과 죽음 그리고 희로애락의 의미들을 일상의 그것과는 전혀 다른 시간성 속에서 체험하게 된다.

이처럼 빌 비올라의 작품들은 우리가 상식적으로 만날 수 있는 삶의 의미를 비상식적인 시간성을 통해 다시 만날 수 있게 하는 매개자의 역할, 즉 영매의 역할을 수행한다.

그의 작품에서 우리의 눈길을 끄는 또 다른 요소는 이미지들이 가진 일상성, 즉 등장인물들이 현대의 일상적 공간에서 마주칠 법한 평범한 외모를 하고 있다는 사실이다. 이는 1부에서 다루었던 카라바조의 기법과 거의 동일한 효과를 노리고 있다고 할 수 있다. 즉, 이미지 자체의 일상성을 통해서 관객과의 직접적인 동일시를 시도하고, 이러한 동일시를 다시 비규범적 공간으로, 일상적 질서가 부재하는 공간으로 내던지는 효과가 그것이다. 바로 이와 같은 효과들에 주목함으로써 우리는 왜 빌 비올라가 자신을 '영매'와 같은 존재라고 자처했는지, 그 의도를 비로소 이해할 수 있게 된다.

결국 영매로서의 예술가는 세계 지식에 의해 이미 알려진 사실들을 전하는 존재가 아니다. 영매는 세계가 다양한 질서와 논리의 규범들에 의해 억압받고 지배당할 때, 그와는 전혀 다른 것, 그래서 우리가 결코 볼 수 없었던 것을 불러낸다. 무당이 굿을 하듯 예술가는 자신만의 독특한 절차를 통해 비상식적 이미지 또는 규범화되지 않은 이미지를 소환하는 것이다. 이와 같이 소환된 이미지를 통해서 우리는 세계와 우리 자신의 존재가 무엇을 의미하는지에 대해서 처음부터 다시 사유할 것을 요청받는 것이기도 하다.

우리는 이러한 과정을 '공백을 소환하는 절차'라고 부를 수도 있겠다. 더 정확하게 말하면, 예술가란 '공백의 이미지'를 소환하는 굿판을 벌이는 영매인 것이다. 그런데 여기서 우리가 잊지 말아야 할 것은, 예술가로서의 영매가 무당들과 구별되는 지점이다. 앞서 언급했던 것처럼 무당으로서의 영매는 공백을 또 다른 의미로, 환영으로 채우는 퇴행 속에서 굿을 마치게 된다. 무당뿐만 아니라, 우리 일상의 모든 행위들은 바로 이와 같은 절차에 근거하여 작동하고 있다. 삶의 한가운데로 등장하는 불확실성의 이미지를 포획하고 그것에 새로운 의미를 부여한 뒤, 그러한 의미가 마치 이미지의 고유한 기원인 것처럼 확신하는 과정이 언제나 반복되는 것이다. 물론 이러한 의미 부여, 즉 해석의 절차를 지배하는 것은 언제나 언어적이며 사회적인 권력의 패러다임이라는 것은 두말할 필요도 없다.

그러나 예술가들은 이와는 전혀 다른 방식의 굿판을 벌이는 자들이다. 예술가들은 불확실한 이미지를 소환하고 그것이 공백과 맺는 관련성을 확인한 뒤에 그것을 작품의 이미지로 등장시키지만, 그럼에도 그와 같은 이미지가 특정한 의미나 질서에 완전히 사로잡히지 않도록 하는 특수한 장치를 개발한다.

예술가는 공백을 환영으로 채우지 않는다. 유령이미지가 진정으로 힘을 발휘하기 위해서는 공백과 맺는 관계를 끝끝내 유지해야 하기 때문이다. 만일 하나의 이미지가 유령처럼 세계 스크린의 표면을 뚫고 등장해 예술가와 관객을 매혹한다 해도, 그것이 자신의 기원이기도 한 공백으로부터 너무 멀리 일탈하여 의미의 세계에 깊이 진입하게 되면 파시즘적 권력으로 둔갑하게 될 것이다. 바로 이것이 매너리즘이 처했던 곤경이다. 하나의 이미지가 지닌 최초의 창조성이 공백으로부터 일탈하는 순간 그와 같은 창조성은 거대한 환영의 장소로 변질된다. 이것이 예술작품에 '완고함'이 요청되는 이유이다. 공백과 연결된 끈을 유지하면서 그 어떤 알려진 해석의 유혹에도 저항하는 완고함. 빌 비올라의 작품이 보여주는 것이 바로 이것이다.

빌 비올라의
유령

'느림의 미학'이라는 말이 있다. 느리게 걷고, 느리게 먹고, 느리게 읽고, 느리게 말한다면, 그전까지 볼 수 없었던 것을 보게 된다는 삶의 지혜가 담긴 이 말은 빌 비올라의 작품과 잘 어울린다. 물론 이것은 그의 작품 이전부터 존재해온 오랜 '철학적 사유'이기도 하다.

만일 세계를 한 권의 '책'으로 은유할 수 있다면, 느리게 읽는 행위는 세계라는 책이 지닌 의미를 더 잘 이해하기 위한 방법이 될 것이다. 빌 비올라가 '느리게 움직이는 이미지'들을 만들었던 이유도 여기에 있다. 그런데 느리게 읽는 방법은 예기치 못한 효과를 산출해내기도 한다. 독서의 속도를 늦추면 늦출수록 책이 지닌 의미의 안정적인 흐름을 따라가기보다 활자가 드러내는 물질적 형상에 더 강하게 영향을 받게 되는 것이다. 이때 책을 읽던 사람은 하나의 문자나 문장을 전혀 다른 방식으로 해석하는 오류를 범하게 된다.

20세기 인문학이 느림의 미학에서 발견한 진정한 가치가 바로 여기에 있다. 느림은 더 깊은 의미를 찾아낼 수 있도록 하기 때문에 가치 있는 것이 아니라, 의미의 오류에 접근할 수 있게 하기 때문에 가치 있다. 독서에 있어서 더 깊은 의미를 찾는다는 것은 책의 논리가 가장 강화되는 부분, 책을 지배하는 의미의 질서가 가장 집중되어 있는 부분을 찾는다는 것이다. 그리고 이것은 곧 세계 질서의 가장 핵심적인 부분과 자기 자신을 동일시한다는 것을 의미한다. 이러한 동일시를 정신분석에서는 '소외'라고 부르는데, 소외란 자기 자신을 잃어버리고 타자로부터 주어진 이미지를 자신이라 오인하는 현상을 말한다. 따라서 세계라는 책을 느리게 읽는 진정한 목적은 이미 완성되어 있는 깊은 의미를 받아들이기 위함이 아니라 오히려 그것의 영향력으로부터 벗어나는 데 있다. 느림의 미학으로 도달해야 하는 장소는 책의 빈 공간, 문장과 문장 사이, 단어와 단어 사이의 빈 공간이어야 한다.

보통 책에서 단어와 단어 사이는 의미로 가득 차 있다. 하나의 단어는 언제나 다른 단어 또는 다른 문장과의 관계 속에서만 의미를 갖는다는 사실은 현대 언어학이 남긴 소중한 지식이다. 그런데 느리게 읽는 행위는 이러한 의미들, 단어와 단어 사이에 존재하는 의미들이 사라지는 순간을 기다리는 행위와 같다. 느리게 읽는다는 것은 단어 사이를 채우고 있던 의미들이 그와 같은 느림의 속도를 견디지 못하고 이탈하게 만들기 때문이다.

느리게 독서하는 사람이 기다려야 하는 것은 바로 이러한 순간이다. 세계라는 책 속에서 연쇄되는 문장들, 이미지들 사이에 가득 메워져 있었던 의미가 누락되는 순간—리오타르^{Jean François Lyotard}는 이러한 순간을 문장 사이의 '분쟁^{différend}'이 출현하는 순간이라고 정의한다—세계의 관찰자는 공백을 보게 될 것이다. 시간의 수조로 하강하던 인간이 마침내 바닥을 보게 되는 것이다. 그렇다면 그 후에는 어떤 일이 벌어질까? 단어들 사이에서, 문장들 사이에서, 이미지들 사이에서 공백을 본 세계의 관찰자는 어떤 일을 하게 될까? 그는 아마도 '창조'라고 불리는 인간 고유의 실천을 욕망하게 될 것이다. '세계'라는 책이 강제하는 의미의 질서를 훌쩍 뛰어넘는 새로운 방식으로 새로운 책을 써나가게 될 거라는 말이다. 이제 그는 읽는 대신 쓰게 될 것이고, 보는 대신 그리게 될 것이다. 이것이 바로 공백의 전령으로서의 유령이미지가 관객에게서 감상자의 지위를 박탈하고 예술가로서 다시 태어날 것을 요청하는 방식이다. 여기서 공백이란 책의 빈 페이지 혹은 하얀 캔버스의 표면이다. 감상자는 이제 예술작품이 그를 위해 준비한 백지를 채워야 하는 자유라는 '의무'를 이행할 것을 요청받는다.

빌 비올라의 유령이미지 역시 동일한 요청을 하고 있다. 그는 시간을 느리게 하는 기법을 통해 이미지들이 어떻게 매끈한 스크린에 균열을 일으키는지 보여주었고, 이를 통해서 존재와 관련한 의미들이 다시 질문되는 체험을 우리에게 선물했다. 그것이 선물인 까닭은 우리가 소망해왔던 일—자기 삶을 스스로 창조해내는 것—을 가능하게 해주었기 때문이다. 소외되지 않는 삶. 근대 문명이 발명해낸 주체라는 단어의 의미가 가장 엄밀한 차원에서 실현될 수 있는 가능성의 선물.

에필로그

'유령 되기' 필드 매뉴얼

잃어버린 시간을 찾아 나서기는 쉬우나,
되찾은 시간을 잃어버리기는 어려운 것.
_움베르토 에코, 《푸코의 진자》

    사람들은 흔히 인생을 그림에 비유한다. 인생 설계도를 그린다든
지, 삶을 장밋빛으로 물들이고 싶다든지, 살아온 인생을 지우고 싶다
든지……. 그러나 사실 한 사람의 인생은 그 자신이 그리는 게 아니
라 타자에 의해 그려진다고 말하는 것이 더 정확하다. 그는 화가의
위치에 있기보다 그림 속 작은 얼룩의 위치에 있었던 것이다. 이 책
의 1부와 2부를 통해 말하고자 했던 것이 바로 이것이다. 사람들은
어떻게 그려지는가? 어떻게 소비되는가? 그리고 어떻게 소외되는
가?

    인간이 소외로부터 벗어나는 방법에 대해 집중적으로 탐구한 3부
에서는 사진과 판화, 회화와 개념미술, 비디오아트 등 20세기의 예
술 형식을 대표하는 5명의 작가가 소외에 저항하는 양상들을 살펴보

았다. 이 과정에서 우리는 공백의 이미지라는 개념에 도달할 수 있었다. 그것은 유령이미지라고 이름 붙일 수 있는 것이기도 한데, 그것이 우리에게 강제된 '이승'의 질서를 일탈하는 비일관성, 비존재(공백)에 붙일 수 있는 적절한 이름이기 때문이다. 20세기의 일단의 예술가들은 바로 그와 같은 유령이미지를 소환하는 기술을 발명한 영매와 같은 존재들이라 할 수 있다.

그런데 이들 유령이미지를 소환하는 영매로서의 예술가들이 지닌 공통된 특성이 하나 있다. 그들은 모두 천재성이라는 아우라를 보여줄 만한 특출한 기교로 작품을 만들지 않았다는 것이다. 그것은 예술의 창조적 행위가 예술가에게만 속한 것이 아니라는 점을 분명히 드러낸다. 이들 작가들의 작품은 관객에게 보이기 위해서, 뛰어난 천재성을 과시하기 위해서, 감상자에게 향유를 제공하기 위해서 전시되지 않는다. 그보다는 작가 자신이 도달한 곳에 감상자 역시 도달할수 있도록 일종의 지도와 같은 역할을 수행할 뿐이다. 이들 작품들은 감상자에게 유령이미지를 소환하는 행위에 참여할 것을, 그렇게 해서 규범적 이미지들에 의해 포획되지 않기를 요청할 뿐이다.

또한 이들은 자신들의 작품이 감상자의 진리에 대한 욕망을 적당한 수준에서 정지시키고 주어진 세계의 한계 내부로 되돌아가게 하는 '대상 a'로서 기능하기를 거부한다. 그보다는 오히려 작품 앞에 선 감상자의 욕망이 작품 자체를 넘어설 것을 요구한다. 감상자의 욕망이 작품 자체를 넘어선다는 것은 결국 감상자 스스로가 자신의 삶의한계 너머를 욕망하게 되는 것으로 해석할 수 있다. 하나의 진실한 작품이란 세계가 보여줄 수 있는 마지막 진리의 종착역이 아니라, 새로운 세상의 출발점이 되어야 한다고 예술가들은 믿기 때문이다.

따라서 작품 앞에 선 사람들이 자기 존재에 대한 작가이기를 요청받는 것은 어쩌면 당연한 일이다. 이 요청은 작가가 마련해놓은 선물인 '유령이미지의 소환 매뉴얼'을 이해하고 체험하는 과정 속에서 우리 역시 예술가가 되어야 함을 주장한다. 만일 그렇지 않다면, 예술이라는 이 고상한 행위는 결국 세계의 환상을 완결해주는 가장 기만적인 몸짓에 머물 것이기 때문이다.

이 책의 결론을 대신할 에필로그에서는 예술가들이 우리를 위해 마련한 '유령이미지의 소환 매뉴얼'이 무엇이며, 그것이 어떻게 일상의 삶에서 활용될 수 있는지를 교육과 사랑이라는 사례를 통해 이야기해보고자 한다. 이를 통해서 필자는 유령이미지를 소환하는 기술이 아주 일상적이며 실질적인 실천에 적용될 수 있음을 증명해볼 것이다.

유령이미지의
소환

유령이 되기 위해서는 먼저 유령이미지를 소환해야 한다. 현대 예술가들이 유령이미지를 만들어냈던 이유는 그와 같은 이미지들과 자신을 동일시하는 과정을 통해서 세계 질서에 포획 불가능한 존재가 되려는 목적을 가지고 있었기 때문이다. 그리고 이것은 흥미롭게도 무당이 굿을 하는 행위와 유사한 과정을 보여준다.

일반적으로 무속인은 크게 '강신무'와 '세습무' 두 유형으로 나뉜다. 강신무는 신내림을 통해 입무入巫한 무당으로, 선배 무당이 신병神病이 난 당사자를 앉혀놓고 굿판을 벌여 그에게 신을 내린다. 이러한 내림굿에서 선배 무당은 신병이 나게 한 귀신을 불러오기 위해 다양한 호소 행위를 하고 귀신이 출현하면 그와 신병이 난 무속인 '후보'를 화해시킨다(이것을 '좌정'이라 하는데, 귀신을 무당 후보자에게 들여 앉힌다는 의미이다). 강신무는 이렇게 신병으로 사람을 괴롭히는 귀신을 소환하고, 소환된 귀신과 신병이 난 무속인 후보가 상호 '동일시'를 하면서 새로운 '자아'가 탄생되는 절차로 구성된다. 한편 세습무는 대체로 부모로부터 무당의 신분이나 직능을 물려받은 무당으로, 부모 또는 선배 무당에게 무속의 절차들을 배우고 익혀서 무속인이 된다. 세습무에게는 귀신을 소환하는 능력보다 귀신에게 메시지를 전하는 능력이 더 중요시되었다.

이 두 무당 입문 유형 중 이 책의 논의와 관련하여 흥미를 끄는 것은 첫 번째의 유형, 즉 강신무이다. 무당이 된다는 것을 '귀신과 신병이 난 사람의 동일시'로 이해할 수 있다면, 강신무의 입무 과정은 이제까지 우리가 분석하려고 했던 '유령이미지의 소환'과 그렇게 소환된 이미지에 자신을 동일시하는 과정을 가장 드라마틱하게 '은유'하는 행위가 될 것이다. 물론 강신무에 관련하여 알려진 현상들을 해석하는 데는 단 하나의 '언어 유형'만 있는 것은 아니다. 무속 신앙적 해

석을 통해서만 강신무의 신병과 신내림, 좌정 등의 현상들을 설명할
수 있는 것은 아니라는 말이다.

예를 들어 정신분석의 언어를 사용한다면 강신무에 대한 해석은
전혀 다른 측면을 보일 수 있다. 흔히 신병이라 불리는 현상은 타고
나는 것이라고 한다. 그러나 정신분석에서는 이렇게 타고났다고 하
는 증상을 유전적인 것으로 파악하지는 않는다. 정신분석은 신병과
같은 유형의 증상을 '정신증'이라고 표현한다. 정신병이라는 말이다.
이러한 정신적 유형의 구조는 생물학적 원인이 아닌 성장 과정의 경
험, 즉 문화적 요소가 주요한 원인이 된다. 정신병자들은 언어를 배우
는 과정에서 어머니의 역할을 하는 타자와의 관계를 언어적 법과 규
범의 도입을 통해 분리해내지 못한 정신적 구조를 가진 사람들이다.
그리고 신병 역시 이러한 정신병의 한 유형이라고 보는 것이다.

정신병은 대체로 20세 전후에서 30대 초반 무렵 발병하는데, 이
는 신병이 발병하는 나이와 비슷하다. 또한 신병에서 보이는 대부분
의 증상들, 즉 생물학적 원인을 갖지 않는 정신적, 신체적 고통들, 환
각과 환청, 무의미한 발화 역시 정신병이 발작했을 때 보이는 증상
과 동일하다. 그런데 신내림 과정에서 흥미로운 것은 정신의학에서
는 아주 드물게만 도달하는 정신병에 대한 부분적인 치료가 가능하
다는 사실이다. 2부에서 살펴보았던 것처럼 현대 정신의학은 정신병
의 다양한 증상들을 단지 약물로 마비시키는 수준에서 처리하고 있
다. 그런데 신병을 치료하는 내림굿의 과정은 정신병자를 억압하고
마비시키는 대신 그에게 '미신적 상상력'을 고정시킴으로써 불안정

했던 정신적 파편화의 망상들을 일정 부분 고착시키고, 정상적인 삶이 가능한 수준으로 안정화시킨다. 여기서 귀신을 불러낸다는 것은 환자의 '상상력'을 자극하여 그에게 하나의 규범을 제시하는 것으로 해석될 수 있다. 따라서 신내림을 통해 무당이 되는 과정은 정신병적 불안정의 상태에서 출몰하던 파편화된 망상들을 하나의 규범 아래 규합하고 통제시키는 상상력의 효과를 불러일으키는 것이라고 정의할 수 있다.

물론 무속인을 정신병자로 간주하는 것이 그들을 경멸하려는 의도를 갖는 것은 결코 아니다. 이 책 전반에 걸쳐서 강조한 것처럼 정신적으로 '정상'과 '비정상'을 가르는 우열의 기준이란 정신의학과 근대 문명의 오만한 환영에 불과한 것이기 때문이다. 오히려 강신무를 통해 무속인이 된 사람은 자신의 정신병을 나름의 창조성을 위해 활용하고 있다고 말할 수 있다.

그러나 앞으로 이야기하게 될 '유령 되기'와 이를 위한 '유령이미지의 소환'은 강신무의 자기 방어적 목적과는 조금 다른 방향에서 해석되어야 할 것 같다. 만일 강신무의 유령 소환이 자신의 파편적 자아를 다시 규합하기 위한 목적에서였다면, 우리가 원하는 '유령이미지의 소환'은 신경증자로서의 우리, 따라서 너무 강하게 고착된 우리 자신의 경직된 자아를 해방시키기 위해서 소환되어야 하는 것이기 때문이다. 이 같은 차이점들을 염두에 두면서 강신무의 내림굿 과정을 '유령 되기'의 과정에 '차용'해보고자 한다.

먼저 신병에 대해 이야기해보자. 신병에 걸렸다는 것을 실존적 차원에서 '재해석'하면 신병에 걸린 당사자가 자신의 정신과 세계 사이의 부조화를 감지하기 시작한 것으로 간주할 수 있다. 이때 정신병자라면 자신의 자아를 형성시킬 규준점을 찾지 못하고 부조화의 혼돈 속으로 매몰돼버린다. 그럴 때 정신병자는 발작을 시작하고 환각에 빠지게 된다. 반면 정신병자가 아닌 사람들은 이러한 부조화, 즉 세계 이미지의 균열에 대한 방어로 더 강력한 자아를 모방하려 할 것이다. 청소년들은 부모의 이미지나 선생님 또는 존경하는 선배의 이미지, 멀게는 위인들의 이미지와 자아를 동일시하면서 그들을 위협하는 '부조화의 이미지'로부터 자신을 방어하려 한다(우리 사회의 멘토 신드롬은 여기에 해당된다).

이러한 관점에서 본다면 정신병자가 신병에, 즉 발작에 노출된 이후 신내림을 받고 자아를 안정화시키는 과정이나, 정상인들이 자신들의 자아를 자신보다 더 완벽해 보이는 자아와 동일시하면서 안정화시키는 과정은 본질적으로 차이가 없다. 정신병자와 정상인 모두 세계와 자아 사이의 균열이라는 부정적 사건, 유령이미지의 출현이라 할 그것을 오직 가상적일 뿐인 권력의 이미지와 동일시하면서 안정화하려는 것이고, 이것은 필연적으로 주체성의 소외를 초래하게 될 것이기 때문이다.

물론 정신병자에게는 주체성의 소외가 중요한 문제는 아니다. 그들에게는 일상의 삶을 살아갈 수 있도록 하는 최소한의 정신적 안정이 우선이다. 그러나 정상인이라면 자아의 안정을 넘어서는 주체성의 추구가 삶의 궁극적인 문제가 될 것이다. 이때 타자에 대한 자아의 동일시를 통해 '세계 균열'을 극복하는 방법은 결국 문제를 해결하는 것이 아니라 오히려 은폐하는 것에 불과하다. 따라서 세계의 부조리라고 하는 '진리'에 노출되었을 때, 스스로를 소외시키지 않는 방식으로 이를 극복할 수 있는 유일한 길은 '진리' 그 자체를 그대로 받아들이는 것이다. 이는 3부의 도입부에서 강조했던 것처럼 진리 자체가 '공백'이라는 사실을 받아들이는 것이기도 하다.

그런데 '공백'을 진리로서 받아들인다는 것은 유령이미지를 소환하는 절차 속에서만 가능할 텐데, 그렇다면 이때 소환되어야 하는 유령이미지는 강신무의 굿판에서 소환되는 유령과는 전혀 다른 모습이어야 할 것이다. 이때의 유령이미지는 혼돈에 빠진 자의 자아를 묶어주고 진정시켜주며 때로는 그가 나아갈 방향을 명령하는 그런 유령이미지(강신무의 유령이미지)여서는 안 된다. 그보다는 그가 혼돈을 숨김없이 받아들이게 하고, 자아의 텅 빈 모습을 그대로 비추어주는 '뜻밖의' 유령이어야 한다. 그리고 또한 이 유령은 온전해 보이는 세계의 겉모습이 단지 가상에 불과하며 완결된 세계의 어딘가에는 결정적인 균열이, 불완전성이 실존한다는 사실을 알려주는 전령이어야 한다.

만일 강신무의 신내림 과정와 유령이미지의 소환이라는 실천이 유사성을 갖는다면 바로 이러한 차이를 전제하는 차원에서만 그렇다. 우리가 불러내는 유령이미지는 우리 자아의 감옥, 나아가서 세계의 감옥인 완전한 세상에 대한 환영을 몰락으로 이끄는 것이어야 하기 때문이다. 그렇게 소환된 유령이미지는 우리 자신의 환영으로 가득했던 존재의 무게를 비우고, '참을 수 없는 존재의 가벼움'을 관통해 이르게 되는 공백의 해안가에 주체성이 내려앉을 수 있는 중력의 효과를 발휘한다. 공백의 이미지이기도 한 그것을 우리 자아의 한가운데로 불러와 '들여앉힘'으로써 우리 내면 가장 깊은 곳에는 텅 빈 창조의 자리가 마련된다.

교사의
유령

　　　　'공백의 유령이미지를 소환'한다는 행위의 일상적 사례들에는 어떤 것들이 있을까? 예를 들어 타자를 평가해야 하는 상황에 처한 사람이 있다고 해보자. 그는 우선 다양한 정보를 통해 타인을 판단하려 할 것이다. 이를테면 문제를 일으킨 학생을 판단해야 하는 교사의 경우 일단 학생의 성적과 인성에 관해 이미 주어진 자료를 활용하는 것이 일반적이다.

　물론 교사는 학생의 가능성을 고려해 선처를 호소할 수도 있다. 그러나 현실은 그보다 단호한 결정을 내리도록 교사를 강제한다. 학생의 가능성이라는 공백의 영역조차 이미 존재하는 지식의 패러다임이 예측하며 판단하는 수준에서만 인정될 것이기 때문이다. 예를 들어 문제 학생의 가능성이란 자신의 죄를 뉘우치고 다시 현재의 교육현실이 강제하는 논리 속으로 돌아올 가능성만을 말하는 것이다.

현실 논리를 거부하는 미래, 또는 현실 논리 속에서 파악될 수 없는 어떠한 미래도 학생의 가능성으로 인정되지 않는다. 그럼에도 학생이 가진 가장 순수한 가능성으로서의 공백이란 보이지도 잡히지도 않는 '미래의 언어'에 속한다는 사실을 우리는 잘 알고 있다. 공백과 유령 이미지들을 다루어왔던 우리는 이제 한 인간 존재가 가진 순수한 가능성이 현실의 의미의 체계 속에서는 결코 해독될 수 없는 미래의 언어에 속한다는 사실을 이해할 수 있기 때문이다. 따라서 교육 현장에서 궁극적으로 문제시되어야 하는 것은 학생의 현 상태에 대한 판결이 아니라 학생의 존재 자체인 공백에 대한 신뢰일 것이다. 선생이 학생으로부터 보아야 하는 것은 오직 이것뿐이고, 이것이 바로 교육에서 유령이미지를 소환한다는 것의 의미이다. 물론 이렇게 소환된 유령이미지는 우리의 교육 현실에서는 쉽사리 받아들여질 수 없을 것이다. 유령이미지란 그 본질에 있어서 일종의 '죽음충동'과 같이 부정적인 것으로 파악되기 십상이기 때문이다. 바로 그렇기 때문에 유령이미지와 관련한 모든 실천에는 일종의 투쟁의 과정이 뒤따른다.

우리는 이미 이러한 투쟁을 스기모토 히로시의 작품 속에서 확인한 바 있다. 그것은 자신 앞에 주어진 세계의 이미지, 권력의 이미지가 주장하고 강제하는 어떠한 지식과 정보의 지배에도 무심하려는 일종의 거부, 즉 이미지의 거식증이라는 형태로 나타났다. 하지만 그러한 투쟁이 결코 현실 세계를 거부하려는 부정적 의도(죽음충동)에서 비롯되지는 않는다. 오히려 그것은 현실의 진리에 보다 적극적으로 접근하려는 폭식증으로부터 기인한다.

교육 현장에서도 동일한 욕망이 전개되어야 한다. 한 학생의 존재의 진리에 접근하려는 폭식증은 학생에게 채워진 모든 세속적 정보의 범람에 대한 거식증을 요청한다. 이때 유령이미지를 소환하고 그것이 표상하는 공백을 통해 세계를 바라보려는 이 같은 교사의 의지는 학생에게 하나의 '선물'이 된다. 물론 선물 상자의 내부는 텅 빈 공허로 가득 차 있을 것이다. 교사는 이러한 공허에 희망을 가지고 접근할 수 있도록 학생을 유도해야 한다. 학생이 자아의 내부에서 텅빈 자리를 발견한 뒤에 그것을 '결핍'이 아닌 '가능성'으로 간주할 수 있도록 해야 한다는 말이다.

유령이미지는 이렇듯 소환된 후에는 언제나 선물의 형태로 타자에게 전달된다. 그것은 자본주의의 제국에서 화폐 가치로 포착될 수 없는 반反상품이 유통되는 유일하게 예외적인 현상이다. 공백의 이미지, 없는 것의 이미지, 따라서 유령의 이미지인 그것은 그렇게 '선물'이라는 '사랑'의 형식으로, 마치 바이러스처럼 자본주의적 고전주의의 사회적 관계들을 '감염'시켜야 한다.

연인들의
유 령

반면 연인들의 사랑에서는 유령이미지를 불러올 수 있는 가능성의 확률은 훨씬 더 낮아진다. 왜냐하면 사랑만큼 강력한 환영 속에 우리를 가두는 것은 없을 뿐더러, 사랑만큼 우리 자신을 나르시시즘에, 즉 자아의 폐쇄성 속에 가두는 심리적 상황도 없기 때문이다. 욕망에 근거해서 이루어지는 모든 관계는 순수하게 자아도취적일 뿐이다. 라캉이 말했듯 '성관계는 없는' 것이고, 그렇기 때문에 사랑은 비루한 환상에 불과하다. 그래서 라캉은 사랑에 빠진 심리적 상황을 경멸한다. 보통 사랑의 감정은 타자에게 근접할 수 있는 심리적 상태로 묘사되곤 하지만, 라캉이 보기에 사랑에 빠진 심리 상태만큼이나 타자로부터 멀어지는 순간은 없다. 그렇다면 왜 이러한 폐쇄성이 사랑의 행위 속에서 발생하는 것일까? 그리고 이와 같은 폐쇄성을 극복하고 '진정한 사랑'으로 나아가기 위해서는 어떠한 방식으로 유령이미지를 소환해야 하는 것일까?

먼저 폐쇄성에 대해 이야기하자면 이렇다. 사랑에 빠진다는 것이 의미하는 바는 우연 그 자체이다. 그곳에는 어떠한 주체성도, 의지도, 필연도 존재하지 않는다. 다시 말해서 내가 누군가에게 사랑의 감정을 느끼게 되었다면, 그러한 감정을 발생시키는 원인이란 순수하게 모욕적인 것일 거라는 말이다. 정신분석 이론을 굳이 사용하지 않더라도 사랑에 빠지는 순간의 과정을 단순히 떠올려보는 것만으로도 이러한 주장은 이해될 수 있다.

우리는 첫눈에 또는 서서히 사랑의 대상에 매혹된다. 이와 같은 매혹이 일어나는 이유는 매혹을 발산하는 타자의 모습이 우리 자신이 사랑의 이상으로 삼고 있던 상상의 이미지에 조금이라도 부합했기 때문이다. 물론 이러한 이상적 이미지는 외모가 될 수도 있고 성격이

될 수도 있고 때에 따라서는 상황이 될 수도 있다(대체로 이 모든 것이 동시에 작용하는 것일 테지만).

어쨌든 사랑을 느끼는 순간이란 그렇게 나 자신의 '지식'이 이미 알고, 그래서 욕망하던 것을 만났을 때, 그러니까 나 자신의 마음속에 새겨진 '성적 매혹'에 관한 지식을 타자의 이미지가 확인시켜주는 순간이다. 그렇게 사랑을 시작하게 된 연인들이 연애를 하는 동안 서로에 대한 매혹 속에서 반복하는 일이란 타자의 이미지 속에서 내가 원하는 것, 내가 사랑이라고 부르는 지식을 찾아내려는 집착이다. 내가 욕망하는 그것을 타자에게서 찾아냈을 때 사랑의 행복은 충만해지고, 만일 그렇지 못한 경우에는 실의에 빠진다. 사랑을 하고 있는 두 사람은 그렇게 서로에게 일종의 거울과 같은 역할을 할 뿐이다.

'당신은 내가 사랑하고 싶은 모든 것을 가지고 있어'라는 고백은 사랑의 대상인 타자를 오직 내 자신의 욕망을 비추는 거울로서만 간주한다는 말과 같다. 사랑은 이처럼 비루하고, 자기 폐쇄적인 과정 속에 있다. 사랑은 결국 인간이 삶을 살아가면서 반복하게 되는 욕망의 부조리함을 집약적으로 보여주는 비극의 한 형태이다. 특히 이것이 비극인 이유는, 내 자신의 욕망의 형상을 구성하는 것, 즉 사랑과 매혹에 관한 지식이 나 자신의 것이 아니라는 사실에 있다. 그것은 내가 아닌 타자의 사회가 나에게 새겨놓은 문신과 같은 것이다.

매스미디어와 관련된 사례로 설명하자면, 우리의 성욕은 우리가 어렸을 때부터 보아왔던 텔레비전 이미지들에 의해 재단된 것이다. 여성과 남성의 신체에 대한 성적 취향과 사랑이 진행되는 과정에 관런한 취향의 모든 특징 속에 미디어의 영향이 스며들어 있다. 가장 내밀한 것이라 말할 수도 있을 성적 취향과 사랑에 대한 환상이 나 자신에게서 비롯되지 않는다는 말이다.

물론 이 모든 것의 가장 근본적인 영역에는 상실된 어머니, 대타자의 부재와 주체의 관계라고 하는 가장 본질적인 욕망의 구조가 존재한다. 그리고 가장 근본적인 이 구조 역시 세계로부터 우리에게 강제된 성욕에 관한 근본적 타자성에서 비롯된다는 사실에는 어떠한 차이도 존재하지 않는다. 그렇게 타자성이 사랑의 시작과 결말을 결정짓는 구조의 본성이라면, 우리가 사랑의 욕망과 관련하여 갇혀 있는 나르시시즘의 감옥조차 우리의 영토는 아닌 것이다. 하지만 더 비극적인 것은 우리가 이 모든 사실에 무지하다는 데 있다.

물론 이 모든 존재와 욕망에의 비극을 눈치채는 순간도 가능하다. 밀란 쿤데라의 소설 《참을 수 없는 존재의 가벼움》의 주인공 토마시는 한 번의 결혼과 이혼 끝에 사랑의 나르시시즘적 환영의 정체를 깨달아버린 인물로 등장한다. 더 이상 사랑이 불가능해진 세계를 살아가는 토마시는 사랑이 아닌 성적 쾌락만을 좇는 인물, 그러한 성적 쾌락이 근본적인 차원에서는 자위행위와 다를 바 없다는 것을 인식한 인물로서 묘사된다.

토마시를 통해 밀란 쿤데라가 말하고 싶은 것은 사랑의 불가능성 자체, 즉 '참을 수 없는 존재의 가벼움'이 사랑에 관련된 진리의 첫 번째 모습이라는 것이다. 그리고 만일 사정이 그러하다면 타자에 대한 진정한 사랑의 가능성은 토마시가 처음 그랬던 것처럼 포기해야 하는 것일까? 상대방을 쾌락의 대상으로 간주하는 도착적 행위만이 연인 사이에 유일하게 가능한 것일까? 밀란 쿤데라는 토마시와 테레자의 사랑을 이 질문에 대한 답으로 내놓는다.

> "토마시, 당신 인생에서 내가 모든 악의 원인이야. 당신이 여기까지 온 것은 나 때문이야. 더 이상 내려갈 곳도 없을 정도로 밑바닥까지 당신을 끌어내린 것이 바로 나야."
> "테레자, 내가 이곳에서 얼마나 행복한지 당신은 모르겠어?"
> "당신의 임무는 수술하는 거야!"
> "임무라니, 테레자, 그건 다 헛소리야. 내게 임무란 없어. 누구에게도 임무란 없어. 임무도 없고 자유롭다는 것을 깨닫고 나니 얼마나 홀가분한데."•

위에서 인용한 부분은 외과 의사였던 토마시가 '프라하의 봄'이라는 정치적 격동기 속에서 의사 자격을 박탈당하고 일용직 노동자로 전락해버리자 그의 사회적 추락이 자신의 탓이라고 생각하는 테레자와의 대화이다. 대화에서 암시되는 것처럼 토마시는 아무것도 믿지 않기 때문에 삶의 비극에 대해서조차 그 현실적 무게를 느끼지 못하는 사람이다. 그는 세계의 이미지와 그 질서가 철저하게 판타즘에 근거한다는 사실을 잘 알고 있는 허무주의자였다. 이처럼《참을 수

• 밀란 쿤데라,《참을 수 없는 존재의 가벼움》, 이재룡 옮김, 민음사, 2009년.

없는 존재의 가벼움》은 세계 이미지의 환영적 속성을 간파한 사람의 삶에서 어떻게 또다시 사랑이 가능한지를 묻고 있다. 만일 사랑이 다시 가능하다면 삶 또한 가능할 것이기 때문이다.

밀란 쿤데라는 테레자에 대한 토마시의 예외적이며 변함없는 사랑을 통해서 바로 이러한 가능성을 암시하고 있다. 아마도 사랑의 가능성은 바로 이러한 예외적 공간의 창조에 있다고 할 수 있지 않을까? 그리고 사랑에 빠진 연인들 사이에 위치한 이 공간은 나르시시즘의 환영으로부터 완벽하게 차단된 중립의 공간 같은 것이 아닐까? 이러한 예외적 공간은 사랑의 대상이 나 자신의 나르시시즘적 이미지를 더 이상 비추지 않을 때 출현하는 공백과 같은 것이다. 내가 알고 싶었으며, 그러한 방식으로만 알려고 했던 사랑의 대상인 타자가 더 이상 내가 아는 모습이 아닌 방식으로 자신을 드러낼 때, 즉 그 자신의 고유한 타자성으로 출현할 때에 그것은 일종의 공백 또는 유령과 같은 모습이 된다. 그리고 사랑의 진리는 바로 그러한 순수한 타자성으로서의 상대방을 있는 그대로 받아들이는 순간 실현된다.

물론 그와 같은 받아들임을 위해서는 자아의 공간에 균열을 내어 빈 공간을 확보하는 고통을 감수해야 한다. 내가 더 이상 알 수 없으며 알기를 원치 않는 모습으로 등장하는 타자의 유령은 공백의 형상일 테고, 그것을 받아들인다는 것은 자아의 질서 잡힌 영토를 찢어서 균열의 자리, 공백의 자리를 마련하는 고통스러운 행위이기 때문이다. 만일 사랑이 시작되었던 이유가 나르시시즘적 환영에서 비롯된 것이었다면, 사랑의 진리는 바로 그와 같은 판타즘이 공백의 형상으로 텅 비워져버리는 순간 나에게 강제되는 일종의 희생이다. 그렇게 해서 타자의 공백을 받아들일 수만 있다면, 사랑의 진리와 관련하여 '연인의 유령'을 소환하는 데 성공한 셈이 된다.

게르하르트 리히터가 그렸던 그림 속 인물들의 형상이 바로 이러한 사랑의 유령과 같은 모습이었다. 그가 그린 인물들은 하나같이 우리가 보고 싶은 것을 지우면서 뒷걸음치는 방식으로 출현하고 있었다. 연인에 대한 진실한 욕망은 우리가 연인에 대해서 알고 있는 것들을 지워야만 실현된다는 사실을 그의 유령이미지들은 가르쳐준 것이다.

결국 여기서도 사랑의 진리는 유령이미지의 소환에 의존한다. 그 또는 그녀에 관하여 알고 있는 모든 것을 단번에 지워버리는 유령이미지의 출현만이 그 또는 그녀에 대한 사랑의 진리이기 때문이다.

사랑이나 교육뿐만이 아니다. 일상의 토대를 구성하는 가치의 체계들 모두에 관하여 같은 말을 할 수 있다. 유령이미지를 소환하고 이를 통해 우리 자신의 자아를 지배하는 가짜 주인을 몰아내는 과정은 삶의 모든 차원에 적용 가능한 절차들이다. 그러나 그것이 말처럼 쉽지 않은 것도 사실이다. 어쩌면 그런 순간은 아주 드물며, 일생에 몇 번 오지 않을 수도 있다. 우리는 매번 실패할 수 있으며, 그렇게 해서 매번 소외될 수 있다. 그럼에도 유령이미지의 실존은 부정될 수 없다. 인간의 사유가 이미 그것을 발명해냈기 때문이다. 예술가들이, 이름 모를 교육자들과 연인들이 그것을 발명해냈다. 이 세계의 상식과 고정관념 전체에 대항하여 투쟁했던 주체들의 흔적이 유령이미지의 실존을 증거하고 있는 것이다.

따라서 유일하게 중요한 것은 이 책이 유령이미지라 명명했던 그것, 인간의 포착 불가능한 가능성 자체에 대한 믿음이다. 그것은 고상한 지식의 문제는 아닌 것 같다. 그것은 저잣거리의 누구라도 이해할 수 있는 인간에 대한 신뢰의 문제이기 때문이다. 지금 이 순간까지 그 또는 그녀가 보여주었던 과거의 흔적으로서의 지식이 아니라 이제부터 그 또는 그녀가 보여줄 수도 있을 어떤 미래적인 것에 대한 신뢰. 유령이미지의 소환이라는 참으로 인위적이며 가상적이었던 우리의 지식이 겨냥하는 것은 이처럼 아주 간단하며 실재적인 진리이다.

ㄱ

〈가면에 둘러싸인 자화상〉 250

갤턴, 프랜시스 147

거세 24~28, 31, 33, 60, 63, 80,
88, 104, 137, 147~148,
165~168, 175, 256, 282

거식증 203, 207, 210~211, 213~214,
265, 305~306

검은 그림 104~105, 107~108, 110,
112~114, 116

고든, 더글러스 232

고야, 프란시스코 104~110, 112,
114~117, 200

고흐, 빈센트 반 191, 230

골상학 135

공포영화 274~275, 280, 282, 284

관상학 134~136

〈광인의 수술〉 128

〈교차〉 290

귀머거리의 집 104, 108, 110, 112

그랑디에, 위르뱅 125~126, 129

기표연쇄 139

〈꽃이 있는 정물〉 236

ㄴ

나카타 히데오 281

놀런, 크리스토퍼 96, 98

ㄷ

다비드, 자크 루이 189

다빈치, 레오나르도 72, 114, 239
~241, 255

〈도박에 빠진 미친 여자〉 124

도착증 163, 166, 257

동굴벽화 31~33, 184, 189

〈두 노인〉 110~111

뒤러, 알브레히트 47~48

뒤샹, 마르셀 22~23

들라크루아, 외젠 27, 104, 133, 189

ㄹ

라캉, 자크 12~14, 18~20, 24~26,
28, 64~65, 67~68, 70, 76,
79~81, 83~84, 86~88,

112~113, 116, 119,
141, 163, 165, 170, 177,
194~199, 201, 211, 228,
249, 253, 255, 262, 307
레비나스, 에마뉘엘 31
로젠한, 데이비드 143~144
루됭 125~126
루카치, 죄르지 49
리히터, 게르하르트 234, 236~239,
241~246, 312

ㅁ

마귀들림 125~126
마네, 에두아르 21, 189
마녀사냥 33, 35~36, 128
마사초 44~46, 94
마조히즘 168~169
〈망상적인 질투에 사로잡힌 미친 여자〉
131~132, 149
〈메두사호의 뗏목〉 11, 133
메를로 퐁티, 모리스 42, 234
〈메멘토〉 96~99, 102
〈모나리자〉 10, 240~241
모네, 클로드 189
무당굿 82~83
〈무제(2005년 4월 18일)〉 242
물신 127, 159, 163, 168~169, 173

밀레, 샤를 루이 129
미켈란젤로 54~57, 59, 61, 63,
85~86, 105

ㅂ

〈바다를 보다〉 266~267
바디우, 알랭 19~20, 64, 177
바르트, 롤랑 154
〈베니스의 미행〉 258~262, 270
베드로 15~16
베르니니, 조반니 로렌초 40
〈병든 바쿠스〉 101
보드리야르, 장 189, 288
보스, 히에로니무스 218~219
브루넬레스키, 필리포 42~44
〈비세트르 병원에서 광인들의 족쇄를
풀어주는 피넬〉 129
비세트르 왕립 병원 129
비올라, 빌 272~274, 284~285,
289~291, 293, 295
빌라르, 모리스 74~75

ㅅ

사디즘 152, 168~169
〈사르디나팔의 죽음〉 133
사르토, 안드레아 델 39
〈산로마노 전투〉 53

살페트리에르 병원 129~131, 134

상품 논리 142, 145, 180~181, 183

〈샘〉(1856) 133

〈샘〉(1917) 22

〈성 테레사의 법열〉 40

〈성모자상〉 72

〈성전세〉 44~45

《세미나 11》 66~67, 76, 79, 81, 83,
　　　85~86, 203, 249

《소비의 사회》 288

《소설의 이론》 49

소작농 협회 85~86, 275

〈속인의 경배〉 45

스기모토 히로시 203, 207~210,
　　　213~216, 218, 305

스탠, 더글러스 232

스펠트, 아드리안 판 더 235

〈슬립〉 229, 230

〈슬픔〉 191

〈승리자 아모르〉 101

시관적 장 67, 70, 77, 79, 84, 145

CNN 159~161

신경증 163~167, 171~172, 174, 178,
　　　210, 214

신고전주의 21, 27, 132~133

실크스크린 221~222, 224~225, 229,
　　　231

〈십자가에서 내려지는 예수〉 58

ㅇ

〈아비뇽의 처녀들〉 21

〈아일랜드 해, 맨 섬〉 209

〈악몽〉 283

안티 필름 230

앙소르, 제임스 250

앵그르, 장 오귀스트 도미니크 133

〈어젯밤에도 섹스는 없었다〉 270

에스키롤, 장 에티엔 도미니크 131,
　　　134, 135

에코, 움베르토 35, 296

《에크리》 141

엘리엇, T. S. 272

〈엠마오의 그리스도〉 101

예수 15~16, 57~58, 71, 90~91,
　　　93~94, 100~101, 103

오스터, 폴 261

〈올랭피아〉 21

우첼로, 파올로 53

워홀, 앤디 218, 220~226, 228~233

유령 놀이 22, 247, 254, 271

〈의심하는 도마〉 89~90, 94

의태 247~249, 251~254, 269~270

〈이삭의 제물〉 39

《이중게임》 261

〈이중게임〉 270
《인체 비례론》 48

ㅈ

〈자식을 잡아먹는 사투르누스〉 108~109
잔 데장주 126
《장화홍련전》 14, 16
〈재클린 Ⅱ〉 222~223
정신 장애 진단 및 통계 편람(DSM)
    137, 142
제리코, 테오도르 10~12, 124,
    131~136, 149~150
제욱시스 234~235, 238, 243
조르제, 에티엔 장 124, 131, 134
조토 디 본도네 44~46
《존재와 사건》 19
주술 행위 274~275, 284
죽음충동 25, 27, 59~64, 198, 200,
    213, 305
쥐랑빌, 알랭 170, 218
지오르노, 존 229

ㅊ

《참을 수 없는 존재의 가벼움》 309~310
〈천지창조〉 54~55
최성훈 160
〈최후의 심판〉 105

ㅋ

카라바조 89~96, 100~103, 105, 107,
    117, 183, 200, 291
카메라 옵스큐라 94~96, 102
카유아, 로제 22, 247
칸트, 이마누엘 38~39, 77
칼, 소피 247, 254, 258~259
케펠렉, 얀 74
쾌락원칙 17, 24, 59~60, 63, 197,
    212~213
〈쾌락의 정원〉 219
쿤데라, 밀란 309~311

ㅌ

〈투영하는 연못〉 272, 284, 288~289

ㅍ

파라시오스 234~236, 243
파시즘 168, 170, 257~258, 292
팔루스의 기표 139~140
포스트모더니즘 16, 179
폭식증 86, 210~211, 214, 265,
    305~306
폰토르모, 야코포 다 58~59, 61
푸코, 미셸 89, 106, 123
퓨젤리, 요한 하인리히(헨리 퓨젤리)
    283

프로이트, 지크문트 24, 64, 164, 194,
　　　255
피넬, 필립 129~131
〈피에타〉(1499) 57
〈피에타〉(1555) 57
피카소, 파블로 21
〈Pix Cell-Fire〉 160

ㅎ

〈해골〉 237
〈해변 없는 바다〉 272
향유(주이상스) 25, 167~168, 174,
　　　182, 204, 213, 223, 297
헤메선, 얀 산더스 판 127~128
〈호텔〉 263~264

라캉 미술관의 유령들

그림으로 읽는 욕망의 윤리학

초판 1쇄 발행 2014년 8월 31일
초판 5쇄 발행 2021년 1월 27일

지은이 백상현

펴낸이 김현태
펴낸곳 책세상
등록 1975. 5. 21. 제1-517호
주소 서울시 마포구 잔다리로 62-1, 3층(04031)
전화 02-704-1250(영업) 02-3273-1334(편집)
팩스 02-719-1258
이메일 editor@chaeksesang.com
광고·제휴 문의 creator@chaeksesang.com
홈페이지 chaeksesang.com
페이스북 /chaeksesang **트위터** @chaeksesang
인스타그램 @chaeksesang **네이버포스트** bkworldpub

ISBN 978-89-7013-886-2 03100

이 도서의 국립중앙도서관 출판예정도서목록(CIP)은 서지정보유통지원시스템 홈페이지
(http://seoji.nl.go.kr)와 국가자료종합목록 구축시스템(http://kolis-net.nl.go.kr)에서
이용하실 수 있습니다.(CIP제어번호: CIP2014024472)